中国政法大学
CHINA UNIVERSITY OF POLITICAL SCIENCE AND LAW

法大法考

2023年国家法律职业资格考试

通用教材

国际法·国际私法·国际经济法（第七册）

邹龙妹 ◎ 编著

中国政法大学出版社

2023·北京

图书在版编目（ＣＩＰ）数据

2023 年国家法律职业资格考试通用教材.第七册,国际法·国际私法·国际经济法/邹龙妹编著
北京：中国政法大学出版社，2023.1
　　ISBN 978-7-5764-0772-3

　　Ⅰ.①2… Ⅱ.①邹… Ⅲ.①国际法－资格考试－教材②国际私法－资格考试－教材③国际经
济法－资格考试－教材 Ⅳ.①D920.4

　　中国国家版本馆 CIP 数据核字(2023)第 008936 号

出 版 者	中国政法大学出版社
地　　址	北京市海淀区西土城路 25 号
邮寄地址	北京 100088 信箱 8034 分箱　邮编 100088
网　　址	http://www.cuplpress.com (网络实名：中国政法大学出版社)
电　　话	010-58908285(总编室) 58908433 （编辑部） 58908334(邮购部)
承　　印	固安华明印业有限公司
开　　本	787mm×1092mm　1/16
印　　张	11.25
字　　数	310 千字
版　　次	2023 年 1 月第 1 版
印　　次	2023 年 1 月第 1 次印刷
定　　价	39.00 元

前 言
Preface

2001 年《中华人民共和国法官法》《中华人民共和国检察官法》《中华人民共和国律师法》修正案相继通过。其中规定，国家对初任法官、检察官和取得律师资格实行统一的司法考试制度，这标志着我国正式确立了统一的司法考试制度，这是我国司法改革的一项重大举措。党的十八大以来，党中央和习近平总书记高度重视司法考试工作。2015 年 6 月 5 日，习近平总书记主持召开中央深化改革领导小组第十三次会议，审议通过了《关于完善国家统一法律职业资格制度的意见》，明确要将现行司法考试制度调整为国家统一法律职业资格考试制度。2017 年 9 月 1 日《全国人民代表大会常务委员会关于修改〈中华人民共和国法官法〉等八部法律的决定》审议通过，明确法律职业人员考试的范围，规定取得法律职业资格的条件等内容，定于 2018 年开始实施国家统一法律职业资格考试制度。这一改革对提高人才培养质量，提供依法治国保障，对全面推进依法治国，建设社会主义法治国家具有重大而深远的意义。

中国政法大学作为国家的双一流重点大学，以拥有作为国家一级重点学科的法学学科见长，其法学师资队伍汇集了一大批国内外知名法学家。他们不仅是法学教育园地的出色耕耘者，也是国家立法和司法战线的积极参与者。他们积累了法学教育和法律实践的丰富经验，取得了大量有影响的科研成果。

国家统一司法考试实施以来，我校专家学者在参与司法考试的制度建设和题库建设中做出了许多贡献，在此期间我校不仅有一批长期参加国家司法考试题库建设和考题命制的权威专家，也涌现出众多在国家司法考试培训中经验丰富和业绩突出的名师。伴随着司法考试改革，我校对法律职业资格考试进行更深入的分析研究，承继司法考试形成了强大的法律职业资格考试研究阵容和师资团队。

2005 年我校成立了中国高校首家司法考试学院。该院本着教学、科研和培训一体化的宗旨，承担着在校学生和社会考生司法考试培训任务。司法考试学院成立后，选拔了一批在司法考试方面的权威专家和名师，精心编写了中国政法大学《国家司法考试通用教材》作为校内学生司法考试课程教学及社会考生培训的通用教材。伴随着 2018 年司法考试改革，我院根据法律职业资格考试内容及大纲对本书进行了全面修订，本书更名为《国家法律职业资格考试通用教材》。

法律职业资格考试中心（原司法考试学院）组织编写的此教材紧扣国家法律职业资格考试大纲，体系完整、重点突出、表述精准，伴随着司法考试的改革，本书以大纲为依托，增加实战案例，更加符合法律职业资格考试要求。全书渗透着编写教师多年的教学经验，体现着国家法律职业资格考试的规律，帮助考生精准把握考试内容。该套教材将会对广大备考人员学习、理解和掌握国家法律职业资格考试的知识内容和应试方法具有积极的引导与促进作用，为考生提高考场实战能力以及未来的从业能力提供有力的支持和帮助。最后，对编写本套教材的各位老师的辛勤付出表示感谢！编委会成员（按姓氏笔画排序）：方鹏、兰燕卓、叶晓川、刘家安、李文涛、杨秀清、邹龙妹、宋亚伟、肖沛权、贾若山。

在此预祝各位考生在国家法律职业资格考试中一举通过。

中国政法大学法律职业资格考试中心

（原中国政法大学司法考试学院）

目　录
Contents

国际法

国际私法

国际经济法

国 际 法

第一章 导 论

> 【复习提要】

国际法导论是国际法的重要内容，本章包含了国际法最基本的概念和原理，包括国际法的概念与特征、国际法的渊源、基本原则、国际法与国内法的关系等问题。对国际法基本原则的理解和掌握将为之后知识点的理解起到基石作用。本章的重点学习内容是国际法渊源中的国际习惯，基本原则中的国家主权平等原则、不干涉内政原则、民族自决原则和自卫权的行使等原则。

> 【知识框架】

国际法基本理论 { 国际法的概念和特征 / 国际法的渊源 / 国际法的基本原则 / 国际法与国内法的关系

第一节 国际法的概念、渊源和基本原则

一、国际法的概念★

国际法是一个与国内法相对应的法律体系。它是在国家交往中形成的，主要以国家间协议制定，用来调整国家之间关系的、有拘束力的原则、规则和制度的总和。

国际法与国内法相比而言，具有以下显著特点：（1）立法方式不同。国内法是由国家的立法机关依一定程序制定出来的；而国际社会不存在凌驾于国家之上的国际立法机构，国际法的规则主要是由国家之间在平等基础上以协议的方式共同制定，这种协议的表现方式可以是成文的，也可以是不成文的。（2）法律关系的主体和调整对象不同。国内法的主体主要是自然人和法人，国家只有在特殊情况下才成为国内法的主体；而国际法的主体主要是国家，个人现在还一般不被承认为国际法的主体。国际法的主要调整对象是国家之间的关系。（3）强制力的依据和方式不同。国内法的强制力依据是国家意志，而国际法的依据是国际交往和发展需要的，国家之间的意志协议。国内法是由超越个体之上的国家强制机关保证实施的；而国际社会不存在超越国家的强制机构，国际法的强制实施是通过国家单独或集体的行动来实现的。（4）发达程度不同。国际法无论规则体系、国家实践还是理论研究，都不如国内法领域完善和发达。因此，与国内法相比，国际法是一个特殊的法律体系。

【特别提示】学习该知识点时，应将国际法的特点与国内法对比理解，能够准确辨识题目选项中关于国际法的表述。

二、国际法的渊源 ★★★

国际法的渊源一般是指国际法规则作为有效的法律规则而存在和表现的方式。它的基本意义在于指明去哪里寻找国际法规则，以及如何识别一项规则是不是有效力的国际法规则。国际法的渊源包括国际条约、国际习惯和一般法律原则，国内法不是国际法的渊源。国际组织的决议和国际法院的判例一般不能直接作为国际法的渊源，但却是确立国际法原则的辅助材料。

（一）国际条约

国际条约是国际法规则最主要的表现形式。条约是两个或两个以上国际法主体之间缔结的、以国际法为准的、规定当事方权利义务的协议。条约一旦生效，即约束缔约国。任何条约都为当事国创立法律上的权利义务，从对缔约国具有法律拘束力的角度看，"契约性条约〔1〕"和"造法性条约〔2〕"没有本质区别。

（二）国际习惯

国际习惯是指在国际交往中由各国不断重复所形成，并被广泛接受为有法律拘束力的行为规范或制度。国际习惯是不成文的，因而存在与否需要证明。它是国际法最古老、最原始的渊源。与国际商业惯例相比，国际习惯具有强制性，而国际商业惯例是具有任意性的。

1. 国际习惯的构成要素

国际习惯的构成要素有两个：一是物质要素或称客观要素，指的是各国反复一致地从事某种行为的实践；二是心理要素或称主观要素，即"法律确信"，指的是各国从事上述行为是出于遵守法律规范的心理状态。一项国际习惯的形成，必须同时具备这两个要素，缺一不可。在现代技术的发展下，国际习惯也可以在较短时间内形成。

2. 国际习惯的证明

证明一项国际习惯的存在，必须从国际法主体的实践中寻找证据。这里应特别注意以下三个方面的实践：第一，国家间的各种文书和外交实践；第二，国际组织和机构的各种文件，包括决议、判决等；第三，国家的国内立法、与行政有关的文件以及国内司法机构的判决。

项目	构成要素	证明途径	与"惯例"区别
内容	①物质要素（反复实践）； ②心理要素（法律确信）。	①国家间文书、实践； ②国际组织和机构各种文件； ③国家国内法的有关文件。	①习惯具有法律拘束力； ②惯例没有强制法律拘束力；惯例是一般实践或通例。

【经典案例】1966年，以联邦德国为一方，以丹麦和荷兰为另一方，就他们之间在北海的大陆架划界问题发生了争端。丹麦和荷兰坚持整条边界线应采用1958年《大陆架公约》规定的等距离原则划出。他们认为，虽然德国不是该公约的缔约国，但德国也有义务接受该划界原则，因为该方法的使用不仅仅是一项条约义务，而且是国际习惯的一项规则。德国则认为，在国际习惯法中没有等距离线这样的原则，而且用这种方法划分北海大陆架疆界对他来说也是极

---

〔1〕 一般是双边或少数国家参加，旨在规定缔约国之间特定事项的权利义务关系，如两国划界、贸易交通等事项。

〔2〕 多数国家参加，目的和内容是确立或修改某些国际法原则、规则或制度。

不公平的。因为德国的海岸线是凹入的，从其两端划出的等距离线会交叉，这将使德国的大陆架成为一个小得不成比例的三角形。由于争执不下，1967 年 2 月，三国将争端提交国际法院解决。国际法院于 1969 年 2 月 20 日作出判决。

法院在判决中驳回了"等距离—特殊情况原则"是习惯国际法的一部分的论点。认为《大陆架公约》的这一规定并没有演变成一项国际习惯法。理由是：批准和加入公约的国家数量不多，且该条款在公约中属于可保留条款。

（三）一般法律原则

一般法律原则是各国法律体系中共有的一些原则，用来填补国际法院审理案件时没有国际条约和国际习惯时的空白。由于对其含义和性质存在不同的观点，因此其在国际司法实践中处于补充和辅助地位，司法实践中处于补充和辅助地位，很少被单独适用。一种观点认为："一般法律原则"是指国际法的一般原则或基本原则；另一种观点认为："一般法律原则"是国际社会共有的"一般法律意识"。较为广泛接受的观点为："一般法律原则"是指各国法律体系中所共有的一些原则，如善意、禁止反言等原则。

【经典案例】隆端寺位于柬埔寨和泰国两国交界的扁担山山脉东部的一处高地上。对该寺及其周围地区的主权归属，泰国和柬埔寨曾发生争端。1904 年泰国与法国（当时柬埔寨是法国的保护地）签订了条约，规定由法国人和泰国人共同建立划界委员会，以划定双方的确切边界，在条约中还规定了两国在扁担山山脉东部地区的边界是该山的分水岭。从 1904 年到 1907 年双方进行了实地的勘测。1907 年最后绘制了边界地图，当时绘图的工作泰国没有参加，而是委托法国人做的，1908 年地图转送给泰国政府。按照地图的标志，隆端寺在柬埔寨这一边，其实按照实际的分水岭，隆端寺应该在泰国这一方，但泰国政府从未提出过异议。直到 40 年后才发现地图有误，地方当局派兵驻进了寺院。1953 年柬埔寨独立后试图在该地区建立权力机关，要求泰国撤走他的武装力量，遭到拒绝，故柬埔寨政府于 1959 年向国际法院提起诉讼，主张对隆端寺的主权。理由是 1907 年两国划界的地图标明该寺在柬埔寨境内。法院最后判决认定：确认隆端寺的主权属于柬埔寨，理由是地图上标明了寺院在柬埔寨境内，虽然与分水岭不符，但泰国政府在当时和以后的许多年中对此没有提出任何异议，这就表明了他们以默示的方式承认了。法院认为，既然被确定在地图上的边界线得到了接受，就不用再去考虑地图表示的界线是否与实际的分水岭相符。法院依据的就是"禁止反言"的一般法律原则。

【特别提示】以上是国际法的三种渊源。考试中考生需要能够判断何为国际法的渊源并掌握各渊源的法律拘束力以及国际习惯的构成。这部分内容经常与国际争端的和平解决、战争法、国际法上的其他规则等结合考查。

【经典真题】

1. （2015/1/31）关于国际习惯，下列哪几项是正确的？[1]
   A. 国际习惯是成文的，因而对所有国家具有法律拘束力
   B. 国内外司法判决是国际习惯存在的证据之一
   C. 国际习惯的构成要素包括物质要素和心理要素
   D. 国家的国内立法是国际习惯存在的证据之一

2. （2007/1/77）国际人道法中的区分对象原则（区分军事与非军事目标，区分战斗员与平民）是一项已经确立的国际习惯法原则，也体现在《1977 年日内瓦四公约第一附加议定书》

---

[1] BCD【解析】本题难度不大，主要考查国际习惯的证明。国际习惯是不成文的，因此存在需要证明，证明可以来自多方面。

中。甲乙丙三国中，甲国是该议定书的缔约国，乙国不是，丙国曾是该议定书的缔约国，后退出该议定书。根据国际法的有关原理和规则，下列哪些选项是错误的？[1]

    A. 该原则对甲国具有法律拘束力，但对乙国没有法律拘束力

    B. 丙国退出该议定书后，该议定书对丙国不再具有法律拘束力

    C. 丙国退出该议定书后，该原则对丙国不再具有法律拘束力

    D. 该原则对于甲乙丙三国都具有法律拘束力

（四）确立国际法原则的辅助方法

司法判例、各国国际法权威学者的学说和国际组织的决议被列为确立法律原则的辅助资料。它们本身不是国际法的渊源，而是在辨认证明国际法原则时的辅助方法。

1. 司法判例

司法判例首先是国际法院的判例，同时包括其他国际司法机构和仲裁机构的判例，还包括各国国内的司法判例。国际法院的判例本身不是法律的渊源之一，但由于法院的全球性和普遍性以及法官的权威性，其判决在国际实践中得到相当的尊重和重视，对于相关国际法原则的证明和确立有重要的影响及意义。

2. 各国国际法权威学者学说

作为确证国际法原则的方法和证据，各国国际法权威学者的学说在目前的作用与历史地位相对减弱，但仍然是确立国际法原则的辅助方法之一。

3. 国际组织的决议

一般认为，国际组织决议，特别是联合国大会决议，可以和司法判例以及国际法学家的著作一起列为国际法原则的辅助资料，并且作用和地位高于学者学说。此外，2012年以来，一般认为"在某些情况下，国际惯例也有助于国际习惯法规则的形成或表述"。

【经典真题】

（2008延/1/31）甲、乙、丙、丁四国是海上邻国，2000年四国因位于其海域交界处的布鲁兰海域的划分产生了纠纷。同年，甲国进入该区域构建了石油平台，并提出了划界方案；2001年乙国立法机关通过法案，对该区域作出了划定；2002年丙、丁两国缔结划界协定，也对该区域进行划定。2004年某个在联合国拥有"普遍咨商地位"的非政府国际组织通过决议，提出了一个该区域的划定方案。上述各划定方案差异较大。根据国际法的相关原则和规则，下列哪一选项是正确的？[2]

    A. 甲国的行为不构成国际法中的先占，甲国的划界方案对其他国家没有拘束力

    B. 乙国立法机构的法案具有涉外性，构成国际法的一部分，各方都应受其拘束

    C. 丙丁两国缔结的协定是国际条约，构成国际法的一部分，对各方均有拘束力

    D. 上述非政府组织的决议，作为国际法的表现形式，对各方均有拘束力

三、国际法的基本原则★★

国际法基本原则是指那些国际法体系中最核心和最基础的规范。它具有以下特征：（1）各国

---

[1] AC【解析】该题考查的问题是该原则、该议定书的拘束力如何。分析可知：国际习惯法具有普遍拘束力，与国家是否为议定书缔约国无关，因而该原则对甲乙丙三国都有法律拘束力。由于议定书仅约束缔约国，因而只对甲国有拘束力。

[2] A【解析】本题考查的是根据国际法的相关原则和规则，题中的各划界文件拘束力如何的问题。分析可知：甲、乙的划界方案皆为单方方案，没有得到其他国家同意，没有形成条约，对其他国家没有拘束力，A正确；丙丁签订的是双边协定，只能对缔约双方产生拘束力，对甲乙没有拘束力，B、C错误；非政府组织的决议不是国际法的渊源，没有法律拘束力，D错误。故本题答案为A。

公认，普遍接受。即国际法基本原则必须被整个国际社会普遍接受。（2）从适用范围上讲，国际法基本原则必须能够贯穿于国际法的各个方面。（3）构成国际法的基础，如果没有这些基本原则，则现代国际法将不复存在。这些基本原则也是其他国际法规则产生的基础，效力高于其他国际法规则、原则和制度，与基本原则相抵触的其他规则、原则和制度无效。国际法基本原则具有强行法性质，但并不是所有的强行法都是国际法基本原则。

（一）国家主权平等原则

也称国家主权原则，是指任何国家都拥有主权，各国都有义务互相尊重主权。在国际社会和国际关系中，各国拥有平等的国际人格，在国际法面前地位平等。国家主权原则是首要的国际法基本原则，构成国际法基本原则的核心和基础。

主权，是指国家独立自主地处理其内外事务的统治权力。主权是国家的固有属性。体现在：（1）对内最高权。国家在国内行使最高统治权，包括立法、行政、司法各个方面，也包括国家的属地优越权和属人优越权。（2）对外独立权。国家在对外交往中，独立自主地处理自己的内外事务，包括选择社会制度、确定国家形式、制定对外政策等。（3）自保权。包括国家在遭受外来侵略和武力攻击时进行单独或集体反击的自卫权，以及平时的国防建设权等等。

【特别提示】自卫权：当国家遭受外国武力攻击时，有权采取单独或集体的武力反击措施。根据《联合国宪章》的规定，自卫的前提必须是遭到了武力攻击，同时武力自卫还应符合必要性和相称性的要求。

【经典案例】事件发生在1914年10月，当时安哥拉是葡萄牙的海外省，西南非是德国的殖民地。西南非殖民当局决定与葡萄牙当局谈判从安哥拉进口食品和通过安哥拉与德国进行邮政通讯的事宜。1名德国地方长官受命由2名官员、1名翻译和20名武装战士陪同去安哥拉和西南非边界，试图与瑙里拉堡的葡萄牙当局接触，但由于翻译的不称职引起了双方的误解。德方以为中了埋伏，葡方则认为受到武装袭击而进行反击，导致德国的地方长官和两名官员被葡方击毙。

德国总督没有向葡萄牙当局交涉，也未警告对方就下令报复，摧毁了安哥拉的几个边防站，包括瑙里拉堡在内，造成了重大损失。安哥拉一个刚被征服的土著部落也乘此机会进行新的暴动，对公私财产造成了进一步的损害，导致葡萄牙当局还需要花很多军费镇压造反。

葡萄牙当局要求德国赔偿直接和间接的损失，而德国以有权采取报复为由拒绝承担责任。最后双方根据《凡尔赛和约》中的仲裁条款成立仲裁法庭解决此争端。

1928年7月31日，仲裁庭作出裁决：葡萄牙未犯有国际不当行为，因为该事件是由误解引起的，因而德国无权报复。即使事实并非如此，德国也有义务在诉诸武力前与葡萄牙谈判。德国在实施武力行动前所采取的措施不充分，在其后所采取的措施又远远超过了国际法上的合法措施的范围。在采取的措施和对国际法的违反之间存在着明显的不相称。因此德国对其入侵葡萄牙领土直接引起的损害负有责任。但由造反引起的损害必须另行处理，因为决定造成这种程度损害的因素不是德国所能控制的，因而德国只能为其部分损害负责。

【特别提示】各国对于本国境内的网络基础设施、从事网络活动的个人或组织及其活动拥有主权和管辖权。对于互联网公共政策的决策权也是各国的主权。可以确信，以《联合国宪章》为基础的各项国际法原则，应适用于网络空间。

（二）不干涉内政原则

内政的实质是国家基于其管辖的领土而行使主权的表现，包括建立国家政权体制和建立社会、经济、教育、文化等制度，处理其立法、行政、司法事务，以及制定对外政策、开展对外交往等所有方面的措施和行动。一般以领土为基础，但范围不与领土完全对应。

判断某一事项是否属于内政，要看其本质上是否属于国内管辖的事项，且该事项的完成不能违背已确立的国际法规则和国家应承担的国际义务。

【经典真题】

（2011/1/32）甲国某核电站因极强地震引发爆炸后，甲国政府依国内法批准将核电站含低浓度放射性物质的大量污水排入大海。乙国海域与甲国毗邻，均为《关于核损害的民事责任的维也纳公约》缔约国。下列哪一说法是正确的[1]

A. 甲国领土范围发生的事情属于甲国内政

B. 甲国排污应当得到国际海事组织同意

C. 甲国对排污的行为负有国际法律责任，乙国可通过协商与甲国共同解决排污问题

D. 根据"污染者付费"原则，只能由致害方，即该核电站所属电力公司承担全部责任

> **【特别提示】** 不干涉内政原则要求，任何国家或国际组织，在国际关系中，不得以任何借口或任何方式直接或间接地干涉本质上属于他国国内管辖的事件，即一国内政；也不得以任何手段强迫他国接受自己的意志，维持或改变被干涉国社会制度和意识形态。国际法允许国家在平等自愿的基础上，根据国际条约或者国际义务对他国进行援助，也承认各国有权对他国违背国际法义务的行为采取相应的单独或集体的行动，但这些行动必须具有公认的法律依据并且严格在国际法律框架下进行。

（三）不使用武力威胁或武力原则

该原则指各国在其国际关系上不得以武力或武力威胁侵害他国的政治独立和领土完整；不得以违背《联合国宪章》或其他国际法原则的方式使用武力。首先禁止侵略行为，侵略已经被当代国际法确定为国际罪行之一，会导致严重的国家责任，侵略行为的责任人还须承担个人刑事责任；第二，不得使用武力威胁或武力不仅包括禁止非法进行武力攻击，还包括禁止从事武力威胁和进行侵略战争的宣传。值得注意的是：该原则并不是禁止一切武力的使用，凡是符合《联合国宪章》和国际法规则的武力使用是被允许的，包括国家对侵略行为的自卫和联合国集体安全机制下的武力使用。

（四）和平解决国际争端原则

该原则是指国家间在发生争端时，各国都必须采取和平方式予以解决，争端的当事国及其他国家应避免任何使争端或情势恶化的措施或行动。和平解决国际争端的方法有多种，有关国家可以根据主权平等原则自由选择。

（五）民族自决原则

该原则是指在帝国主义殖民统治和奴役下的被压迫民族具有自主决定自己的命运、摆脱殖民统治、建立民族独立国家的权利。民族自决原则中殖民地民族独立权的范围，只严格适用于殖民地民族的独立。对于一国国内的民族分离主义活动，民族自决原则没有为其提供任何国际法根据，这个问题在国际法和国际实践中被认为是一国的内部事务，是一国国内法的问题，应

---

[1] C【解析】根据国际法的一般原则，一国应避免自身的行为给他国带来损害。甲国领土范围发生的事情都属于甲国内政吗？答案是否定的。甲国的行为已经损害了其他国家的利益，甲国需要为此承担国际法律责任。故A项错误。根据《关于核损害的民事责任的维也纳公约》，国际海事组织不具备这样的职能，故B项错误。在预防和控制跨界损害方面，当事国应真诚合作，故C项正确。根据《关于核损害的民事责任的维也纳公约》第4条的相关规定，国家与营运人共同承担对外国损害的责任，故D项错误。

该尊重国家主权及其全体人民的选择和该国法律的规定。国际法明确禁止任何国家假借民族自决名义，实行制造、煽动或支持民族分裂、破坏他国国家统一和领土完整的任何行动。

【经典真题】

（2007/1/30）亚金索地区是位于甲乙两国之间的一条山谷。18世纪甲国公主出嫁乙国王子时，该山谷由甲国通过条约自愿割让给乙国。乙国将其纳入本国版图一直统治至今。2001年，乙国发生内乱，反政府武装控制该山谷并宣布脱离乙国建立"亚金索国"。该主张遭到乙国政府的强烈反对，但得到甲国政府的支持和承认。根据国际法的有关规则，下列哪一选项是正确的？[1]

A. 国际法中的和平解决国际争端原则要求乙国政府在解决"亚金索国"问题时必须采取非武力的方式

B. 国际法中的民族自决原则为"亚金索国"的建立提供了充分的法律根据

C. 上述18世纪对该地区的割让行为在国际法上是有效的，该地区的领土主权目前应属于乙国

D. 甲国的承认，使得"亚金索国"满足了国际法上构成国家的各项要件

（六）善意履行国际义务原则

该原则是指国家对于公认的国际法原则和规则有尊重和遵守的义务。既包括其作为缔约国参加条约而产生的义务，也包括因国际习惯而产生的义务。这种义务源于"约定必守"，是国际法有效性和国际法律关系稳定性的根本基础。对于联合国的成员国，《联合国宪章》特别规定了宪章中的义务优先于其参加的其他国际条约中的义务。

第二节　国际法与国内法的关系

一、国际层面

目前国际法中还没有关于国内法与国际法关系的统一、具体、完整的规则。从国际实践上看，在国际层面要求：国内立法不能改变国际法的原则、规则；国家不得以其国内法规定来对抗其承担的国际义务或者以国内法规定作为违背国际义务的理由来逃避国际责任。同时，国际法不干预一国国内法制定，除非该国承担了相关的特别义务。例如：1995年《建立世界贸易组织的协议》第16条规定："每一成员应当保证其法律、规则和行政程序，与所附各协议中的义务一致。"这样，就导致了缔约方承担了涉及国内立法事项的义务，然而这也是各国自主意志的决定。

【经典案例】但泽市原是德国领土的一部分，一战后，根据战胜国与德国签订的《凡尔赛和约》，但泽市交给国联管理。作为自由市，该市的外交关系委托波兰政府负责，成为波兰在波罗的海的出海口。由于当时但泽市96%的居民是德国人，波兰血统的居民仅占少数，而且德国与波兰的关系也比较紧张，因此，为保证在但泽的波兰人不遭受歧视待遇，《凡尔赛和约》第104条规定："但泽自由城内禁止歧视，致损害波兰或其他波兰血统或讲波兰语言的人

---

[1] C【解析】本题用两个选项考查了国际法基本原则的运用。A项：国际法中的和平解决国际争端原则要求乙国政府在解决"亚金索国"问题时必须采取非武力的方式。这个选项错误，原因是"亚金索国"不是国家，因而不适用国家间的原则。B项国际法中的民族自决原则为"亚金索国"的建立提供了充分的法律根据，这个选项也是错误的，本题并非殖民压迫下的民族独立问题，而是一国的领土分离问题，对此民族自决原则没有提供任何依据，一般认为这是一国的内部事务。承认是既存国家做出的单方面行为，不是构成国家成立的要件，是宣告性质的行为，本题中的承认也是不合适的承认，D错误。非强制的割让无论是传统方式还是现代方式都是有效的领土取得方式。故答案为C。

的利益。"1921年波兰和但泽市签订了《巴黎专约》，规定了更详细的反歧视条款。《但泽宪法》中也规定了保护波兰少数居民的条款。1931年，波兰驻但泽的外交代表要求国联就波兰国民和其他波兰血统的人在但泽遭受的"不利待遇"问题作出决定，要求但泽市对违反《但泽宪法》的做法予以纠正。国联请求常设国际法院发表咨询意见。1932年2月4日，常设国际法院发表一系列的咨询意见。法院在咨询意见中，对国际条约和作为国内法的《但泽宪法》加以区别，指出国联只能就违反国际条约的问题作出决定。但法院也同时指出，"一个国家不能引用其宪法以反对另一个国家，以便逃避其依据国际法或现行条约所承担的义务。"法院的这一论述被普遍认为是指导国际法与国内法关系实践的一项基本准则。

二、国际法在中国国内适用问题

目前我国《宪法》没有统一规定国际法在中国国内的适用问题，但在民商事领域，中国缔结的国际条约与国内法有不同规定的部分，在国内可以直接适用。

1. 直接适用。在民商事范围内，中国缔结的条约在国内通常可以直接适用。如《民事诉讼法》第268条规定："对享有外交特权与豁免的外国人、外国组织或者国际组织提起的民事诉讼，应当依照中华人民共和国有关法律和中华人民共和国缔结或者参加的国际条约的规定办理"。第267条规定："中华人民共和国缔结或者参加的国际条约同本法有不同规定的，适用该国际条约的规定，但中华人民共和国声明保留的条款除外。"

2. 同时适用。如我国加入的《维也纳外交关系公约》《维也纳领事关系公约》和我国《中华人民共和国外交特权与豁免条例》《中华人民共和国领事特权与豁免条例》同时适用。

3. 转化适用。按照2002年8月27日《最高人民法院关于审理国际贸易行政案件若干问题的规定》，WTO文件在中国法院不能直接适用，而必须经过"转化"。另参考《民事诉讼法》第267条的规定，在民商领域，条约优先适用，但知识产权领域的国际条约已经转化或者需要转化为国内法律的除外。

4. 民商事以外的条约，能否在中国国内直接适用以及如何解决效力冲突，需要根据与该条约相关的法律规定，结合条约本身的情况进行具体考察。

5. 国际习惯的适用。关于国际习惯在国内法中的地位，我国《宪法》也没有规定。从《民法典》的相关规定看，民事范围的国际习惯和国际惯例在国内适用时没有做区分。民事范围国际惯例的适用次序排在国内法和条约之后，其适用是"可以"，而非"必须"作为国内法和条约的补充。

第二章　国际法的主体与国际法律责任

> 【复习提要】

　　国家是国际法的主要主体。本章的制度围绕国家展开，包括国家的基本权利、国家豁免、国家承认、国家继承以及国际责任。本章为高频考点章节，学习的重点在于对各项制度的准确把握和运用。

　　本章的难点为国家间各项管辖权的冲突以及主权豁免规则的运用。此外还要注意国际法律责任制度的构成，能就具体行为运用规则进行责任分析判断；同时掌握联合国组织特别是安理会的性质和职能。

> 【知识框架】

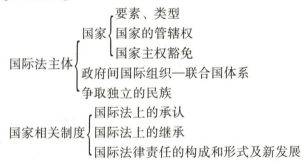

第一节　国际法主体

　　国际法主体是指具有享受国际法上权利和承担国际法上义务能力的国际法律关系参加者，或称为国际法律人格者。国际法主体须具备以下三个条件：第一，具有独立参与国际关系的资格。能够不受其他权力制约，完全自主平等地参与国际关系。第二，具有直接享有国际法上权利的能力。能够以自己的名义直接享有平等权、缔约权、使节权、诉讼权和求偿权等国际法上的权利。第三，具有直接承担和履行国际法上有关义务的能力。包括履行条约的能力、保护外国使馆和外交代表的能力等。

　　国际法主体的范围包括主权国家、国际组织及其他，个人尚不是国际法主体。国家是国际社会最主要和基本的构成单位，也是国际法最主要的主体。国际组织作为国际法主体出现指的是政府间的国际组织。但国际组织的权利能力和行为能力是通过作为国际组织章程的国际协定赋予和限定的，并只能在此限度之内。其他指的是某些特定的民族解放组织或民族解放运动，是过渡实体，现在为数极少。

一、国家的要素和类型

（一）国家的要素
包括：定居的居民、确定的领土、政府、主权。

（二）国家的类型

1. 单一国。中国是单一制国家。

2. 复合国。复合国是两个或两个以上成员组成的国家或者国家联合体，目前有联邦和邦联两种形式。

注意：联邦国家本身是国际法主体，其各成员单位没有国际法的主体地位。

邦联的各成员是独立的主权国家，分别是国际法主体，而邦联本身不是国际法主体。

二、国家的基本权利★★

基本权利	主要内容	
1. 独立权	国家依照自己的意志处理内外事务并不受他国控制和干涉的权利。独立权包含自主性和排他性两重含义，是国家主权在对外关系中的集中体现。	
2. 平等权	国家在参与国际法律关系时具有平等的地位和法律人格。国家的平等权主要表现在以下方面：（1）国家在国际组织或国际会议中平等地享有代表权和投票权。（2）国家平等地享有缔约权，国家不受非其缔结的条约拘束。（3）国家平等地享有荣誉权，国家元首、国家代表及国家标志应受到尊重。（4）国家之间没有管辖权，除非国际法特别规定或得到国家同意。（5）外交位次或礼仪上的平等权。	
3. 自保权	（1）国防权：国家有制定国防政策，建设国防力量，防止外来侵略的权利。	
	（2）自卫权：当国家受到外国武力攻击时，有权采取单独和集体的武力反击措施。 自卫权 前提：遭到武力攻击 条件 "必要性" "相称性"（武力还击的程度和受到武力攻击的程度应大致相当）	
4. 管辖权	（1）属地管辖权	国家对于其领土及其领土内的一切人、物和事件，都有进行管辖的权利。又称属地优越权。 例外：不适用于领域内依法享有特权与豁免的外国人或外国财产。
	（2）属人管辖权	国家对于具有其国籍的人，具有管辖的权利，无论其处于领土内外。其管辖对象还可包括具有该国国籍的法人、船舶、航空器等。
	（3）保护性管辖权	国家对于在其领土范围外从事严重侵害该国或其公民的重大利益行为的外国人进行管辖的权利。这种管辖权的行使一般基于两个条件：①外国人在领土外的行为所侵害的是该国或其公民的重大利益，构成该国刑法规定之罪行或规定应处一定刑罚的罪行；②该行为根据行为地的法律同样构成应处刑罚的罪行。 实现方式：行为人进入受害国被依法逮捕 通过引渡实现受害国的管辖
	（4）普遍管辖权	根据国际法的规定，对于危害国际和平与安全及全人类利益的某些国际犯罪行为，不论行为人国籍和行为发生地，各国都有进行管辖的权利。 对象：战争罪、破坏和平罪、违反人道罪、海盗罪、灭绝种族、贩毒、贩奴、种族隔离、实施酷刑、劫机等。 行使区域：只能在本国领土、本国管辖范围内或不属于任何国家管辖的区域行使。

【经典真题】

（2011/1/33）甲国人张某侵吞中国某国企驻甲国办事处的大量财产。根据中国和甲国的法律，张某的行为均认定为犯罪。中国与甲国没有司法协助协定。根据国际法相关规则，下列哪一选项是正确的？[1]

A. 张某进入中国境内时，中国有关机关可依法将其拘捕

B. 中国对张某侵吞财产案没有管辖权

C. 张某乘甲国商船逃至公海时，中国有权派员在公海将其缉拿

D. 甲国有义务将张某引渡给中国

三、国家主权豁免 ★★★

（一）基本概念

国家主权豁免是指国家的行为及其财产不受或免受他国管辖。与国家的管辖权一样，国家享有的这种非经自己同意，不受他国管辖的权利，同样被认为是国家主权的体现，符合国家拥有独立和平等主权的基本权利特征。实践中国家主权豁免主要表现在司法豁免方面，包括：一国不对他国的国家行为和财产进行管辖；一国的国内法院非经外国同意，不受理以外国国家作为被告或外国国家作为诉由的诉讼，也不对外国国家代表或国家财产采取司法执行措施。因此，在这个意义上，主权豁免又经常被称为国家的司法豁免权。

20世纪以来，国家大量参与商业活动，其交易对方包括了大量的外国自然人和法人，因为国家豁免权使交易对方的非国家主体处于弱势地位，这被认为有悖商事主体平等原则，因而产生了主张区分国家主权行为和商业行为的相对豁免主义。

主权豁免	内容	效力
绝对豁免主义	对国家的一切财产和行为豁免	有效的国际习惯法规则
限制豁免主义	认为国家的商业行为不应享有豁免权	各国观点和做法尚不一致

1. 绝对豁免主义：国家的一切行为和财产在外国均享有豁免。这被认为是一项有效的国际习惯法规则。

2. 限制豁免主义：主张将国家行为分为商业行为（管理权行为）和非商业行为（统治权行为），前者不享有豁免，而后者享有豁免。目前，限制豁免的基本观点已逐渐得到越来越多国家和学者的接受。2004年《国家及其财产管辖豁免公约》也采取了限制豁免主义的立场，但目前还未生效。

【特别提示】在国际社会就此达成有拘束力的条约以明确和完善国家及其财产豁免的具体范围和规则之前，传统的主权豁免原则仍然被认为是一项有效的国际习惯法规则。

（二）国家豁免的放弃

国家豁免权可以被放弃。国家可以自愿地对其享有豁免权的某个方面或某个行为进行放弃，即就其某种特定的行为接受外国当局特别是外国法院的管辖。

---

[1] A【解析】首先，中国对张某有管辖权吗？张某是甲国人，在中国领土范围外从事严重损害中国国家利益的行为，符合保护性管辖的条件，中国对张某是有管辖权的。属于哪种管辖权？如何实现？管辖外国人于领域外进行的结果及于本国利益的犯罪属于保护性管辖权。保护性管辖权的实现可以通过张某进入中国境内将其拘捕实现，也可以通过引渡实现，然而本题中引渡无条约，所以甲国没有引渡义务。公海上的管辖权规则是船旗国管辖和普遍性管辖权，张某的行为不符合这两种管辖权的行使条件，因此张某乘商船逃至公海时，中国无权抓捕。故BCD错误，答案为A。

国家豁免的放弃可分为明示放弃和默示放弃。前者是指国家通过国际协定、书面合同、发表声明或在特定诉讼中提出的书面函件表示放弃；后者是国家通过在外国法院作出的与特定诉讼直接有关的积极的行为，表示其放弃豁免而接受法院管辖，包括作为原告在外国法院提起诉讼、正式出庭应诉、提起反诉或作为诉讼利害关系人介入特定诉讼等。

在以下几种情况下，一国之行为不应解释为同意另一国的法院对其行使管辖权：（1）一国同意适用另一国的法律；（2）一国仅为援引豁免或对诉讼中有待裁决的财产主张一项权利之目的而介入诉讼；（3）一国代表在另一国法院出庭作证；（4）一国未在另一国法院的诉讼中出庭。

【经典真题】

（2014/1/75）甲国某公司与乙国驻甲国使馆因办公设备合同产生纠纷，并诉诸甲国法院。根据相关国际法规则，下列哪些选项是正确的？[1]

A. 如合同中有适用甲国法律的条款，则表明乙国放弃了其管辖的豁免

B. 如乙国派代表出庭主张豁免，不意味着其默示接受了甲国的管辖

C. 如乙国在本案中提起了反诉，则是对管辖豁免的默示放弃

D. 如乙国曾接受过甲国法院的管辖，甲国法院即可管辖本案

四、国际法上的承认

（一）承认的概念和特点

国际法上的承认是指既存国家对于新国家、新政府或其他事态的出现，以一定的方式表示接受或表示愿意发展正常关系的单方面行为。承认具有以下特征：（1）现代国际法中承认的主体除现存国家之外还包括现存的政府间国际组织；承认的对象除了新国家和新政府外，还可以包括交战团体和叛乱团体。（2）承认是承认者对被承认者出现这一事实作出的单方面行为。它表明对事实的接受而不改变被承认者的性质。（3）承认具有法律效果。在符合其他国际法规则的情况下，承认是承认者的自主行为，而不是一项法律义务。是否作出承认主要出于政治考虑，但承认一经作出，将产生一定的法律效果。

承认的方式	内容
明示承认	以明白的语言文字表达承认，如函电、声明；在缔结的条约或其他正式国际文件中明确表示。
默示承认	以行为表现。如建立正式外交关系；缔结正式的政治性条约；正式接受领事或正式投票支持参加仅对国家开放的政府间国际组织的行为。 以下行为不是默示承认：共同参加多边国际会议或国际条约；建立非官方或非完全外交性质的某种机构；某些级别和范围的官员接触；对于外国的某个地区或实体给予某类司法豁免的安排等。
法律承认	认定被承认者作为法律的正式人格的存在，带来广泛的法律效果，正式、不可撤销，通常所指此类。
事实承认	权宜做法，处理需要交往又不宜建交的情况，不完全、非正式、暂时。 注意：对叛乱团体的承认是事实上的承认。

---

[1] BC【解析】A错误。一国同意适用另一国的法律之行为不应解释为同意另一国的法院对其行使管辖权。

B正确。如乙国派代表出庭主张豁免，不意味着其默示接受了甲国的管辖。

C正确。国家豁免权的默示放弃包括：起诉、应诉、反诉、利害关系人介入。

D错误。依照《公约》第8条和第9条的规定，如果一国本身就该事项或案件在他国法院提起诉讼、介入诉讼或提起反诉，则亦不得在另一国法院中援引管辖豁免，此即国家豁免的默示放弃形式。

（二）新国家的承认和新政府的承认

1. 新国家的承认

对新国家的承认是既存国家对新国家出现这一事实的单方面宣告和认定。这种承认本身并不是新国家成为国际法主体的条件。对国家的承认不能够撤回。承认是一种单方行为，既存国家没有承认新国家的法律义务，而新国家也没有要求既存国家给予其承认的法律权利。

【经典真题】

（2010/1/29）甲乙二国建立正式外交关系数年后，因两国多次发生边境冲突，甲国宣布终止与乙国的外交关系。根据国际法相关规则，下列哪一选项是正确的？[1]

A. 甲国终止与乙国的外交关系，并不影响乙国对甲国的承认

B. 甲国终止与乙国的外交关系，表明甲国不再承认乙国作为一个国家

C. 甲国主动与乙国断交，则乙国可以撤回其对甲国作为国家的承认

D. 乙国从未正式承认甲国为国家，建立外交关系属于事实上的承认

2. 新政府的承认

一般认为应遵循"有效统治原则"，即新政府应有效控制本国领土并行使国家权利。但各国行为都不能违背国际法的其他原则和规则，特别是不干涉内政等原则。对新政府的承认，即承认新政府为国家的正式代表，并表明愿意同它发生或继续保持正常关系。政府更迭是引起政府承认的原因，但并不是一切政府更迭都会引起政府承认。一般来说，凡是按照宪法程序而进行的政府更迭，就不发生政府承认的问题。由于革命或政变而产生的新政府则存在政府承认的问题。

3. 对交战团体和叛乱团体的承认

对交战团体的承认是一国发生内战时，其他国家为了保护自己的利益，承认反政府一方为交战团体的单方面行为。承认反政府一方为交战团体，引起承认国的中立义务。同时，交战团体在其控制地区有义务保障承认国国家和侨民的利益。实践中，对于叛乱团体的承认较少发生，它是一种事实上的承认。同时，做出上述承认时，应特别注意需符合不干涉内政原则。

五、国际法上的继承

国际法上的继承是指由于某种法律事实的出现引起国际法权利和义务由一个承受者转移给另一个承受者的法律行为。包括国家继承、政府继承和国际组织的继承。其中最重要的是国家继承。国家继承是指由于领土变更的事实，导致国际法上的权利义务关系在相关国家之间转移而发生的法律关系。领土变更是发生国家继承的前提。领土变更有合并、分离、分立、独立以及国家领土部分转移。对于不同的情况，国家的继承情况各不相同。

---

[1] A【解析】承认，是单方面的宣告行为，因而国家自主决定做出，无需协商也不受对方行为影响；对国家的承认一经做出不可撤回；建立外交关系，确认了被承认方的法律地位，属于法律上的承认。A正确，BCD错误。

```
                      ┌ 继承：与领土有关的非人身性条约（领土边界、河流交通、水利灌溉等条约）
          条约的继承 ┤        ┌ 1. 人身性条约（与国际法主体资格有关的条约）
                      └ 不继承：┤
                               └ 2. 政治性条约（和平友好、同盟互助、共同防御等条约）
                      ┌ 不动产：随领土一并转移（不动产随领土一并转属继承国）
          财产的继承 ┤ 动产：所涉领土实际生存原则（凡是与所涉领土生存或活动有关的国家动产，
国家继承 ┤            └ 不论其所处地理位置，都应专属继承国）
                      ┌ 继承 ┌ 1. 国家债务（一国对他国所负任何财政义务）
                      │      └ 2. 地方化债务（以国家名义所借，用于国内特定地方）
                      │        ┌ 1. 地方债务（地方政府承担的对他国或国际组织所借之债）
          债务的继承 ┤        │ 2. 国家对外国私人所负之债
                      │ 不继承 ┤ 3. 私人对外所负债务
                      └        │ 4. 恶债（违反国际法基本原则或违背继承国根本利益所负之债，如：
                               └ 战争债务）
```

【特别提示】 不同领土变动情况，条约继承情况不同。国家合并时，对于任一被合并国有效的条约，对于继承国继续有效，但原则上只适用于继承发生时其有效的那部分领土范围。分离分立时，原来对于被继承国部分领土有效的条约，仍只对与该部分领土有关的继承国相应部分有效。对于领土部分转移的情况，出让国的条约对该部分领土失效而受让国的条约对所涉领土发生效力。新独立国家，原则上可以自主决定是否继承。

【经典真题】

（2008/1/33）甲国与乙国 1992 年合并为一个新国家丙国。此时，丁国政府发现，原甲国中央政府、甲国南方省，分别从丁国政府借债 3000 万美元和 2000 万美元。同时，乙国元首以个人名义从丁国的商业银行借款 100 万美元，用于乙国 1991 年救灾。上述债务均未偿还。甲乙丙丁四国没有关于甲乙两国合并之后所涉债务事项的任何双边或多边协议。根据国际法中有关原则和规则，下列哪一选项是正确的？[1]

A. 随着一个新的国际法主体丙国的出现，上述债务均已自然消除

B. 甲国中央政府所借债务转属丙国政府承担

C. 甲国南方省所借债务转属丙国政府承担

D. 乙国元首所借债务转属丙国政府承担

六、国际组织

（一）联合国体系

联合国于 1945 年 10 月 24 日根据《联合国宪章》成立，总部设在纽约。一批在各自领域起重要作用的专门性国际组织，通过与联合国的关系协定而成为联合国专门机构，从而构成联合国组织体系。

联合国的创始会员国为包括中国在内的 51 个国家。之后的会员国均是纳入国。创始国和

---

[1] B【解析】首先，案例中所描述的债务哪些是国债？哪些是地方化债务？在国家实践中，国家继承的债务包括国家整体所负的债务或称国债，也包括以国家名义承担而事实上仅用于国内某个地方的债务或称地方化债务。国家对外国法人或自然人所负之债或国家的地方当局自己承担的对他国所负之债，不在国家继承的范围。什么是以国家名义呢？以国家名义在题中表述为中央政府。也就是可继承的债务只有中央政府向其他中央政府所负之债，用于何处则不论。正确答案为 B。

纳入国的权利和义务是相同的。被接纳为联合国新会员国的条件是：被接纳的是一个爱好和平的国家；其接受宪章义务并能履行宪章义务；申请国首先向秘书长提出申请，秘书长交由安理会审议（非程序性事项），安理会审议并通过后向大会推荐；大会审议并经 2/3 多数会员国同意通过。

【经典案例】1946 年，联合国安理会对是否推荐申请国爱尔兰、葡萄牙和约旦加入联合国进行表决时，苏联投了反对票；1947 年美国反对苏联主张的对保加利亚、匈牙利、罗马尼亚、意大利和芬兰的加入联合国申请做了一揽子表决，而苏联在随后对是否推荐意大利和芬兰加入联合国问题进行表决时投了反对票。1949 年，当安理会就是否推荐上述 8 国为联合国会员国的问题进行表决时，苏联又投了反对票。根据阿根廷的建议，联合国大会于 1949 年 11 月 22 日请求国际法院就下列问题发表咨询意见：根据《联合国宪章》第 4 条第 2 款的规定，当安理会因申请国未获得必要的多数票或因某一常任理事国对推荐决议投反对票而没有做出接纳推荐时，大会能否通过决议将该国接纳为联合国会员国？

1950 年 3 月 3 日，国际法院就上述问题发表了咨询意见，对大会提出的问题给出了否定的答复。法院认为，《联合国宪章》第 4 条第 2 款规定的安理会的"推荐"和大会的"决定"是接纳新会员国的两个必不可少的程序，而且在大会决议之前必须要有安理会的推荐。该款所称的"推荐"仅指"赞成的推荐"，大会不能将安理会的不推荐视同于"不赞成推荐"，并据此决定将一国接纳为联合国会员国，因为大会无权推翻安理会表决的意图。法院还指出，《联合国宪章》并未使安理会在对大会的关系上处于从属地位。

1. 联合国的主要机构

（1）大会。由全体会员国组成，具有广泛的职权，可以讨论宪章范围内或联合国任何机关的任何问题，但安理会正在审议的除外。大会表决采取会员国一国一票制。联合国大会于 2006 年 3 月 15 日通过决议成立了人权理事会。该人权理事会取代了此前于 1946 年开始设立在经社理事会下的人权委员会。人权理事会是大会的附属机构，直接向大会负责。是联合国系统审议人权问题的最主要机构。

性质	表决制度	大会决议拘束力
审议建议机关	一般问题：简单多数。	内部事项：对会员国有拘束力。
	重要问题：2/3 多数，包括：与维持国际和平与安全的建议；各理事国选举；新会员接纳；会员国权利中止或开除会籍；实施托管；预算和分摊等。	其他事项：建议性质，没有拘束力。

（2）安全理事会。安理会是联合国在维持国际和平与安全方面负主要责任的机关，也是联合国中唯一有权采取行动的机关。安理会表决采取每一理事国一票。

性质	表决制度	决议拘束力
①联合国中唯一有权采取行动的机关；②由15个理事国组成，中法俄英美为常任理事国。	程序性事项：9个同意票即可通过。 非程序性事项（实质性事项）：包括全体常任理事国在内的9个同意票，此又称"大国一致原则"。缺席或弃权不视为否决。（推荐接纳新会员国或秘书长人选，建议终止会员国权利或开除会员国，用非程序性事项表决制度） 是否为程序性事项的争议事项："大国一致"表决方式。	①为制止和平的破坏、威胁和侵略行为的决定，依宪章作出的职能决定，对于当事国和所有成员国都具有拘束力；②关于和平解决争端的决议，作为当事国的理事国不得投票，但有关采取执行行动的决议，其可以投票，且常任理事国有一票否决权。

（3）经济及社会理事会。是在大会权力下，负责协调联合国及各专门机构经社工作，由联合国大会选出的54个理事国构成的机关，每个理事国有一个投票权，理事会决议采用简单多数表决制。

（4）托管理事会。是在大会权力下负责监督托管领土行政管理的机关，目前所有托管协定都宣告终止。

（5）国际法院。联合国司法机关（具体内容见和平解决国际争端部分）。

（6）秘书处。是联合国的常设行政机关。

性质	秘书长
包括秘书长都是国际公务员，向联合国负责，不得寻求和接受任何政府或联合国以外任何其他机构指示。	联合国行政首长。安理会推荐，并经大会简单多数票通过后委任。

2. 联合国专门机构

联合国专门机构是指根据特别协定同联合国建立固定关系，或根据联合国决定成立的负责特定领域事务的政府间专门性国际组织。专门机构同联合国通过与经社理事会签订、并经大会核准通过的关系协定建立起与联合国的法律联系。专门机构具有独立的法律地位，不是联合国的附属机构。目前，正式与经社理事会签订协议的联合国专门机构有17个。比如：国际劳工组织、世界卫生组织、世界气象组织、国际货币基金组织等。

（二）国际非政府组织

国际非政府组织的主要特点包括：（1）跨国性。非政府组织的成员由来自不同国家的公民或团体组成，活动超出一国范围之内。（2）非政治性和非政府性。非政府国际组织活动的目标为非政治性，不谋求政治权力，其性质为社会团体，不属于政府机构。（3）非营利性。其活动属于公益性或社会服务性，区别于各种追求利润的企业性组织。（4）志愿性。其会员自愿参加。

性质	与联合国联系机制
非政府组织并不是国际法的主体。在某个国家注册，按国内法，活动受注册国规范。在他国活动时，尊重所在国法律。	联合国可给予"咨商地位〔1〕"或者观察员身份，拥有向联合国相关机构提供咨询意见的权利。可出席会议，提交报告，接受委托。

〔1〕 经社理事会给予非政府组织的咨商地位分为三种：普遍咨商地位，也称一类咨商地位；特别咨商地位，也称二类咨商地位；注册咨商地位，也称列入名册。

第二节　国际法律责任

一、国际法律责任的构成条件

国际法律责任也称国际责任，是指国际法主体对其国际不当行为或损害行为所应承担的法律责任。国家不当行为是指国家违背国际法义务的行为。根据《国家对国际不法行为的责任条款草案》，该行为必须具备两个条件：

1. 归因于国家。引起国家责任的行为必须根据国际法能够归因于国家，或者说该行为是国际法上的国家行为。在国际法中，下列行为（包括作为和不作为），被认为是国家的行为：（1）国家机关的行为。（2）经授权行使政府权力的其他实体的行为。（3）实际上代表国家行事的人的行为。如果一个或一群人的行为经确定实际上是代表其国家行事的，这些人的行为被认为是国家行为；另外在正式当局不存在时，有理由实际上行使政府权力的人的行为，被认为是国家行为。（4）别国或国际组织交与一国支配的机关的行为。一国或国际组织将某个机构交与另一国支配，则在行使该支配权范围内的行为，视为该支配国的国家行为。（5）上述可归因于国家行为的国家机关和国家授权人员的行为，一般也包括他们以此种资格执行职务内事项时的越权或不法行为。（6）叛乱运动机关的行为，依国际法不视为该国的国家行为。已经和正在组成新国家叛乱运动的行为，被视为已经或正在形成的新国家行为。（7）一个行为可归因于几个国家时，相关国家对其各自相关的行为承担单独或共同的责任。（8）国家当局暂不存在的行为，需要行使政府权力，一个或一群人行使政府权力，视为国家行为。

2. 违背国际义务。构成国家不当行为的另一个条件是，该行为是违背国际法义务的行为。一国违背国际义务是指一国行为不符合对其有效的国际义务要求，不论其所承担的该国际义务来源于条约、国际习惯还是国际法的其他渊源。

【经典真题】

（2010/1/25）甲国发生的叛乱运动的组织已被甲国政府和国际社会承认为叛乱团体。该叛乱团体在其控制的部分地区，强行掠夺外国侨民和外国国家的财产。根据国际法，下列关于甲国政府是否承担责任的说法哪个是正确的？[1]

A. 由甲国政府承担直接责任

B. 由于该行为由叛乱团体所为，因此，甲国政府应承担间接责任

C. 甲国政府和叛乱运动机关共同承担直接责任

D. 甲国政府不承担责任

二、不法性的排除

国家违背国际义务的行为构成国家不法行为。排除行为的不法性即意味着依法免除这些行为的法律责任。国际法中，以下一些情况，行为的不法性可以被排除：

1. 同意。一国不符合该国国际义务的行为，如经与该义务直接有关的权利方事先以正式有效的方式自愿表示同意，然后实施，则在对该同意方的关系上和在被同意的范围内，排除了

---

[1]　D【解析】由于该行为是一个叛乱运动机关的行为。在一国领土上被承认为叛乱运动机关自身的行为，根据国际法不视为该国的国家行为。因此，该行为不构成国家不当行为，不带来该国的国家责任。D项正确。

该行为的不当性。但有关义务应不属于国际强行法规则范畴。

2. 对抗与自卫。国家不符合国际义务的行为，如果是针对他国的国家不当行为而采取的，则在符合国际法其他规则的条件下，其行为的不法性被排除。其中，自卫可以使用武力，而对抗不能使用武力。

3. 不可抗力和偶然事故。如果由于不可抗拒的力量或无法控制的外界事件，致使国家不可能履行义务或不知道其违反义务，则其不法性可以被排除。但这种实际上的不履行不能是行为者本身引起的。

4. 危难或紧急状态。代表国家行事的机关或个人在极端危急的情况下，为挽救其或被其监护的人的生命，而作出的违背国际义务的行为，除此之外别无他法，该行为的不法性应予排除。紧急状态是国家遭到严重危及其生存或根本利益的紧急情况，作为消除或应付这种情况的唯一办法而违背国际义务的行为，其行为的不法性应予排除。但是，违背义务的行为不得造成与危难和紧急状态同样或更大的灾难或危及他国的根本利益，并且不得违背国际法强行性规则，否则应承担国家责任。

国际法律责任	1. 责任构成（存在国家不法行为）	（1）行为归因于国家（下列行为，包括作为和不作为，认为是可归因于国家的行为）	①国家机关的行为（类别上，包括：立法、司法、行政机关和军队；级别上，既包括中央机关，也包括地方机关）；以其资格职务从事的行为。 ②经授权行使政府权力的其他实体的行为。 ③实际上代表国家行事的人的行为。 ④别国或国际组织交与一国支配的机关的行为（视为支配国的行为）。 ⑤上述国家机关或授权人员以此种资格执行职务内事项时的越权或不法行为。 ⑥叛乱运动机关的行为（只是被承认，不视为该国行为，已经和正在组成的新国家被视为新国家的行为）。 ⑦特定人员行为（国家元首、政府首脑，外交代表）在国外的私人身份不法行为，除非特别说明，国家一般也承担相关责任。
		（2）行为违背国际义务	①违背一般国际义务：国际不法行为。 ②违背至关重要的国际义务：国际罪行。
	2. 不法性的排除	（1）同意（该义务的利益国正式机关以明确的方式事先自愿同意，且该义务不属于国际强行规范）；（2）对抗与自卫（除自卫外，对抗不得使用武力）；（3）不可抗力和偶然事故（不是行为者本身引起的）；（4）危难或紧急状态。	
	3. 责任形式	（1）终止不法行为；（2）恢复原状；（3）赔偿；（4）道歉；（5）保证不再重犯；（6）限制主权。	
	4. 国家间接责任	一国私人的行为对外国国家或个人造成侵害，国家对该行为存在失职或放纵，由此所引起的责任称为间接责任。	
	5. 国际赔偿责任问题	（1）国家责任制度，即由国家承担对外国损害的责任（空间物体造成损害责任）。 （2）双重责任制度，即国家与营运人共同承担对外国的赔偿责任（核损害，核动力），国家保证营运人的赔偿责任，并在营运人不足赔偿的情况下对规定的限额进行赔偿。 （3）营运人赔偿，无论营运人是国家还是私营企业，都由营运人直接承担有限赔偿责任。	

【考点归纳】 国家责任的知识点经常结合领土、空间等其他部分考查。

【经典真题】

（2021 回忆题）乙国一架民航飞机因机械故障在甲乙两国边界附近坠毁并引发森林火灾，乙国组织力量紧急救援。乙国救援队为灭火和抢救生命，擅自进入甲国国界数十米，尽管乙国尽力救助，火灾还是给甲国造成了财产损失。后乙国救援队撤回国界内，发现甲乙两国界标毁损。根据国际法相关规则，下列哪些说法是正确的？[1]

A. 乙国救援人员未经甲国同意越过边境救灾，构成国际不法行为

B. 乙国可自行修复界碑，恢复后通知甲国

C. 乙国通知甲国后，应尽快修复界碑

D. 乙国无需承担因火灾给甲国造成的损失

---

[1] D【解析】A项属于危难和紧急状态，可以排除不法性。乙国应尽快通知甲国，在双方代表在场的情况下共同修复界碑。

第三章 国际法上的空间划分

▶【复习提要】
　　本章主要内容在于正确掌握划分各个区域的空间范围以及各个区域中基本法律制度。重点在于领土取得、边境制度、各类河流的法律地位、领海、毗连区、专属经济区、大陆架等的法律地位以及民航安全制度、外层空间的原则及责任。同时，理解国家在各个空间、区域的主权权利的不同。

▶【知识框架】

国际法上空间划分 ｛ 领土（领土主权和领土取得、边境边界、南北极）
海洋法
国际航空法与外层空间法
国际环境保护法

第一节　领　土

一、领土和领土主权

（一）领土的构成

　　国家领土是指国家主权支配和管辖下的地球的特定部分及附属的特定上空。它由领陆、领水、领空和底土四部分组成。其中领陆是最基本部分；领水包括内水（外国船舶未经允许不得进入内水）和领海（外国船舶享有无害通过权）；领空是领陆和领水上方一定高度的空间，完全受国家主权的支配，它的高度界限国际法尚无规定；底土是领陆和领水下面的部分，理论上一直延伸到地心，国家对于底土及其中的资源拥有完全主权。

（二）领土主权及其限制

　　1. 国家的领土主权

　　领土主权是国家主权的重要体现和主要内容，是指国家对领土最高的排他权利。包括两方面内容：其一是对领土的所有权或领有权。国家对其领土享有拥有、使用和处分的最高权。其二是国家享有排他的领土管辖权，指国家对在领土范围内的人、物及事件行使属地管辖权。

　　2. 领土主权的限制

　　国家对领土具有排他的领土主权。但是领土主权会受到国家自愿的一般性限制，比如无害通过，外交官的特权和豁免等；也会受到根据条约产生的特殊限制，比如共管、租借、国际地役和势力范围，上述对领土主权的限制是否合法，取决于其据以产生的条约是否合法。

（三）河流制度

	流经国家	主权	航行制度
内河	一国	国家完全主权、管辖权	自主制定法规管理，外国船舶未经许可不得航行
界河	两国，并作为分界线	分属沿岸国家的部分为该国领土	相邻国家在界水上有平等的航行权，利用不得算还邻国的利益
多国河流	两个或两个以上	各国对流经一段拥有主权	一般对所有沿岸国开放。行使权利应顾及其他沿岸国利益。不得使河流改道或者堵塞河道
国际河流	同多国河流	各国对流经一段拥有主权	一般允许所有国家的非军用船舶无害航行
国际运河	流经多国，人工开凿	一国领土内的运河是内河	有关条约确立，一般对所有国家开放

二、领土的取得方式 ★★

传统方式	1. 先占	国家有意识地取得不在其他任何国家主权下土地的主权的行为。 必须具备两个条件： （1）先占的对象必须为无主地； （2）先占应为"有效占领"（①国家应具有取得该无主地主权的意思，并公开地表现出来；②国家对该地采取实际的控制，包括采取立法、司法、行政措施等）。 性质：目前，世界上已基本不存在先占的对象。
	2. 时效	由于国家公开地、不受干扰地长期占有他国领土，从而获得该领土的主权。 性质：存在争议。现在基本没有普遍适用意义。
	3. 添附	自然形成或者人造的新土地而使得国家领土增加。 （1）自然添附：领土的自然增加（如，河口三角洲、涨滩等）； （2）人工添附：领土的人为增加（如：围海造田），人工添附不得损害他国利益。 性质：历来合法。
	4. 征服	一国直接以武力方式占有他国领土全部或一部分，并将其纳入自己的版图，从而取得领土主权。 性质：非法。
	5. 割让	一国根据条约将部分领土转移给另一国。 （1）强制割让：一国通过武力迫使他国割让领土（非法）； （2）非强制割让：国家自愿通过条约将部分领土转移给他国，包括领土的买卖、赠与、互换等（合法）。
现代方式	1. 殖民地独立	殖民地人民根据民族自决原则从原殖民国独立出来成立新国家。性质：合法。
	2. 公民投票	有关国家在符合国际法的前提下，采取公民投票的方式，对有争议地区的归属进行表决，以各方都接受的表决结果决定领土的变更。

（2016/1/75）关于领土的合法取得，依当代国际法，下列哪些选项是正确的？[1]

A. 甲国围海造田，未对他国造成影响

B. 乙国屯兵邻国边境，邻国被迫与其签订条约割让部分领土

C. 丙国与其邻国经平等协商，将各自边界的部分领土相互交换

D. 丁国最近二十年派兵持续控制其邻国部分领土，并对外宣称拥有主权

三、边界和边境制度 ★★

（一）边界

边界是确定一国领土范围的界限，将一国领土与他国领土、公海、专属经济区以及外层空间分隔开来。从形成看，边界分为传统边界和条约确定边界。传统习惯边界是默示协议，有些地方会存在争议或者比较模糊的情况。条约确定边界是以条约划定的边界，有利于减少争端。划界规则如下：

条约划定边界	传统习惯边界一般做法
签订边界条约（母约）	以山脉为界：依主分水岭
根据边界条约实地勘界，树界碑	以可航行河流为界：主航道中心
双方制定界标文件	不可航行：河流中心线

（二）边境制度

边境是指距边界线两侧一定距离的区域。各国一般通过国内法和双边协议建立管理制度。

1. 界标的维护

相邻国家共同责任，两国可以协议确定对全部界标维护进行分工；双方都应采取必要措施防止界标被移动、损坏或灭失；或一方发现，应尽快通知另一方，并在双方代表在场情况下修复；国家有责任严厉惩罚移动、损坏或毁灭界标的行为。

【经典真题】

（2016/1/33）甲乙两国边界附近爆发部落武装冲突，致两国界标被毁，甲国一些边民趁乱偷渡至乙国境内。依相关国际法规则，下列哪一选项是正确的？[2]

A. 甲国发现界标被毁后应尽速修复或重建，无需通知乙国

B. 只有甲国边境管理部门才能处理偷渡到乙国的甲国公民

C. 偷渡到乙国的甲国公民，仅能由乙国边境管理部门处理

D. 甲乙两国对界标的维护负有共同责任

2. 边境土地的使用

国家对本国边境地区土地的利用，不得使对方国家的利益遭受损失。例：不在边境地区建立可能对另一国造成环境污染的工厂；不得在靠近边界地区设立靶场或者进行可能危及对方居民及财产安全的武器试验或演习；如遇边境地区火灾，应尽力扑救并控制火势，不使火灾蔓延

---

〔1〕 AC【解析】传统国际法上的领土取得方式在现代国际法判断下的意义为何？以武力或者武力威胁的手段当然是违法的，所以强制割让和征服都是错误的，B项错误；时效历来有争议，我国不承认，因而单方持兵控制并宣称主权不会达到领土转移的效果，D项错误；不损他国的添附和自愿的交换、买卖等是合法方法；先占无客体可适用，并不违法。A、C正确。

〔2〕 D【解析】两国共同责任表现是什么？共同维护，共同恢复，共同负有处罚的义务。D项正确。

到对方境内。

3. 界水的利用

一般情况下，沿岸国对界水有共同的使用权。一国在使用界水时，不得损害邻国的利益。

例：不得采取可能使河流枯竭或者泛滥的措施或河流改道；渔民在一侧捕鱼；平等的航行权；一方船舶未经允许不得在对方靠岸停泊（除遇难或有其他特殊情况外）；一方如欲在水上建造工程设施如桥梁、堤坝等，应取得另一方同意；保护水质，控制和治理本国一侧污染源。

4. 边民的往来

一国有关规定或者双方协约处理。

5. 边境事件的处理

双方代表成立处理边境地区的机构，专门处理边境事项，如偷渡，损害界标等事项。

【经典真题】

（2019 回忆题）某河为甲乙两国的界河，双方对界河的划界使用没有另行约定，根据国际法相关规则，下列那一行为是合法的？[1]

A. 甲国渔民在全部河上捕鱼

B. 甲国渔船遭遇狂风，为紧急避险和未经许可停靠乙国河岸

C. 乙国可不经甲国许可在某河修建堤坝

D. 乙国发生旱灾，可不经甲国许可炸开自己一方堤坝灌溉农田

四、两极地区的法律地位

（一）南极地区

一些国家先后提出领土主张，依据包括先占、相邻、扇形原则等。

根据 1959 年《南极条约》：

1. 南极只用于和平目的（为科学研究或其他和平目的的使用军事人员或设备不被禁止）。

2. 科学考察自由和科学合作。任何国家都有在南极进行科学考察的自由。

3. 冻结对南极的领土要求。《南极条约》不构成对任何现有的对南极领土主张的支持或否定；条约有效期间进行的任何活动也不构成主张支持或否定对南极领土要求的基础。

例：对南极领土不得提出新的或者扩大现有要求，《南极条约》不构成对于任何现有的对南极领土的支持或否定；条约有效期间进行的任何活动也不构成主张支持或否定对南极领土要求的基础。

4. 维持南极地区水域的公海制度。

5. 保护南极环境与资源。

6. 建立南极协商会议。

（二）北极地区

北极地区主要部分是北冰洋，其中大部分为公海。某些国家对北极地区提出了领土主张，但遭到了大多数国家的反对。目前环北极国家签订了一些关于北极环境保护的条约，但这不改变北极地区本身的法律地位。最密切的公约为《联合国海洋法公约》《斯瓦尔巴条约》。

---

[1] B【解析】双方对界水有共同的使用权，但使用时不能损害对方利益。为避难等特殊情况可以停靠对方河岸。

1. 北极大陆和岛屿的领土主权属于北极国家。	北极国家在北极海域拥有领海、专属经济区和大陆架。
2. 北极海域有公海和国际海底区域。	北极外国家依据国际法有权在北极地区开展科研、航行和开发活动。
这些区域以《联合国宪章》《联合国海洋法公约》《斯瓦尔巴条约》为基础，划分出北极国家和北极外国家的权利义务。	

【经典真题】

甲乙两国均为南极地区相关条约缔约国。丙丁两国为北极系列相关公约缔约国，丙的领土在北极，丁为北极外国家。甲国在加入条约前，曾对南极地区的某区域提出过领土要求。乙国在成为条约缔约国后，在南极建立了常年考察站。丁国利用自己靠近北极的地理优势，在北极地区开展科研活动。根据《南极条约》、北极相关的国际法制度，下列哪些判断是正确的？[1]

A. 甲国加入条约意味着其放弃或否定了对南极的领土要求

B. 乙国上述在南极地区的活动，并不构成对南极地区提出领土主张的支持和证据

C. 丙国在北极海域拥有领海、专属经济区和大陆架

D. 丁国无权在北极地区进行上述行为

第二节　海洋法

1982 年《联合国海洋法公约》（以下简称"《海洋法公约》"）将海域划分为内海、领海、毗连区、专属经济区、大陆架、国际航行海峡、群岛水域、公海、国际海底区域九个区域，并规定了各个区域不同的法律制度。目前被认为是最全面且完整的海洋法编撰，截至 2018 年 12 月，缔约国有 168 个。我国已加入该公约，公约自 1996 年对我国生效。

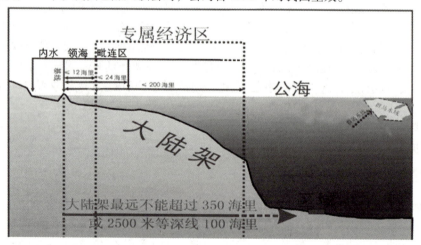

---

　　〔1〕　BC【解析】《南极条约》不构成对任何现有的对南极领土主张的支持或否定；条约有效期间进行的任何活动也不构成支持或否定对南极领土要求的基础。北极大陆和岛屿的领土主权归属北极国家，北极国家在北极海域拥有领海、专属经济区和大陆架。北极海域有公海和国际海底区域。北极域外国家依据国际法有权在北极地区开展科研、航行和开发等活动。因此，选 BC。

一、内海及有关制度

（一）领海基线

基线是陆地和海洋的分界线，也是测算领海、毗连区、专属经济区和大陆架宽度的起算线。可以以两种方法划定：（1）正常基线。也是领陆与海水的自然分界线。即退潮时海水离岸最远的那条线。（2）直线基线。是在海岸或近海岛屿的外缘上选定若干基点，然后用直线将相邻的基点连接起来所形成的一条折线。

（二）内海及港口制度

沿海国领海基线向陆地一面的水域称为内海，主要包括海湾和港口。和内陆水域相同，沿海国对其享有完全和排它的主权，除遇难外，一切外国船舶非经沿海国许可不得进入其内海。同时，沿海国对于进入其内水的外国船舶可行使属地管辖权，但纯属船舶内部的事务通常由船旗国管辖。

海湾是明显的水曲，如果湾口两端低潮标之间的距离不超过 24 海里，则可在湾口划一条封口线，该线所包围的水域应视为内水。如果湾口宽度超过 24 海里，除"历史性"海湾外，24 海里的直线基线应划在湾内，以划入该长度的线所能划入的最大水域为内水。

关于港口国对其内海港口的外国船舶的管辖，根据国家领土主权原则，国家对位于其内水港口的外籍船舶具有管辖权，依国际法享有豁免权的军舰和政府公务船等除外。但是在实践中，国家一般是在不介入船舶内部事件的基础上，采取沿岸国与船旗国管辖相结合的方法。在刑事管辖方面，通常只有对扰乱港口安宁、受害者为沿岸国或其国民、案情重大以及船旗国领事或船长提出请求时沿岸国才予以管辖。在民事案件方面，对完全属于船舶内部管理、工资、劳动条件、个人财产权利等事项，各国通常不行使管辖权。当案件涉及港口国公民的利益或其他船舶以外的因素，或涉及船舶本身在港口内航行、停留期间的权利义务时，港口国才予以管辖。

二、领海及领海制度★★

领海是沿海国陆地领土及其内水以外邻接的一带海域。在群岛国的情形下，则及于群岛水域以外邻接的一带海域。关于领海的宽度，《海洋法公约》规定，每一国家有权确定其领海宽度，直至从领海基线量起不超过 12 海里的界限为止。我国的领海宽度为 12 海里。内陆国没有领海。外国飞机未经许可不得进入他国领海上空。沿海国有权制定有关领海内航行、缉私、移民、卫生等方面的法律和规章。沿海国有开发和利用领海内资源的专属权利。此外，沿海国有沿海航运贸易权和属地优越权。

沿海国对其领海的主权须受无害通过这个国际习惯的限制。无害通过指所有国家的船舶在不损害沿海国和平、良好秩序或安全的前提下，均享有自由通过他国领海的权利。潜水艇或其他潜水器通过领海须浮出水面并展示其船旗。

1. 无害通过的要求

通过应继续不停和迅速进行。虽然包括停船和下锚，但以通常航行所附带发生的或由于不可抗力或遇难所必要的或为救助遇险或遭难的人员、船舶或飞机的目的为限。无害通过只限于船舶，不包括飞机。关于军用船舶是否享有无害通过权的问题，各国实践不一致。根据我国加入《海洋法公约》时所做的保留，我国不允许外国军舰在我国领海无害通过。潜水艇和其他潜水器通过时须在海面上航行并展示其旗帜。外国核动力船舶和载运核物质或其他本质上危险、有毒物质的船舶通过时应持有国际协定为这种船舶所规定的证书并遵守国际协定所规定的特别预防措施。

2. 非无害的情况

《海洋法公约》列举了12种非无害的情况：① 对沿海国的主权、领土完整或政治独立进行任何武力威胁或使用武力，或以任何其他违反《联合国宪章》所体现的国际法原则的方式进行武力威胁或使用武力；② 以任何种类的武器进行任何操练或演习；③ 任何目的在于搜集情报使沿海国的防务或安全受损害的行为；④ 任何目的在于影响沿海国防务或安全的宣传行为；⑤ 在船上起落或接载任何飞机；⑥ 在船上发射、降落或接载任何军事装置；⑦ 违反沿海国海关、财政、移民或卫生的法律和规章，上下任何商品、货币或人员；⑧ 违反本公约规定的任何故意和严重的污染行为；⑨ 任何捕鱼活动；⑩ 进行研究或测量活动；⑪任何目的在于干扰沿海国任何通讯系统或任何其他设施或设备的行为；⑫与通过没有直接关系的任何其他活动。

3. 沿海国关于无害通过的权利

沿海国可在其领海内采取必要的步骤以防止非无害的通过。包括：制定关于无害通过的法律和规章；为外国船舶指定海道或实行分道通航制；为保护国家安全的需要在其领海的特定区域内暂时停止外国船舶无害通过。

4. 沿海国关于无害通过的义务

包括：不应妨碍外国船舶无害通过；在制定法律或规章时不应对外国船舶强加要求，其实际后果等于否定或损害无害通过的权利；并应将其所知的领海内对航行有危险的任何情况妥为公布。

【经典真题】

（2016/1/76）"青田"号是甲国的货轮、"前进"号是乙国的油轮、"阳光"号是丙国的科考船，三船通过丁国领海。依《联合国海洋法公约》，下列哪些选项是正确的？[1]

A. 丁国有关对油轮实行分道航行的规定是对"前进"号油轮的歧视

B. "阳光"号在丁国领海进行测量活动是违反无害通过的

C. "青田"号无须事先通知或征得丁国许可即可连续不断地通过丁国领海

D. 丁国可以对通过其领海的外国船舶征收费用

三、毗连区及有关制度

毗连区是领海以外毗连领海的一个区域，沿海国在这个区域内可以对某些事项行使必要的管制，包括：第一，防止在其领土或领海内违反其海关、财政、移民或卫生的法律和规章；第二，惩治在其领土内违反上述法律和规章的行为。

毗连区的内部界限是领海的外部界限，其外部界限距离领海基线不得超过24海里。按照我国1992年《中华人民共和国领海及毗连区法》的规定，我国毗连区宽度为12海里。

【特别提示】 毗连区不是国家领土，国家对毗连区不享有主权，只是在毗连区范围行使上述方面的管制，而且国家对于毗连区的管制不包括其上空。毗连区的其他性质取决于其所依附的海域，或为专属经济区或为公海。

四、专属经济区

专属经济区是领海以外毗邻领海的一定宽度的水域，根据《海洋法公约》规定，它从领

---

[1] BC【解析】无害通过是指外国船舶无须事先征得同意而连续不断地通过其领海的权利，一切与通过无关的行为皆为有害。因而"阳光"号的测量活动是违反无害通过的，"青田"号实行的是无害通过权。为了保障沿海国的安全，沿海国对无害通过可以指定海道或者分道航行，但不能收取费用。值得注意的是，无害通过为了国家安全也可以在特定水域暂停实行。BC正确。

海基线量起不得超过 200 海里。专属经济区是《海洋法公约》确立的新区域。它的法律地位既不是领海也不是公海。其建立及宽度需要宣告。

沿海国在专属经济区权利义务主要为：（1）沿海国拥有以勘探、开发、养护和管理海床和底土及其上覆水域自然资源（不论生物或非生物资源）为目的的主权权利，以及关于在该区域内从事经济性开发和勘探，如海水、风力利用等其他活动的主权权利。（2）沿海国对建造和使用人工岛屿和设施、海洋科学研究、海洋环境保护事项拥有管辖权。（3）其他国家在这个区域享有航行和飞越、铺设海底电缆和管道的自由以及与此有关的其他合法活动的权利。（4）为行使上述权利，沿海国可以制定与公约规定一致的专属经济区法规。并可采取必要的措施以确保其法规得到遵守，包括登临、检查、逮捕和进行司法程序。（5）在对外国船舶违法行为采取措施时，还应遵行以下规则：对于被扣留的船只及其船员，在其提出适当的保证书或担保后，应迅速予以释放；沿海国对于在专属经济区内仅违犯渔业法规的处罚，如有关国家间无相反的协议，不得进行包括监禁在内的任何形式的体罚；在逮捕或扣留外国船只时，沿海国应通过适当途径将其所采取的措施和随后进行的处罚迅速通知船旗国。

【特别提示】在专属经济区内，所有国家在公约有关规定的限制下，享有航行、飞越、铺设海底电缆和管道的自由（路线经沿岸国同意），以及与这些海洋自由有关的其他国际合法用途。

五、大陆架及其法律制度 ★★★

大陆架是指领海以外依其陆地领土的全部自然延伸，扩展到大陆边外缘的海底区域的海床和底土。如果从领海基线量起到大陆边外缘的距离不足 200 海里，则扩展至 200 海里；如果超过 200 海里，则不得超出从领海基线量起 350 海里，或不超出 2500 米等深线以外 100 海里，二者以较近者为限。200 海里以外大陆架，如果存在称为外大陆架。大陆架不是沿海国领土，但是国家在此享有某些排他性的主权权利。这些权利也规定在《海洋法公约》中。沿海国对大陆架的权利不取决于有效或象征性的占领或任何明文公告。主张外大陆架的国家需要把资料和证据提交给大陆架界限委员会，从而科学地确定外大陆架的边界。委员会不审理异议。

沿海国对大陆架的权利主要包括：①沿海国有依勘探大陆架和开发其自然资源的目的，对大陆架行使主权的权利。这种权利是专属性的，任何人未经沿海国明示同意，都不得从事勘探和开发其大陆架的活动。②沿海国拥有在其大陆架上建造使用人工岛屿和设施的专属权利和对这些人工设施的专属管辖权。③对大陆架的权利不影响其上覆水域或水域上空的法律地位。④沿海国权利行使不得对其他国家的航行和其他合法权利构成侵害或造成不当干扰。⑤所有国家有权在其他国家的大陆架上铺设电缆和管道，但其线路的划定须经沿海国同意，并应顾及现有电缆和管道，不得加以损害。⑥沿海国开发 200 海里以外大陆架的非生物资源，应通过国际海底管理局并缴纳一定的费用或实物，发展中国家在某些条件下可以免缴。

【特别提示】沿海国对大陆架的权利不影响大陆架上覆水域或水域上空的法律地位。其他国家的船舶和飞机有在大陆架上覆水域和水域上空航行和飞越的自由。

【经典真题】

（2021 回忆版）根据国际法以及我国相关法律规定，下列说法正确的是哪一项？[1]

A. 甲国军舰可以无须事先征得许可而在我国领海无害通过

B. 我国军舰可以从毗连区开始实施紧追权，到了公海则紧追权中断

C. 甲国有权在我国大陆架铺设电缆，但铺设线路计划需要取得我国同意

D. 甲国商务飞机可以在我国领海上空无害通过

> **【特别提示】** 此类型题目难点在于对各个海域的结合考查，要求考生对海域制度的熟练掌握。例如本题中选项单个分析难度并不大，而多个海域制度在同一命题下考查会给考生带来混淆的难度。各海域的法律制度在历年真题中考查过多次，而近年此类题目的解答还需要考生明确掌握中国相关的法律规定。

六、群岛水域和国际海峡

（一）群岛水域

1. 定义

群岛国是指全部领陆由一个群岛或者多个岛屿组成的国家。群岛国可以用直线基线法连接群岛最外缘各岛和各干礁的最外缘各点，构成直线群岛基线。群岛基线所包围的内水之外的水域叫作群岛水域。

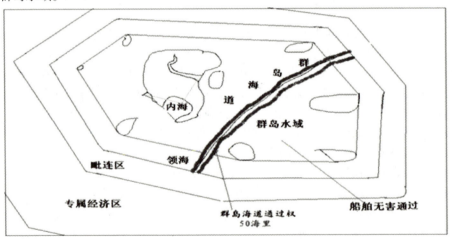

2. 群岛基线的划定要求：

第一，在基线所包围的区域内，陆地面积和水域面积的比例应为 1:1 到 1:9。第二，基线长度一般不超过 100 海里，在基线总数中，最多是 3% 能超过这个长度。第三，基线的划定，

---

[1] C【解析】无害通过是指外国船舶在不损害沿海国和平安宁和正常秩序的情况下，享有无需事先通知或征得沿海国许可而连续不断地通过其领海的制度。对于军舰是否享有无害通过权，各国实践并不一致，根据《中华人民共和国领海及毗连区法》的规定，外国军用船舶通过中国领海，须经中国政府批准。因此选项 A 错误。

紧追权可以开始于一国的内水、领海、毗连区或专属经济区。紧追可以追入公海中继续进行，直至追上并采取措施，但必须是连续不断的。因此选项 B 错误。

根据《联合国海洋法公约》的规定，所有国家有权在其它国家的大陆架上铺设电缆和管道，但其线路的划定须经沿海国同意，并应顾及现有电缆和管道，不得加以损害。因此选项 C 正确。无害通过制度只适用于船舶，不适用于飞机，因此选项 D 错误。

不应在任何明显的程度上偏离群岛的一般轮廓，也不能隔断其他国家的领海与公海或者专属经济区。

3. 群岛水域航行

群岛国的主权及于群岛基线所包围的水域及其上空，海床和底土。群岛国应尊重与其他国家间的现有协定，以及其他有关国家在该区域内的传统合法权益或现有情况。群岛水域的航行制度、通过制度有两种：

（1）无害通过：所有国家的船舶享有通过群岛的内水以外的群岛水域的无害通过权。

（2）群岛海道的通过：群岛国可指定适当的海道和其上空的空中航道，以便外国船舶和飞机继续不停和迅速通过或飞越群岛水域及其邻接的领海。所有国家都享有这种群岛通道通过权。关于群岛国与其他国家在群岛通道航行中的权利义务，应比照适用国际航行海峡的过境通行制度。

【经典真题】

（2014/1/33）甲国是群岛国，乙国是甲国的隔海邻国，两国均为《联合国海洋法公约》的缔约国。根据相关国际法规则，下列哪一选项是正确的？[1]

A. 他国船舶通过甲国的群岛水域均须经过甲国的许可

B. 甲国为连接其相距较远的两岛屿，其群岛基线可隔断乙国的专属经济区

C. 甲国因已划定了群岛水域，则不能再划定专属经济区

D. 甲国对其群岛水域包括上空和底土拥有主权

（二）国际航行的海峡

国际航行的海峡，主要是指两端都是公海或专属经济区，而又用于国际航行的海峡。其中的水域地位，一般可以划分为内海峡、领海峡、非领海峡。通行制度有过境通行制度、公海自由制度、无害通过制度、特别协定制度四种。

1. 过境通行制度

过境通行制度所适用的海峡比较多，也是通常所说的用于国际航行海峡的通行制度。主要内容包括：所有国家的船舶和飞机在公海和专属经济区一部分和公海及专属经济区另一部分之间的国际航行海峡中，都享有过境通行的权利。

过境通行是专为连续不停和迅速通过目的而进行的自由航行和飞越，也包括以合法的由海峡沿岸国驶入驶出为目的的通过。过境通行应毫不迟疑地迅速通过；禁止非法使用武力或威胁；除因不可抗力或遇难外，不得从事其通过所通常附带发生活动以外的任何活动；不得进行任何研究或测量活动；并应遵守船舶、航空及无线电有关的国际标准规则，遵守沿岸国有关防止捕鱼、防污、航行安全、海关、财政、移民、卫生等的法律和规章。海峡的过境通行制度是对有关沿岸国主权的某种限制，但它不改变海峡水域的法律地位，不影响沿岸国其他方面的任何权利。

2. 公海自由通过制度

适用公海自由通过的海峡是在该海峡中有公海或专属经济区的航道。

---

〔1〕 D【解析】依群岛水域中的通行制度，群岛水域的航行分为无害通过和群岛海道通过两种。他国船舶有通过除群岛国内水以外的群岛水域的无害通过权，后一种是群岛国指定一个适当的海道及其上空中的通道，只要是从这个海道通过，不必事先经群岛国许可，A错误。依《海洋法公约》规定的群岛基线的确定条件，基线不能明显偏离群岛轮廓，不能将其他国家的领海与公海或专属经济区隔断，B错误。群岛水域的划定不妨碍群岛国可以按照《海洋法公约》划定内水，及在基线之外划定领海、毗连区、专属经济区和大陆架，C错误。依群岛水域制度，群岛国对其群岛水域包括上空和底土拥有主权。D项正确。

3. 无害通过制度

适用无害通过的国际航行海峡，是由一国大陆和该国岛屿构成的海峡，且该岛向海一面的海域有一条在航行和水文特征方面同样方便穿过公海或专属经济区的航道。

4. 特别协定制度

特别协定制度是指某些海峡的通过制度是由专门针对该海峡缔结的国际公约规定的。如黑海海峡、麦哲伦海峡等就分别适用各自专门条约所规定的制度。

七、公海与公海制度

（一）定义

公海是指内海、领海、专属经济区、群岛水域以外的全部海域。任何国家不得有效地将公海的任何部分置于其主权下，不得主张管辖权。公海对所有国家开放，无论沿海国还是内陆国。

（二）公海制度

1. 公海自由

公海自由是公海活动的基本原则，公海自由具体包括：航行自由、飞越自由、铺设海底电缆和管道的自由、建造人工岛屿和设施的自由、捕鱼自由以及科学研究的自由。

2. 公海上的管辖权

最主要的是船旗国管辖和普遍性管辖两种。公海上的船舶受其船旗国的专属管辖。对发生在公海的、被国际法认为是普遍管辖权对象的特定国际罪行或违反国际法的行为，行使普遍管辖权。

为确保公海上的航行安全和建立公海管辖制度，一方面船舶在公海上航行必须悬挂一国的旗帜，船舶具有其悬挂其所属国家的旗帜以表明其国籍的权利。另一方面，船舶在公海上航行时应仅悬挂一国的旗帜，除所有权确实转移或变更登记的情形外，船舶在航程中或在停泊港内不得更换旗帜。悬挂两国或两国以上旗帜航行并视方便而换用旗帜的船舶，可视同无国籍船舶。

3. 公海上的管辖权例外★★

（1）登临权

登临权又称临检权，指一国的军舰、军用飞机或其他得到正式授权、有清楚标志可识别的政府船舶或飞机，对公海上的外国船舶（军舰等享有豁免权的除外），有合理根据认为其从事《海洋法公约》所列不法情况时，拥有登船检查及采取相关措施的权利。这些不法情况主要为：海盗；贩奴；非法广播；船舶无国籍；虽然该船悬挂外国旗或拒不展示船旗，但事实上与该军舰属于同一国籍等。若嫌疑经证明无根据，被临检的船舶并未从事涉嫌行为，则对被临检船造成的损失或损害，临检国应承担国际责任。

（2）紧追权

紧追权是沿海国拥有对违反其法规并从该国管辖范围内的海域向公海行驶的外国船舶进行追逐的权利。

沿海国行使紧追权应遵循以下规则：第一，紧追行为只能由军舰、军用飞机或得到正式授权且有清楚可识别标志的政府船舶或飞机从事。第二，紧追可以开始于一国内水、领海、毗连区或专属经济区。由毗连区开始的紧追情形限于外国船舶对该区域所管制事项的有关法律相违背；由专属经济区开始的紧追限于船舶对与该区域权利或大陆架权利有关的法规的违反。紧追必须依法进行，包括不得违背其他国际法规则和该国的条约义务。第三，紧追应在被紧追船舶的视听范围内发出视觉或听觉的停止信号后，才可开始。第四，紧追可以追入公海中继续进行，直至追上并依法采取措施，但必须是连续不断的。第五，紧追权在被紧追船舶进入其本国或第三国领海时立即终止。

【经典真题】

（2009/1/30）乙国军舰 A 发现甲国渔船在乙国领海走私，立即发出信号开始紧追，渔船随即逃跑。当 A 舰因机械故障被迫返航时，令乙国另一艘军舰 B 在渔船逃跑必经的某公海海域埋伏。A 舰返航半小时后，渔船出现在 B 舰埋伏的海域。依《联合国海洋法公约》及相关国际法规则，下列哪一选项是正确的？[1]

A. B 舰不能继续 A 舰的紧追

B. A 舰应从毗连区开始紧追，而不应从领海开始紧追

C. 为了紧追成功，B 舰不必发出信号即可对渔船实施紧追

D. 只要 B 舰发出信号，即可在公海继续对渔船紧追

八、国际海底区域

国际海底区域简称"区域"，是国家管辖范围以外的海床、洋底及其底土，亦即各国大陆架以外的整个海底区域。"区域"不影响其上覆水域及其水域上空的法律地位。国际海底区域及其资源适用人类共同继承财产的法律原则。对"区域"内资源的一切权利属于全人类，由国际海底管理局代表全人类行使。

国际海底区域实行"平行开发制"：即"区域"资源的开发活动一方面由国际海底管理局企业部进行，另一方面由缔约国有效控制的自然人或法人与海底局以合作的方式进行。具体做法是：开矿申请者在向管理局提出开发申请时，须提出两块商业价值相等的矿址。海底局指定其中一块矿址作为"保留区"；另一块则作为"合同区"，与申请者签订合同后进行开发。

海域	范围	性质	制度	注意事项
内海	一国领海基线以内的海域。	是一国内水的一部分，沿海国完全排他主权；对内海及其资源拥有完全的排他主权。	外国船舶非经同意不得进入。港口管辖权：国家对于位于港口的外籍船舶有管辖权，享有豁免的和政府公务船除外。	刑事管辖方面，通常只有对扰乱港口安宁、受害者为沿岸国或其国民、案情重大、船旗国领事或船长提出请求时沿岸国才予以管辖。
领海	一国领海基线以外毗邻一国领陆或内水的一定宽度的海水带。不大于 12 海里。	国家领土的一部分，领海水体及其上空和底土都处于沿海国主权支配和管辖之下。	外国船舶有无害通过权：也是国际习惯法规则，无须事先通知或征得沿海国许可，连续不停迅速通过。潜水艇无害通过应浮出水面并展示旗帜。	通过必须为无害，与通过没有关系的任何行动皆为有害。沿海国对无害通过不得歧视；不得仅因此收费；对航行危险妥为公布；可以规定分道航行；必不可少时为国家安全可暂停。

---

[1] A【解析】紧追权是沿海国拥有对违反其法规并从该国管辖范围内的海域向公海行驶的外国船舶进行追逐的权利。紧追可以进入公海中继续进行，直至追上并依法采取措施，但必须是连续不断的。如两船的接替导致紧追的中断，则不能继续紧追。除非接替船舶也符合紧追的所有条件，实质上是重新开始紧追了。紧追可以开始于一国内水、领海、毗连区或专属经济区，但不能开始于公海，故 A 正确，B 错误。紧追应在被紧追船舶的视听范围发出视觉或者听觉的停止信号后，才可开始，故 CD 错误。

海域	范围	性质	制度	注意事项
毗连区	领海以外毗邻领海，从领海基线量起不超过 24 海里。	不是国家领土，只行使海关、财政、移民和卫生方面的管制，且不及于上空。	其他性质取决于所依附的海域。	管制包括防止和惩处两个方面。
专属经济区	领海以外毗邻领海，从领海基线量起不超过 200 海里。	沿海国对于专属经济区不拥有领土主权，只享有公约规定的某些主权权利。	主要对该区域内开发自然资源为目的的排他主权权利：①自然资源及经济性开发（海水，风力）；②建造和使用人工岛屿和设施，由此对其他国家在该区域的活动构成一定的限制。	需要宣布建立并说明宽度；对外国船舶违法行为采取措施时：保证及时释放船只和船员；处罚不包括监禁和体罚；措施迅速通知船旗国。
大陆架	领海以外依陆地领土的全部自然延伸。从领海基线量起不足 200 海里扩至 200 海里，超过 200 海里的，不超过 350 海里或不超出 2500 米等深线以外 100 海里。	不是沿海国领土。200 海里以外非生物资源应通过国际海底管理局缴纳一定的费用和实物。	沿海国为勘探大陆架和开发其自然资源的目的，对大陆架行使主权权利，对大陆架上人工设施有专属管辖权。所有国家有权在其他国家的大陆架上铺设电缆和管道，但其线路的划定须经沿海国同意。	沿海国对大陆架的权利不取决于有效或者象征性的占领或任何明文公告。外大陆架国家提起国需交证据，无异议进入审议程序。
公海	内海、领海、专属经济区、群岛水域以外的全部海域。对所有国家开放。	不属于任何国家领土。任何国家不得有效地声称将公海置于其主权下，不得主张对公海本身行使管辖权。	航行、自由、飞越自由、铺设海底电缆和管道自由、捕鱼自由、建造人工岛屿和设施自由，科学研究自由。	公海中航行的船必须且只能悬挂一国旗帜。方便旗船可视为无国籍船。管辖权：船旗国管辖和普遍性管辖。例外：临检权（登临权，有合理根据，造成损失要承担）；紧追权（由有管辖权的范围向公海紧追主体连续不断，视听信号，进入本国或第三国领海终止）。

海域	范围	性质	制度	注意事项
群岛水域	群岛国群岛基线所包围的内水之外的海域。	性质：类似领海，但并非领海。群岛国对群岛水域（包括上空和底土）拥有主权；外国船舶在群岛水域享有无害通过权；群岛国应尊重其他国家在该区域的传统合法权益（如，捕鱼）。	1. 无害通过 所有国家的船舶享有通过群岛水域（不包括内水）的无害通过权。 2. 群岛海道通过 群岛国可以指定适当的海道及其上空的空中航道（"群岛海道"），所有国家的船舶和飞机享有通过该海道和空中航道的权利。	群岛基线的确定：①应包括主要岛屿和一个区域，在该区域内，陆地面积：水域面积在1:1～1:9；②超过100海里的线段，不得超过基线总数的3%；③不能明显偏离群岛轮廓，不能将其他国家的领海与公海或专属经济区隔断。
国际航行的海峡	主要指两端连接公海或专属经济区，用于国际航行的海峡。	海峡沿岸国依公约对海峡享有的任何主权或管辖权不受影响。	过境通行：所有国家船舶和飞机在位于公海和专属经济区到公海和专属经济区的另一部分时，享有过境通行权利。	过境通行：连续不停，迅速通过。 海峡中有公海或专属经济区航道的用公海自由；由一国的大陆和该国的岛屿构成的海峡，且该岛向海一面有同样方便的航道的，用无害通过。同时，还有特别协定制度。
国际海底区域	国际管辖范围以外的海床、洋底及底土。	人类共同继承财产。对所有国家开放，一切资源属于全人类，由国际海底管理局代管。	不歧视，专为和平所用。区域内资源开发采取"平行开发制"。	

第三节 国际航空法与外层空间法

一、领空及界限问题

领空是指一国领土上空一定高度的空间。领空作为国家领土的一部分处于国家主权之下。一般认为，领空外的部分不属于任何国家的主权之下，对所有国家都是开放和自由的。从水平方向上看，一国领空止于其领土边界的上方，即领土边界线向上的延伸。领空的垂直界限，主要涉及空气空间和外层空间界限的问题。对此国际社会有多种主张，主要包括空间论和功能论。迄今，国际法尚未就领空与外空的具体界限作出准确的划定。

二、国际航空的基本制度

1944 年的芝加哥《国际民用航空公约》是构成当今国际民航法律制度的基本条约，规定了国际航空的基本制度，并设立了国际民用航空组织。

（一）领空主权原则

每个国家对其领土之上的空气空间享有完全的和排他的主权。其主要包括以下内容：（1）外国航空器未经地面国许可，不得飞入或飞经其领空。与领海不同，外国航空器在他国领空不享有"无害通过权"。（2）每个国家都有权制定航空法律和规章，并强制执行。对于未经允许而飞越其领土的民用航空器，地面国有权要求其在指定的机场降落，或给该航空器发布其他指令以终止侵犯。但地面国必须避免对飞行中的民用航空器使用武器，如拦截，且不得危及航空器内人员的生命和航空器的安全。（3）保留"国内载运权"。又叫作"国内航线专属权"，一国境内两点之间的航空运输只能由本国经营。（4）设置空中禁区和暂停飞行的权利。缔约国为了军事需要或公共安全的理由，可以指定其领土内某些地区的上空为禁区，禁止或限制其他缔约国的航空器飞行。

【经典真题】

（2011/1/75）甲国发生内战，乙国拟派民航包机将其侨民接回，飞机需要飞越丙国领空。根据国际法相关规则，下列哪些选项是正确的？[1]

A. 乙国飞机因接其侨民，得自行飞越丙国领空

B. 乙国飞机未经甲国许可，不得飞入甲国领空

C. 乙国飞机未经允许飞越丙国领空，丙国有权要求其在指定地点降落

D. 丙国军机有权在警告后将未经许可飞越丙国领空的乙国飞机击落

（二）航空器国籍原则

公约将航空器分为民用航空器和国家航空器，公约只适用于民用航空器，而不适用于国家航空器。用于军事、海关和警察部门的航空器应被认为是国家航空器。民用航空器只能在一个国家登记，并具有登记国的国籍。航空器不得具有双重国籍，若在一个以上国家登记，其登记便没有效力。航空器受登记国的法律管辖。

（三）国际航空运输

第一，定期航班飞行。未经一国特准或其他许可并遵照此项特准或许可的条件，任何定期国际航班不得在该国领土的上空飞行或进入该国领土。第二，不定期航班飞行。不需事先获准，有权飞入或飞经其他缔约国的领土而不降停，或作非运输业务性的降停。

（四）国际民航安全制度

1963 年《关于在航空器内的犯罪和其他某些行为的公约》（《东京公约》）、1970 年《关于制止非法劫持航空器的公约》（《海牙公约》）和 1971 年《关于制止危害民用航空安全的非法行为的公约》（《蒙特利尔公约》）三个公约构成国际民航安全制度的基础，中国均已加入。

根据上述三个公约，危害民用航空安全的行为包括：（1）在飞行中的航空器内用暴力或暴力威胁或其他任何胁迫方式，非法劫持或控制该航空器；对飞行中的航空器中的人实施暴力行为并且足以危及该航空器的安全。"飞行中"是指航空器从装载完毕、其外部所有舱门都已

---

[1] BC【解析】考查时，领空主权容易和无害通过混淆考查。需要注意的是，国家拥有领空主权是完全的、排他的；无害通过是不适用于飞机的。因而即使是接侨民，也不能未经允许自由飞越，A 错误；一国飞机未经他国许可不得飞入他国领空，否则可被要求终止此类侵犯立即离境或要求其在指定地点降落等，但应避免使用武器，D 错误。正确答案为 BC。

关闭时开始，直到其任一外部舱门打开准备卸货时止。（2）实施某种行为使得航空器不能飞行或危及其飞行安全，包括：对使用中的航空器进行破坏或损坏、在使用中的航空器内放置某种装置或物质、破坏或损害航行设施或扰乱其工作、传递明知是虚假的情报等。"使用中"是指自地面或机组人员为某一飞行进行飞行前准备时起，到飞机降落后 24 小时止。公约规定不得危害飞行中航空器安全，也不得破坏损坏或扰乱使用中航空器以危及其飞行安全。

公约规定，对于危害国际民航安全的行为，下列国家均拥有管辖权：航空器登记国；航空器降落地国，而犯罪嫌疑人仍在航空器内；当航空器是不带机组的出租为承租人的营业地国或常住地国；嫌疑人所在国；嫌疑人国籍国或永久居所国；犯罪行为发生地国；罪行后果涉及国，包括受害人国籍国或永久居所国；后果涉及领土国；罪行危及其安全的国家；根据本国法行使管辖权的其他国家。

【特别提示】危害民航安全罪行是一种可引渡的罪行，但各国没有强制引渡的义务。国家可以依据引渡协议或者国内法决定是否予以引渡。如果嫌疑人所在国没有相关协议规定引渡义务，并决定不予引渡，则应在本国作为严重的普通刑事案件进行起诉，使此种行为受到惩处。此为或引渡或起诉原则。

【经典真题】

（2017/1/32）乘坐乙国航空公司航班的甲国公民，在飞机进入丙国领空后实施劫机，被机组人员制服后交丙国警方羁押。甲、乙、丙三国均为 1963 年《东京公约》、1970 年《海牙公约》及 1971 年《蒙特利尔公约》缔约国。据此，下列哪一选项是正确的？[1]

A. 劫机发生在丙国领空，仅丙国有管辖权

B. 犯罪嫌疑人为甲国公民，甲国有管辖权

C. 劫机发生在乙国航空器上，仅乙国有管辖权

D. 本案涉及国际刑事犯罪，应由国际刑事法院管辖

三、外层空间法律体系

基本制度	主要内容
登记制度	1. 发射国发射空间物体应在本国登记，并向联合国秘书长报告、登记。 2. 空间物体由两个以上国家发射，应共同决定其中的一个国家进行登记。 3. 登记国对外空物体拥有所有权和管辖权。 4. 若登记国已知道登记物体已不在轨道上存在，应尽快通知联合国秘书长。
营救制度	1. 通知：各国在获悉或发现宇航员发生意外、遇难或紧急降落时，应立即通知其发射国及联合国秘书长。 2. 援助：对获悉或发现在一国领土内的宇航员，领土国应立即采取一切可能的措施，营救宇航员并给予必要帮助。 3. 送还：对于发生意外的空间物体和宇航员应送还其发射国。 4. 对于空间物体的保护、归还，发射国应支付他国行动费用。 5. 消除危险、有害空间物体时，可通知发射国在该国监督下立即消除危险。

---

[1] B【解析】关于劫机犯罪的管辖权，公约规定了宽泛的范围，因而 A、C 选项都错在仅有的判断上。国际刑事法院主要管辖灭绝种族罪、战争罪、危害人类罪、侵略罪等几大类，其管辖权设置也自有规则，但并非本题考查的题眼。D 项错误。B 项正确。

基本制度	主要内容
责任制度 ★★	1. 国家承担责任，无论政府部门或非政府部门从事。 2. 损害赔偿由发射国（发射或促使发射空间物体的国家以及从其领土或设施发射空间物体的国家）承担。"发射"包括未成功的发射在内。 3. 发射国对其空间物体在地球表面造成的损害，或对飞行中的飞机造成的损害——承担绝对责任（空——地：绝对责任）；发射国对其空间物体在地球表面以外的地方，对于其他国家的空间物体造成损害——承担过错责任（空——空：过错责任）。 4. 当发射国的空间物体在地球表面以外的地方，对另一国空间物体造成损害，并因此对第三国造成损害时： A. 如果是在第三国的地球表面或对飞行中的飞机造成的——前两国对第三国负绝对责任（空——空——地：绝对责任）； B. 如果对地球表面以外的第三国外空物体造成损害——前两国依各自的过错承担相应的责任（空——空——空：过错责任）。 5. 空间物体对下列人员造成的损害<u>不适用</u>《责任公约》： A. 发射国国民； B. 参加发射任何阶段操作或应邀留在发射区或回收区的外国公民。

【经典真题】

（2020 回忆版） 甲国研发的气象卫星委托乙国代为发射，因天气的原因该卫星在丙国境内实际发射。发射过程中火箭碎片掉落，砸伤受邀现场观看发射的某丁国国民。由于轨道偏离，该气象卫星与丁国通讯卫星相撞，丁国卫星碎片跌落砸坏戊国建筑并造成戊国人员伤亡。甲乙丙丁戊都加入《空间物体造成损害的国际责任公约》（简称《责任公约》）的缔约国，下列哪些判断是正确的？[1]

A. 丁国不对戊国财产和人员伤亡承担责任

B. 火箭碎片对某丁国国民造成的损害不适用《责任公约》

C. 甲乙丙丁国应对戊国的财产和人员伤亡承担绝对责任

D. 甲乙丙国应对丁国卫星损害承担过错责任

---

[1] BCD【解析】公约规定，发射国对其外空物体在地球表面及对飞行中之航空器所造成之损害，应负给付赔偿之绝对责任。发射国包括发射或促使发射外空物体之国家、外空物体自其领土或设施发射之国家，故甲乙丙均是气象卫星的发射国家，丁是通讯卫星的发射国家，对戊国造成的财产损失，需要承担绝对赔偿责任。故 A 选项错误，C 选项正确。

《责任公约》规定，在空间物体从发射至降落的任何阶段内参加操作的或者应发射国的邀请而留在紧急预定发射或回收区的外国公民不适用于《责任公约》。本题中，丁国国民是受邀现场观看发射，属于上述情形，不适用于《责任公约》，故 B 选项正确。

根据公约，损害赔偿应由该物体的发射国承担。这里的发射国包括：发射或促使发射空间物体的国家以及从其领土或设施发射空间物体的国家。"发射"包括未成功的发射在内。两个或两个以上的国家共同发射空间物体时，对所造成的损害应承担共同或单独的责任。故 D 选项正确。

第四节　国际环境保护法

一、国际环境法的主要原则

国际环境法是调整各国之间为防治环境损害和保障合理利用环境资源而发生的各种关系的有法律拘束力的原则、规则和规章制度的总体。国际环境法的主要原则包括：国家环境主权和不损害其管辖范围以外环境的原则；国际环境合作原则；共同但有区别的责任原则；可持续发展原则；风险预防原则等等。

（一）共同但有区别的责任原则

共同但有区别的责任原则中，责任的共同性是指环境作为全人类共同利益所在，保护环境需要所有国家的合作与努力。由于环境本身的整体性，各国对保护全球环境应承担共同的责任，包括：保护和改善其管辖范围内的环境，并防止损害其管辖范围外的环境；各国应广泛参与国际合作，在环境方面相互合作和支持等等。所谓责任的区别性是指由于各国工业、经济、科技发展水平不同，及其在环境恶化成因中所起作用不同，因此，不应要求所有国家都承担完全相同的责任，而应根据不同情况有所区别。发达国家应当对发展中国家在环境保护方面给予更多的帮助，承担更大的责任。

（二）可持续发展原则

可持续发展原则包括三个方面内容：（1）以可以持续的方式利用和开发自然资源：对于可再生的资源应在保持其最佳再生能力的前提下利用；对于不可再生的资源，应在保存和不使其耗尽的前提下利用。（2）应将保护环境与经济及其他方面的发展结合起来，不能以环境否定发展，也不能以发展牺牲环境。（3）对自然环境及资源的拥有和利用，不仅是当代人类不分种族、民族平等享有的权利，还应该是后代人类同样享有的权利。

【案例分析】位于英国和爱尔兰交界处的 MOX 工厂主要从事新型核燃料的研制。爱尔兰指责英国未向其披露相关信息，担心工厂的生产会对爱尔兰海域和环境产生潜在的危险。2001年，爱尔兰向《东北大西洋海洋环境保护公约》下设的临时仲裁庭起诉。依据为公约规定：成员国考虑特定物质和能量对海洋环境产生影响进而直接或间接威胁人类健康、海域生物资源时，即便注入物和损害之间没有确定的因果关系存在，也应提前采取预防性措施。2003年，仲裁庭作出了有利于英国的裁决，认定英国未向爱尔兰披露有关信息并没有违反其应承担的条约义务。

请分析本案中，爱尔兰诉至法庭的主要依据是？

【答案】国际合作原则、资源开发的主权原则和不损害国家管辖范围外的环境原则、预防原则。

二、大气环境保护

1. 保护臭氧层。臭氧层的耗减会使紫外线辐射增强，不仅损害人类健康，而且严重影响人类的社会经济发展。1985年《保护臭氧层维也纳公约》要求缔约国进行合作，交换有关情报，并建立缔约国会议制度。

2. 防止气候变化。1992年《联合国气候变化框架公约》是第一个全面控制导致全球气候变暖的二氧化碳等温室气体排放、以便应对全球气候变暖给人类经济和社会带来不利影响的国际公约。它的目标是将大气中温室气体的浓度稳定在防止气候系统受到危险的人为干扰的水平。具体义务规定在以后的《京都议定书》中。在防止气候变化方面，目前采取的主要措施是限制和控制温室气体的排放。《京都议定书》公约和议定书把参加国分为三类，分别规定了不同的义务。（1）工业化国家。这些国家承担消减义务，如果不能完成，可以从其他国家购买排放指标。（2）发达国家。这些国家不承担具体消减义务，但承担为发展中国家进行资金、技术援助的义务。（3）发展中国家。不承担消减义务，可接受发达国家的资金、技术援助，但是不得出卖排放指标。

议定书允许采取四种减排方式：（1）排放权交易。两个发达国家可以进行排放额度买卖。（2）净排放量。从本国实际排放量中扣除森林所吸收的二氧化碳额数量。（3）绿色开发制度。促使发达国家向发展中国家输出绿色技术，降低温室气体排放量。（4）可以采用"集团方式"。例如将欧盟国家视为一个整体，可以采用内部平衡，但在总体上完成减排量的方式。

2015年通过的《〈联合国气候变化框架公约〉巴黎协定》明确了2020年后应对气候变化国际机制的整体框架。

（1）2020年后各国定期提交"国家自主贡献"方式的"自下而上"的灵活减排机制，取代《京都议定书》确定全球减排总量，然后向各国摊派指标的"自上而下"的减排模式。

（2）重申和坚持公平、共同但有区别的责任和各自能力原则。

（3）重申了全球温度升高2℃的控制目标，并且制定了具体的程序和机制。

2018年12月在波兰召开的联合国气候变化大会又成功通过了《巴黎协定》实施细则，该协定已生效，我国于2016年9月交存了该协议批准书，成为缔约国。

【经典真题】

（2008/1/34）甲乙两国是温室气体的排放大国，甲国为发达国家，乙国为发展中国家。根据国际环境法原则和规则，下列哪一选项是正确的？[1]

A. 甲国应停止排放，因为温室气体效应主要是由发达国家多年排放积累造成的

B. 乙国应停止排放，因为乙国生产效率较低，且对环境治理的措施和水平低

C. 甲乙两国的排放必须同等地被限制，包括排放量、排放成分标准等各方面

D. 甲乙两国在此问题上都承担责任，但在具体排量标准，停止排放时间等方面承担的义务应有所区别

三、海洋环境保护

1982年《海洋法公约》中，规定了各国对海洋环境保护的一般义务。涉及陆源污染、船舶污染、空气污染等方面的一般原则和规则。

（一）防止船舶源污染

有关国际公约包括1954年《国际防止海上油污公约》、1973年《国际防止船舶造成污染公约》、1969年《国际干预公海油污事故公约》和《国际油污损害民事责任公约》。

对于船舶违章污染，其船旗国应设法立即进行调查并在适当的情况下对此违章行为提起诉讼；对于发生在一国管辖区域内的外国船舶的违章行为，该国有权调查和管辖；对于位于一国港口或内水的外国船舶在他国领域内的违章行为，港口国应在实际可行的范围内满足行为地国进行调查的要求；同时港口国在切实可行的范围内，还应满足位于其港口的外国船旗国提出的

---

[1] D【解析】依"共同但有区别责任原则"，甲乙两国虽然分属发达国家和发展中国家，但对于国际环境保护问题，都具有共同的责任。历史排放积累、目前技术水平等都不能成为免除或单独承担责任的理由。A、B项片面强调对方责任，都错误。同时，由于甲乙两国分属发达国家和发展中国家，依"责任的区别性"，他们承担的责任应有所区别，而C项要求甲乙两国在各个方面承担完全同等的责任，故C项错误，D项正确。

调查请求，不论该船舶的违章行为发生于何处。

（二）防止海洋倾倒废物

1972 年《防止倾倒废物及其他物质污染海洋的公约》是第一个也是当前唯一的专以控制海洋倾废为目的的全球性公约。公约将废物分为三类："黑名单"废物，应禁止倾倒；"灰名单"废物，应事先获得"特别许可证"才可倾倒；"白名单"废物，获得"一般许可"即能倾倒。

《海洋法公约》规定，非经沿海国事先明示核准，不应在该国领海、专属经济区和大陆架上进行倾倒。对于发生在其领海、专属经济区和大陆架上的倾倒，由沿海国执行；对于船舶和飞机的倾倒行为，由船旗国执行；对于在其领土内或岸外码头装载废料的行为，由港口国执行。

四、控制危险废物的跨境转移

1989 年在瑞士巴塞尔缔结的《控制危险废物越境转移及其处置巴塞尔公约》规定的越境转移的程序为：（1）书面通知对方，进口国书面答复。（2）进口国证实出口者和处置者已订立合同详细处置办法。（3）合同无法完成，运回出口国。（4）必须有保险、保证或担保。（5）公约不适用于其他国际制度管制放射性废物。

为了将危险废物的越境转移减少到最低限度，并保证在离产生地最近的地方对其进行无害环境的处置，公约规定：（1）只有在一国没有技术能力、必要设施或适当场所对有关废物进行无害环境方式的处置，而他国又有需要利用该废物作为再循环或回收工业的原料的情况下才允许越境转移危险废物。（2）出口国应将拟议越境转移的危险废物的详细资料以书面形式通知进口国和过境国的主管机关，以便它们能够对这种转移的环境风险进行评估。只有在取得进口国和过境国书面同意后才可以允许危险废物越境转移。（3）除非存在双边、多边或区域协定，缔约国不得允许向非缔约国出口或从非缔约国进口危险废物，并应把危险废物的非法运输规定为犯罪行为。

五、自然生态和资源保护

《联合国生物多样性公约》对生物资源保护作了全面广泛的规定。包括：国家生物资源主权，国家对生物保护的查明与监测、就地保护、移地保护等方面的义务。此外，还有许多针对某一生物物种或某一特定区域的生物进行保护的国际条约。其中较为突出的是《濒危野生动植物种国际贸易公约》。该公约建立了濒危物种清单基础上的许可证制度。其中，附件一所列是受贸易影响濒于灭绝的物种；附件二是如不管理可能成为濒于灭绝的物种；附件三是一般保护的物种。附件一物种的贸易受到最严格管制，只有在极其特殊情况下才被允许；附件二物种是必须加以限制贸易的物种；附件三是各国自行决定管理的物种。对于附件中所列物种标本的贸易，必须按照公约规定进行。附件一、附件二所列物种出口都必须事先取得出口许可证。附件一物种的进口还应取得进口许可证。

第四章　国际法上的个人

> 【复习提要】

本章是考试部分中较为重要的章节。主要学习内容集中在国籍的取得和丧失、出入境管理、引渡和庇护、外交保护等内容。特别注意对《中华人民共和国出境入境管理法》《中华人民共和国国籍法》和《中华人民共和国引渡法》法条的考查。

> 【知识框架】

国籍
外国人法律地位（《中华人民共和国出境入境管理法》、外交保护）
引渡和庇护

第一节　中国国籍制度

国籍是指一个人属于某一个国家的公民或国民的法律资格。国籍在个人与国家之间建立了一种稳定的法律联系。基于这种联系，国家和个人之间存在一系列的权利义务关系。国家基于此联系对个人进行有关的管辖和保护，个人基于这种联系对国家享有特定的权利并承担相应的义务。

【法条链接】

《国籍法》第3条　中华人民共和国不承认中国公民具有双重国籍。

一、国籍的取得★★

（一）出生取得

因出生而取得国籍称为原始国籍，它是最基本的国籍获得方式。中国采取血统主义与出生地主义混合制。

【法条链接】

《国籍法》第4条　父母双方或一方为中国公民，本人出生在中国，具有中国国籍。

第5条　父母双方或一方为中国公民，本人出生在外国，具有中国国籍；但父母双方或一方为中国公民并定居在外国，本人出生时即具有外国国籍的，不具有中国国籍。

第6条　父母无国籍或国籍不明，定居在中国，本人出生在中国，具有中国国籍。

【经典真题】

（2015/1/75）中国公民王某与甲国公民波得于2013年结婚后定居甲国并在该国产下一子，

取名波得森。关于波得森的国籍，下列哪些选项是正确的？[1]

    A. 具有中国国籍，除非其出生时即具有甲国国籍

    B. 可以同时拥有中国国籍与甲国国籍

    C. 出生时是否具有中国国籍，应由甲国法确定

    D. 如出生时即具有甲国国籍，其将终生无法获得中国国籍

（二）加入取得

> **【特别提示】**
>
> 《国籍法》第8条　申请加入中国国籍获得批准的，即取得中国国籍；被批准加入中国国籍的，不得再保留外国国籍。

二、中国国籍的丧失★★

（一）自动丧失

【法条链接】

《国籍法》第9条　定居外国的中国公民，自愿加入或取得外国国籍的，即自动丧失中国国籍。

第11条　申请退出中国国籍获得批准的，即丧失中国国籍。

第12条　国家工作人员和现役军人，不得退出中国国籍。

（二）经批准丧失中国国籍

【经典真题】

（2021回忆版）2005年，甲国夫妇汤姆和玛丽来华收养中国女孩樱樱，樱樱改名艾琳后随养父母一同定居甲国并取得甲国国籍。2019年，艾琳被中国高校录取来中国境内读书。对此，下列哪一说法是正确的？[2]

    A. 艾琳到中国学习，无需办理签证

    B. 艾琳可以同时有甲国和中国国籍

    C. 甲国疫情爆发，甲国夫妇申请进入中国境内探望艾琳，但中国边检机关禁止二人入境，且未说明理由

    D. 艾琳可以利用周末到快餐店兼职

---

    [1]　AC【解析】首先需要明确的是，父母双方或一方为中国公民并定居在外国，本人出生时即具有外国国籍的，不具有中国国籍，这个和我国《国籍法》否认双重国籍的原则是吻合的。因而中国国籍也不可以与外国国籍同时拥有。确定国籍是一国国内法的事，所以应按国籍国国内法规定。国籍是有改变的机会的，我国《国籍法》也规定外国人在满足一定条件下可以申请加入中国国籍。因此，正确答案为AC。

    [2]　C【解析】外国人入境，应当向出入境边防检查机关交验本人的护照或者其他国际旅行证件、签证或者其他入境许可证明，履行规定的手续，经查验准许，方可入境。艾琳因为收养关系加入甲国国籍，应遵守。选项A错误。中华人民共和国不承认中国公民具有双重国籍。定居外国的中国公民，自愿加入或取得外国国籍的，即自动丧失中国国籍。艾琳的国籍状态应为甲国国籍。选项B错误。

    《中华人民共和国出境入境管理法》规定，患有严重精神障碍、传染性肺结核病或者有可能对公共卫生造成重大危害的其他传染病的，不予签发签证，对不予签发签证的，签证机关可以不说明理由。对不准入境的外国人，出入境边防检查机关可以不说明理由。因而选项C正确。

    外国人在中国境内工作，应当按照规定取得工作许可和工作类居留证件。外国留学生违反勤工助学管理规定，超出规定的岗位范围或者时限在中国境内工作的，属于非法就业。选项D未对许可情况加以说明，未满足以上条件，艾琳不可以在中国境内工作。因而选项D错误。

三、国籍申请的受理和审批

【法条链接】

《国籍法》第15条　受理国籍申请的机关，在国内为当地市、县公安局，在国外为中国外交代表机关和领事机关。

第16条　加入、退出和恢复中国国籍的申请，由中华人民共和国公安部审批。经批准的，由公安部发给证书。

> **【特别提示】**
>
> 《国籍法》第12条　国家工作人员和现役军人，不得退出中国国籍。
>
> 第15条　受理国籍申请的机关，在国内为当地市、县公安局，在国外为中国外交代表机关和领事机关。

【经典真题】

（2017/75）中国公民李某与俄罗斯公民莎娃结婚，婚后定居北京，并育有一女李莎。依我国《国籍法》，下列哪些选项是正确的？[1]

A. 如李某为中国国家机关公务员，其不得申请退出中国国籍

B. 如莎娃申请中国国籍并获批准，不得再保留俄罗斯国籍

C. 如李莎出生于俄罗斯，不具有中国国籍

D. 如李莎出生于中国，具有中国国籍

第二节　外国人法律地位

一、外国人的待遇

狭义的外国人是指在一国境内，不具有居留国国籍而具有其他国籍的人。广义的外国人还包括无国籍人。外国人在内国的法律地位，即其享有的权利和承担的义务，一般是由内国国内法进行规定的。包括外国人在入境、居留、出境等各个方面的权利义务。

根据国际法，给予外国人何种法律地位，是一国主权范围内的事项，不受别国干涉。国家通过其国内法对外国人的法律地位自主地作出规定。但是，对外国人法律地位的规定不得违背国家依据条约承担的国际义务或国际法的一般原则、规则，并应考虑外国人国籍国的属人管辖权。从外国人的角度看，外国人处于居住国的属地管辖权之下，必须遵守居住国的法律。根据居住国关于外国人地位的规定，承担相应的义务。同时还应履行对其国籍国效忠及其他义务。当其权利受到侵害并满足相关条件时，有权请求国籍国的外交保护。

外国人的待遇有下列几种典型形式：（1）国民待遇，指在一定事项或范围内，国家给予其境内的外国人与其本国国民同等的待遇。一般地，国民待遇限于民商事和诉讼权利方面，而

---

〔1〕　ABD【解析】《国籍法》第12条"国家工作人员和现役军人，不得退出中国国籍。"A正确。第8条："申请加入中国国籍获得批准的，即取得中国国籍；被批准加入中国国籍的，不得再保留外国国籍。"B正确。第5条："父母双方或一方为中国公民，本人出生在外国，具有中国国籍；但父母双方或一方为中国公民并定居在外国，本人出生时即具有外国国籍的，不具有中国国籍。"李某是中国人且与莎娃定居中国，即使李莎出生于俄罗斯，也具有中国国籍。第4条："父母双方或一方为中国公民，本人出生在中国，具有中国国籍。"D正确。

不适用于政治权利方面。（2）最惠国待遇，指一国给予另一国国家或其国民的待遇不低于现在或将来给予任何第三国国家或其国民的待遇。（3）差别待遇，指一国给予外国人不同于本国人的待遇，或给予不同国家的外国人不同的待遇。前者一般是指给予外国人和外国法人的权利在有些方面小于本国国民和法人，但也包括有些时候给予外国人或法人某些方面超过本国国民或法人的待遇，如某些税收的减免。后者是指基于地理、历史、民族等因素而给予某些国家的待遇比给予其他国家的更为优惠。国际法承认上述差别待遇，但禁止基于宗教种族等原因的歧视待遇。

基本原则	主要内容	注意事项
国民待遇	国家给予其境内的外国人与本国国民同等的待遇	出于国家安全和社会利益可能做出一定限制
最惠国待遇	一国给予另一国国家或国民的待遇不低于现在或将来给予任何第三国国家或国民的待遇	例外：自由贸易区、关税同盟等经济组织成员国之间；邻国之间边民优惠
差别待遇	一国给予外国人不同于本国人的待遇，或给予不同国家的外国人不同的待遇	
普遍优惠待遇	发达国家在与发展中国家交往中，单方面给予发展中国家某些特殊优惠，而不要求发展中国家给予发达国家同样的优惠	

【案例分析】委内瑞拉诉美国双重标准精炼汽油案

1993年12月15日，美国环保署根据国会1990年《清洁空气法》修正案制定了新的"汽油规则"。该规则要求自1995年1月1日起在美国销售的汽油必须符合新的清洁度标准。该规则对外国的汽油生产商施加了更为严格的责任，这对南美产油国委内瑞拉和巴西都是沉重的打击，引发了强烈反对。与美协商不成，委、巴两国将美国诉至争端解决机构，指控其违反了非歧视、国民待遇、最惠国待遇等基本原则。WTO贸易争端解决机构于1996年5月作出最终裁决，美国败诉。

二、外国人的入境、居留和出境★★★

2012年6月30日，第十一届全国人大常委会第二十七次会议审议通过了《中华人民共和国出境入境管理法》（以下简称"《出境入境管理法》"），该法于2013年7月1日起实施。《中华人民共和国外国人入境出境管理法》和《中华人民共和国公民出境入境管理法》同时废止。《出境入境管理法》整合吸收了《中华人民共和国公民出境入境管理法》《中华人民共和国外国人入境出境管理法》及《中华人民共和国出境入境边防检查条例》等法律法规的有关内容，并明确了执法理念从强调管理向服务和管理并重转变。

（一）出境入境管理机构

中华人民共和国驻外使馆、领馆或者外交部委托的其他驻外机构（驻外签证机关）负责在境外签发外国人入境签证。出入境边防检查机关负责实施出境入境边防检查。县级以上地方人民政府、公安机关以及出境入境管理机构负责外国人停留居留管理。

（二）中国公民出入境

1. 中国公民不准出境的情形：未持有效出境入境证件或者拒绝、逃避边防检查的；被判处刑罚尚未执行完毕或者属于刑事案件被告人、犯罪嫌疑人的；有未了结的民事案件，人民法院决定不准出境的；因妨害国（边）境管理受到刑事处罚或者因非法出境、非法居留、非法就业被其他国家遣返，未满不得出境规定年限的；可能危害国家安全和利益，国务院主管部门决定不准出境的。

2. 定居国外的中国公民在中国境内需要提供身份证明的，可以凭本人护照证明身份。

（三）外国人入境出境

1. 外国人免办签证情形：根据国家政府间协议属于免签人员的；持有效外国人居留证件的；持联程客票搭乘国际航行的航空器、船舶、列车从中国过境前往第三国或者地区口岸，在中国境内停留不超过 24 小时且不离开口岸，或者在国务院批准的特定区域内停留不超过规定时限的。

2. 外国人不准出境情形：被判处刑罚尚未执行完毕或者属于刑事案件被告人、犯罪嫌疑人的（按两国协议移管除外）；有未了结的民事案件，人民法院决定不准出境的；拖欠劳动者的劳动报酬，经国务院有关部门或者省、自治区、直辖市人民政府决定不准出境的。

（四）外国人停留居留

1. 外国人住宿登记：旅馆应当为其办理；旅馆以外的，应当在入住后 24 小时内由本人或者留宿人，向居住地的公安机关办理登记。

2. 未经批准，外国人不得进入限制外国人进入的区域。

> **【特别提示】** 持学习类居留证件的外国人需要在校外勤工助学或者实习的，应当经所在学校同意后，向公安机关出境入境管理机构申请居留证件加注勤工助学或者实习地点、期限等信息。否则不得在校外勤工助学或学习。
>
> 外国人在中国境内工作，应当按照规定取得工作许可和工作类居留证件。任何单位和个人不得聘用未取得工作许可和工作类居留证件的外国人。外国人在中国境内工作管理办法由国务院规定。

【法条链接】

《中华人民共和国出境入境管理法》

第 12 条　中国公民有下列情形之一的，不准出境：

（一）未持有效出境入境证件或者拒绝、逃避接受边防检查的；

（二）被判处刑罚尚未执行完毕或者属于刑事案件被告人、犯罪嫌疑人的；

（三）有未了结的民事案件，人民法院决定不准出境的；

（四）因妨害国（边）境管理受到刑事处罚或者因非法出境、非法居留、非法就业被其他国家或者地区遣返未满不准出境规定年限的；

（五）可能危害国家安全和利益，国务院有关主管部门决定不准出境的；

（六）法律、行政法规规定不准出境的其他情形。

第 14 条　定居国外的中国公民在中国境内办理金融、教育、医疗、交通、电信、社会保险、财产登记等事务需要提供身份证明的，可以凭本人的护照证明其身份。

第 22 条　外国人有下列情形之一的，可以免办签证：

（一）根据中国政府与其他国家政府签订的互免签证协议，属于免办签证人员的；

（二）持有效的外国人居留证件的；

（三）持联程客票搭乘国际航行的航空器、船舶、列车从中国过境前往第三国或者地区，在中国境内停留不超过二十四小时且不离开口岸，或者在国务院批准的特定区域内停留不超过规定时限的；

（四）国务院规定的可以免办签证的其他情形。

第 41 条　外国人在中国境内工作，应当按照规定取得工作许可和工作类居留证件。任何单位和个人不得聘用未取得工作许可和工作类居留证件的外国人。外国人在中国境内工作管理办法由国务院规定。

第 43 条　外国人有下列行为之一的，属于非法就业：

（一）未按照规定取得工作许可和工作类居留证件在中国境内工作的；

（二）超出工作许可限定范围在中国境内工作的；

（三）外国留学生违反勤工助学管理规定，超出规定的岗位范围或者时限在中国境内工作的。

第44条　根据维护国家安全、公共安全的需要，公安机关、国家安全机关可以限制外国人、外国机构在某些地区设立居住或者办公场所；对已经设立的，可以限期迁离。

未经批准，外国人不得进入限制外国人进入的区域。

【经典真题】

（2019/37 回忆版）甲国人汉斯因公务签证来华，在北京已居住两年。根据中国相关法律规定，下列哪些判断是正确的？[1]

　　A．只要汉斯有尚未完结的民事诉讼，边检机关就可限制其出境

　　B．北京是汉斯的经常居所地

　　C．汉斯利用周末假期在某语言培训机构兼职教课，属于非法工作

　　D．汉斯的儿子可以具有中国国籍

（2012/1/75）外国公民雅力克持旅游签证来到中国，我国公安机关查验证件时发现，其在签证已经过期的情况下，涂改证照，居留中国并临时工作。关于雅力克的出入境和居留，下列哪些表述符合中国法律规定？[2]

　　A．在雅力克旅游签证有效期内，其前往不对外国人开放的地区旅行，不再需要向当地公安机关申请旅行证件

　　B．对雅力克的行为县级以上公安机关可拘留审查

　　C．对雅力克的行为县级以上公安机关可依法予以处罚

　　D．如雅力克持涂改的出境证件出境，中国边防检查机关有权阻止其出境

3．被遣送出境的人员，自被遣送出境之日起，1年～5年内不准入境；被驱逐出境的外国人，自驱逐之日起，10年内不准入境。

三、外交保护

在一国的外国人，当其权益在居住国受到侵害时，国籍国在某些情况下，有权采取某些措施提供帮助，其中重要措施之一就是外交保护。外交保护有以下性质：（1）根据国家主权原则，国家具有属人管辖权。外交保护主要是基于国家的属人管辖进行的，是国家属人管辖权的重要体现。（2）外交保护是在国家之间进行的。当一国由于其公民的权利在外国被侵害而提出外交保护时，原来一国公民与该外国之间的事件转变为两个国家之间的事件。前者主要涉及外国人的法律地位问题，而后者多涉及国际责任问题。因此，外交保护制度本质上是处理国家间关系的制度。（3）虽然国家就其国内法来说，有保护其公民利益的职责，其公民也可以向其国籍国请求保护，但是否向外国提出外交保护，是国家的权利。无论其国民是否作出请求，国家都可以根据有关情况作出行使或拒绝行使外交保护权的决定。（4）国家行使外交保护权要尊重外国的主权和属地管辖权，要符合国际法的有关规则和外交保护的相关条件。

一般地，外交保护的条件有：

---

〔1〕　CD【解析】有未完结的民事案件，人民法院决定不准出境的方限制出境；因公务不导致经常居所地的改变；外国人在中国境内工作，应当按照规定取得工作许可和工作类居留证件。

〔2〕　BCD【解析】外国人的停留居留管理由县级以上地方人民政府公安机关以及出境入境管理机构负责管理，出入境边防检查机关负责实施出境入境边防检查。未经批准，外国人不得进入限制外国人进入的区域。外国人未经批准擅自进入限制外国人进入的区域，责令立即离开；情节严重的，处5日以上10日以下拘留，对外国人非法获得的文字、音像等资料，予以收缴或销毁，所用工具予以收缴。因此，答案为BCD。

1. 侵害是由所在国国家不当行为所致，即该行为将引起国家责任。

2. 国籍继续原则：从受害行为发生到外交保护结束，受害人持续拥有保护国国籍。

3. 用尽当地救济原则：受害人在提出外交保护之前，必须用尽当地法律规定的一切救济手段，包括行政和司法救济手段。

【案例分析】诺特鲍姆1881年生于德国汉堡，其父母均为德国人。依德国《国籍法》规定，其出生时即取得了德国国籍。1905年，在他24岁时离开了德国到危地马拉居住和发展事业并在那里建立了他的商业活动中心。其间曾在列支敦士登短暂居住过，在1939年10月9日，他申请取得了列支敦士登国籍。1941年12月11日危地马拉向德国宣战，1943年11月19日危地马拉警察逮捕了诺特鲍姆。同时没收了他在危地马拉的财产。列支敦士登于1951年12月向国际法院起诉，反对危地马拉逮捕诺特鲍姆和没收他的财产，认为是违反国际法的。国际法院于1955年作出判决：驳回列支敦士登的请求，认为危地马拉提出了一项很好的原则，即国籍是个人与国家间联系的基础，也是国家行使外交保护权的唯一根据。但法院并不认为由于列支敦士登赋予了诺特鲍姆国籍，他就有了对抗危地马拉的根据。法院认为，当两个国家都赋予一个人国籍时，应选择真实有效的国籍，即该国籍符合基于个人与国籍国之间有最密切的实际联系的事实。所谓最密切联系的事实包括惯常居所地和利益中心地，家庭联系，参加公共生活，对子女的灌输、对特定国家的依恋等等。不同的因素在不同的案件中的重要性是不同的。本案中，诺特鲍姆的父母均为德国人，因出生取得德国国籍。直到24岁才离开德国到危国发展事业，但他依然保持着与德国的密切联系，在他取得列支敦士登国籍之前他一直是德国人。故德国国籍是他的实际国籍。他加入列支敦士登国籍的目的是逃避战争灾难，寻求中立国的保护，并不是因为他与列支敦士登有实际的密切联系。因此，危地马拉依然视他为德国人，二战中把他当敌侨对待，而拒绝列支敦士登对他的外交保护的请求。法院支持了危地马拉的立场。

【经典真题】

（2006/1/77）甲国公民廖某在乙国投资一家服装商店，生意兴隆，引起一些从事服装经营的当地商人不满。一日，这些当地商人煽动纠集一批当地人，涌入廖某商店哄抢物品。廖某向当地警方报案。警察赶到后并未采取措施控制事态，而是袖手旁观。最终廖某商店被洗劫一空。根据国际法的有关规则，下列对此事件的哪些判断是正确的？[1]

A. 该哄抢行为可以直接视为乙国的国家行为

B. 甲国可以立即行使外交保护权

C. 乙国中央政府有义务调查处理肇事者，并追究当地警察的渎职行为

D. 廖某应首先诉诸乙国行政当局和司法机构，寻求救济

四、引渡★★★

引渡是一国将处于本国境内的被外国指控为犯罪或已经判刑的人，应该外国的请求，送交该外国审判或处罚的一种国际司法协助行为。引渡的主体是国家，引渡是在国家之间进行的。

---

[1] CD【解析】第一，需要判断该行为是否为国家行为，是否能引起国家责任。私人行为一般不是国家行为，但该行为如果是由于国家失职造成的或者国家对该行为放纵，则会引发国家的间接责任，因而一国应尽管理义务，C正确。第二，外交保护提起之前，应首先于当地寻求救济，而不是立即提出，D正确。

引渡	引渡的主体	1. 引渡的主体是国家，引渡在国家之间进行； 2. 引渡需根据引渡条约进行，无条约义务时，一国可自由裁量。
	引渡的对象	1. 引渡的对象是被请求国指控为犯罪或判刑的人； 2. "本国国民不引渡"：一般情况下，各国有权拒绝引渡本国公民。
	可引渡的罪行	1. "双重犯罪原则"：被请求引渡人的行为必须是请求国和被请求国法律都认定为是犯罪的行为； 2. "政治犯不引渡"。 不应视为政治犯罪的行为 { ①战争罪、反和平罪和反人类罪 ②种族灭绝或种族隔离罪 ③非法劫持航空器 ④侵害外交代表
	引渡的后果	1. "罪名特定原则"：对于该罪犯，请求国只能以请求引渡时所指定的罪名进行审判或处罚； 2. 如果以其他罪名进行审判或将罪犯转引渡给第三国，一般须经原引出国同意。

（二）中国引渡制度要点

1. 联系机关：通过外交途径联系，联系机关是外交部。

2. 向中华人民共和国请求引渡。

向外交部提出并出具请求书，最高人民法院指定的高级人民法院对请求国提出的引渡请求进行条件审查并裁定，最高人民法院复核。最高人民检察院负责对引渡请求所指的犯罪或者被请求引渡人的其他犯罪是否应由我国司法机关追诉进行审查。注意《中华人民共和国引渡法》规定的应当拒绝引渡和可以拒绝引渡的情形。引渡由公安机关执行。

【特别提示】《中华人民共和国引渡法》

1. 中国处理引渡的主管部门：（1）外交部是有关引渡的联系机构；（2）最高人民法院指定的高级人民法院是在引出时对引渡条件具体负责审查的机构；（3）最高人民法院有权决定在请求引渡时作出是否限制量刑的承诺，最高人民检察院有权决定在请求引渡时作出是否限制追诉的承诺，但对外具体作出此种承诺的是外交部。

2. 不予引渡：（第8条、第9条）

应当不予引渡的情形：中国国民、中国已作出生效判决或者已经终止刑事诉讼程序的、政治犯罪或已决定庇护的、因受歧视而被提起刑事诉讼（人权）或被引渡后可能遭遇非人道待遇的、军事犯罪、犯罪已过追诉时效期限或者被请求引渡人已被赦免、曾经遭受或者可能遭受酷刑、基于缺席判决提出引渡请求的（承诺在引渡后重新审判的除外）；

可以不予引渡的情形：中国有管辖权并正在或者准备提起刑事诉讼的；基于年龄、健康等原因，根据人道主义原则不宜引渡的。

【案例分析】张某，系河北省邯郸市丛台区四季青乡人。1987年10月至12月，在他担任该乡棉机配件厂厂长期间，曾单独或伙同他人贪污公款9639元，他本人分得5505元。邯郸市丛台区人民检察院认为张某的行为已构成贪污罪。鉴于他能坦白罪行，积极退赔赃款，故该检察院决定对他免于起诉。但张某却对检察院的审查不满，蓄意劫机外逃。1989年12月16日，他挟带妻子、儿子登上了从北京经由上海、旧金山飞往纽约的中国国际航空公司CA981航班

B2448 号飞机，机上共有乘客和机组人员 223 名。张某和妻子买的是去上海的机票，飞机起飞后约 20 分钟，张某将他在背面写有"飞行员请把飞机降落在韩国，3 分钟不答应我就把飞机炸了"的一角人民币纸币递给乘务员交给机长，并威胁说，"我带来 300 克 TNT 炸药，我要去韩国。"同时，他还用右手食指拉着一根尼龙引线作出引爆腰间爆炸装置的姿态来威胁机组人员。鉴于此种情形，机长不得不把飞机飞往韩国，但韩国机场拒绝飞机降落，飞机在油料不足的情况下，被迫降落在日本福冈市的福冈机场。

中国驻日本使、领馆非常重视，日本当局也给予配合，使得被劫持的飞机和机上人员包括张某的妻子和儿子顺利返回了中国。对于劫机犯张某，中国要求日本将其引渡回国处理。按照日本的《逃犯引渡法》，在决定是否引渡时需经法院审理。故中方首先向日方提交了将张某临时拘留的照会和中方有关机关签发的逮捕令。日方受到照会后，将张某临时拘留。在 1990 年 2 月，中方正式提交了请求引渡的照会，以及证明张某犯有劫机罪行和有关证据。中国在照会中指出：张某非法劫持中国民航班机，严重威胁了飞机、机上人员和财产安全，根据我国《刑法》（1979 年）第 10 条、第 79 条、第 107 条已构成劫机罪。中方还明确表示，为了对张某的犯罪行为进行制裁，请求日本政府将张某引渡给中国，中国司法机关将就其劫机犯罪行为对他依法进行审判，而不对他以劫机罪以外的罪行进行处罚（特别注意）。日本法院经过审查决定同意引渡张某，在 1990 年 4 月 28 日将张某引渡给中国。张某被引渡回中国后，北京市人民检察院分院以张某的行为已构成劫机罪为由，于 1990 年 6 月 30 日对他提起公诉，北京市中级人民法院于 1990 年 7 月 18 日进行公开审理，判决张某犯有劫机罪，判处有期徒刑 8 年，剥夺政治权利 2 年。

【经典真题】

（2019 回忆版）甲国人施密特在乙国旅游期间，乙国经丙国的申请对施密特采取了强制措施，之后丙国请求乙国引渡施密特给丙国，根据国际法关于引渡的相关规则，下列哪些选项是正确的？[1]

A. 如果施密特是政治犯，乙国应当拒绝引渡

B. 如果施密特的行为在乙国和丙国都构成严重犯罪，乙国可以引渡

C. 如果施密特的行为只在丙国构成犯罪，乙国应当拒绝引渡

D. 因施密特为甲国公民，乙国无权将其引渡给丙国

3. 向外国请求引渡。

通过外交部向外国提出请求。被请求国就准予引渡附加条件的，由外交部代表中华人民共和国政府作出承诺。对于限制追诉的承诺，由最高人民检察院决定；对于量刑的承诺，由最高人民法院决定。

五、庇护

庇护是指一国对于遭到外国追诉或迫害而前来避难的外国人，准予其入境和居留，给予保护，并拒绝将其引渡给另一国的行为。庇护是国家基于领土主权而引申出来的权利。决定给予哪些人庇护是国家的权利。国家通常没有必须给予庇护的一般义务。国家对庇护问题通常在有关的国内法中加以规定。从属地管辖权的意义上，国家可以自主决定庇护的条件，只要不违背其

---

〔1〕 ABC【解析】A 项正确。"政治犯不引渡"原则是被一般接受的原则。

B 项正确。对于可引渡的罪行，一般是请求引渡国与被请求引渡国都认为是犯罪的行为。

C 项正确。"双重可归罪"原则是被一般接受的原则。

D 项错误。引渡的对象可能是请求国人、被请求国人和第三国人。在国际实践中，除非有关引渡条约或国内法有特殊规定，一般各国有权拒绝引渡本国公民。

国际义务。但是，根据国际法，对从事侵略战争、种族灭绝和种族隔离、劫机、侵害外交代表等罪行以及其他被条约或习惯国际法认为是国际罪行的人，不得进行庇护。另外，庇护包括允许避难者在庇护国境内居留，对其进行保护或不对其进行相关的惩罚，也拒绝将其交给其他国家或递解出境。对尚不在庇护国领土内的避难者，庇护还包括准其入境。因此，不引渡并不等于庇护。

【经典真题】

（2007/1/29）甲国发生未遂军事政变，政变领导人朗曼逃到乙国。甲国法院缺席判决朗曼10年有期徒刑。甲乙两国之间没有相关的任何特别协议。根据国际法有关规则，下列哪一选项是正确的?[1]

  A. 甲国法院的判决生效后，甲国可派出军队进入乙国捉拿朗曼、执行判决

  B. 乙国可以给予朗曼庇护

  C. 乙国有义务给予朗曼庇护

  D. 甲国法院的判决生效后，乙国有义务将朗曼逮捕并移交甲国

【特别提示】 域外庇护指国家在其领土以外所进行的庇护活动，最常见的是指利用国家在外国的外交或领事机构馆舍、船舶或飞机等作为场所进行的类似庇护的活动。由于庇护是基于领土的行为，国际法没有肯定国家有在其领土以外从事庇护活动的一般权利。所以，所谓的域外庇护，没有一般国际法的根据，而且常常带来对国际法其他规则的违背。

第三节　国际人权法

国际人权法是指国家之间关于尊重保护人权以及防止惩治侵害人权行为的原则和制度，它主要由一系列保护人权的条约组成。从国际法的角度看，国际人权公约是国家缔结的，条约所规定的是国家承担的义务和遵守的规则，其主体是国家。个人不是这些条约的主体，而仅是条约所涉及人权的权利主体。

1966年联合国大会通过了《经济、社会及文化权利国际公约》和《公民权利和政治权利国际公约》，两个公约都首先规定了自决权和自然资源的永久主权，其中《经济、社会及文化权利国际公约》主要涉及一系列的经济社会文化权利，包括工作权、社会保障权、家庭权、健康权、受教育权等。它要求缔约国尽最大能力采取措施，以便使这些权利逐渐得到实现；《公民权利和政治权利国际公约》涉及了广泛的公民权利，包括生命权、免于酷刑、人身自由、公正审判、信仰自由、和平集会、选举权和被选举权等，要求缔约国尊重和保证这些权利，并为达到此目的采取必要的立法或其他措施，以实现公约所涉及的各项权利。两个公约分别建立了各自的履约机制。中国已签署了这两个公约，并已批准了《经济、社会及文化权利国际公约》。

目前，国际社会设立的专门人权机构主要有四类：(1)根据《联合国宪章》成立的人权机构，如人权委员会。人权委员会是根据《宪章》由经社理事会成立的联合国系统内专门处理人权问题的机构。它由43个国家的代表组成，负责人权问题的专题研究、拟定建议和起草国际人权文书，协调联合国系统内的人权活动。(2)根据有关人权公约而设立的特别机构，它们负责处理公约规定的缔约国报告、个人来文及其他事项。如《公民权利和政治权利国际公约》

---

  [1] B【解析】一国的司法管辖权不可以自然地延伸到另一国，其他外国也没有执行内国判决的一般义务，A、D项错误。C项错误，国家不存在给予外国人庇护的一般义务，乙国可以庇护朗曼，也可以不庇护，B项正确。

设立的"人权事务委员会"，委员会由 18 名以个人身份被选出的人权问题专家组成；依《儿童权利公约》成立的"儿童权利委员会"等。（3）根据联合国主要机构的决议成立的专门机关，如根据大会决议成立的"反对种族隔离特别委员会"；根据经社理事会的决议，人权委员会设立了"防止歧视和保护少数小组委员会"。（4）根据区域性公约成立的区域性人权机构，如欧洲人权委员会、欧洲人权法院和美洲人权法院等。

目前由各项条约建立的不同保护制度。典型的有以下几类：（1）报告及审查制度。（2）缔约国指控处理及和解制度。（3）个人申诉制度。

第五章 外交关系与领事关系法

【复习提要】

本章主要需要掌握的内容在于外交关系的各项制度，区分外交关系中对不同性质的机构和不同人员的权利义务的具体规定，区分外交特权豁免与领事特权豁免规则的不同之处。本章重点一是外交职务和领事职务的内容，重点二是外交特权豁免与领事特权豁免的内容。

【知识框架】

外交关系与领事关系法 { 《外交关系法》（外交机关、外交特权与豁免）
《领事关系法》（领事机构的建立及职务、领事特权与豁免）

外交关系与领事关系都属于国家对外关系的范畴。驻外外交常设机构和领事常设机构之间存在紧密的联系。主要表现在：第一，两者都是根据国家协议为执行外交政策和处理对外事务而常驻外国的机构。国家间同意建立外交关系同时包含同意建立领事关系的含义，有时领事任务可约定由外交人员执行。在国家尚未建立或断绝外交关系时，有时可先建立或保留领事关系，这时领馆也可能执行某些外交性质的任务。第二，在派遣国的国内行政管理中，二者往往都由一国的外交部领导；在同一接受国中，领事机构接受外交机构的领导。

同时，外交关系和领事关系之间也有重要的区别：第一，外交机构全面代表其国家与接受国中央政府进行交往和交涉，而领事机构一般是与相关的地方政府进行交涉；第二，外交机构和领事机构的各自职务和任务不同，且外交机构的职务范围为接受国全境而领事机构则限于其辖区；第三，二者的特权与豁免不尽相同。国际法中关于外交关系和领事关系的规则，大多是长期实践形成的习惯国际法规则。

【经典真题】

甲乙两国建立有正式的外交关系和领事关系，且都是《维也纳外交关系公约》和《维也纳领事关系公约》的缔约国，下列有关甲国在乙国的使馆和领馆的说法，哪一项是错误的？[1]

A. 使馆保护的范围是全面的，领馆保护的范围在领馆辖区内

B. 使馆主要和乙国政府进行外交往来，领馆保护的利益是地方性的

C. 使馆官员和领馆官员同属外交人员，由甲国外交部门领导

D. 使馆官员和领馆官员在乙国享有相同的特权和豁免

---

[1] D【解析】外交关系和领事关系既有联系又有区别。联系在于：两国同意建立外交关系，也就意味着同意建立领事关系，在两国尚未建立外交关系的情况下，也可能先建立领事关系，两国断交并不必然断绝领事关系。外交人员也可以同时执行领事职务，领事在有些条件下，也可以兼办外交事务。在行政系统上，领事人员一般与外交人员同属于外交人员组织系统，由外交部门领导。但使馆官员与领馆官员的特权和豁免显然不相同，本题选 D。

第一节　外交关系法

一、使馆和外交代表

(一) 外交关系与使馆的建立

外交代表机关通常分为常驻外交代表机关和临时性外交代表机关，传统国际法中，常驻代表机关仅指一国派驻他国的外交机关，一般称为使馆。国家之间外交关系的建立应以双方协议进行。建立和互设使馆之后，一国也可以单方面暂时关闭使馆，甚至断绝与另一国的外交关系。经另一方同意后，任何一方都可以提出将已有的外交关系升格或降级。

(二) 使馆的职务

依《维也纳外交关系公约》，使馆的职务主要有以下五项：(1) 代表。作为派遣国在接受国的代表，全面代表派遣国和处理派遣国与接受国间的交往事务。(2) 保护。在国际法许可的范围内，保护派遣国及其人民的各项利益。(3) 谈判和交涉。代表派遣国政府与接受国政府进行各项事务的谈判和交涉。(4) 调查和报告。可以以一切合法的手段，调查接受国的各种情况，并及时向派遣国作出报告。(5) 促进。促进派遣国和接受国之间的友好关系，发展两国政治经济文化各方面的合作。此外，使馆经约定还可以执行国际法允许的其他职务，如领事职务；经接受国同意，还可以受托保护未在接受国派有外交代表的第三国国家及其国民在接受国的利益。对这种情况，接受国有权决定是否同意。

(三) 使馆的组成和等级

使馆人员
- 馆长
  - 大使：元首向元首派遣的最高一级使节，享有最高礼遇
  - 公使：元首向元首派遣的第二级使节，礼遇稍逊于大使
  - 代办：外交部长向外交部长派遣的使节，与"临时代办"不同
- 一般外交人员
  - 参赞：协助馆长处理外交事务的高级别外交人员
  - 武官：作为武装力量代表，处理军事合作事务
  - 秘书：分一等、二等、三等，按指示办理外交事务和文书
  - 随员：最低一级的外交官
- 行政技术人员：译员、工程师、行政主管、会计等，不是外交人员
- 服务人员：司机、清洁工、修理工等，不是外交人员

(四) 外交代表的派遣

- 使馆馆长和武官：须事先征得接受国同意
- 其他人员：可直接派遣，一般无须事先征求接受国同意
- (但如果委派接受国国籍的人或第三国国籍的人为外交人员，仍须经接受国同意)

接受国可以拒绝接受其所不同意的任何派遣国使馆人员，并无须说明理由。对于派遣国的馆长及外交人员，接受国可以随时不加解释地宣布其为"不受欢迎的人"。对于使馆的其他人员，接受国可以宣布其为"不能接受"。对于被宣布"不受欢迎的人""不能接受的人"的使馆人员，到达国境前，接受国可以拒签或者拒绝入境；入境后，派遣国应召回或终止其使馆人员的职务，否则接受国可以拒绝承认该人员为使馆工作人员，甚至令其限期离境。

【经典真题】

(2014/1/74) 甲乙丙三国因历史原因，冲突不断，甲国单方面暂时关闭了驻乙国使馆。艾诺是甲国派驻丙国使馆的二秘，近日被丙国宣布为不受欢迎的人。根据相关国际法规则，下列

哪些选项是正确的？[1]

    A. 甲国关闭使馆应经乙国同意后方可实现

    B. 乙国驻甲国使馆可用合法手段调查甲国情况，并及时向乙国作出报告

    C. 丙国宣布艾诺为不受欢迎的人，须向甲国说明理由

    D. 在丙国宣布艾诺为不受欢迎的人后，如甲国不将其召回或终止其职务，则丙国可拒绝承认艾诺为甲国驻丙国使馆人员

（五）使馆和外交代表职务的开始与终止

任使馆馆长的外交代表应持其国书赴任。国书是证明被任命的人为派遣国国家元首或外交部长向接受国国家元首或外交部长派出的外交使节的正式文书。大使和公使级馆长的国书由国家元首签发。代办级馆长的国书（委任书）由外交部长签发。递交国书是接受国确认使馆馆长身份，接受其履行职务的依据。根据我国规定，使馆馆长正式递交国书的日期为其在华执行职务的开始日期。使馆馆长开始执行职务视为使馆职务的开始。除使馆馆长外，使馆的其他人员职务以其到达接受国担任使馆职务为开始。

根据《维也纳外交关系公约》的规定，外交代表的职务遇有下列情形之一即告终止：派遣国通知接受国其外交代表职务业已终止；接受国通知派遣国称该国拒绝承认该外交代表为使馆人员；派遣国与接受国断绝外交关系或暂时中断外交关系；派遣国或接受国主体资格灭失；此外，因革命产生新政府等原因也会带来外交代表职务的终止。

（六）外交团和特别使团

广义的外交团包括所有的外交人员，也包括其家属。外交团团长一般由接受国中到任时间最长、等级最高的使馆馆长担任。外交团的作用主要是礼仪方面，不能从事任何政治性活动或干涉接受国内政。

临时性外交代表机关即特别使团。特别使团是一国经另一国的同意或邀请，派往该另一国，代表派遣国进行谈判或完成某项特定外交任务的临时机构。特别使团的派遣无须双方存在外交关系。

特别使团也适用接受国对使馆人员的"不受欢迎的人"和"不能接受"的制度。特别使团的职务由派遣国与接受国协议约定，分为事务性使团和礼节性使团两种。特别使团的特权和豁免及例外比照使馆外交人员。不同的是，特别使团的房舍不可侵犯，但在遇到火灾或其他严重的灾难而无法获得使团团长明确答复的情况下，接受国可以推定获得同意而进入房舍。公务以外使用车辆的交通肇事引起的诉讼，接受国可以管辖。

---

    [1] BD【解析】建立使馆需双方协议，升格降级使馆需对方同意后实现，而关闭使馆或断交单方即可完成，A错误。使馆的职务包含合法手段的调查和报告，B正确。使馆人员被宣布为不受欢迎的人不需要说明理由，如宣布后不被召回，可拒绝承认甚至令其限期离境，C错误，D正确。

二、外交特权与豁免 ★★★

（一）使馆

1. 馆舍不得侵犯 ｛ 未经馆长许可不得进入使馆馆舍；无例外。
接受国有保护义务。
馆舍及财产免受搜查、征用、扣押或强制执行。

2. 档案不得侵犯（无论何时何地）。

3. 通讯自由 ｛ 非经接受国同意，不得安装或使用无线电发报机。
外交信差：执行职务时，人身不可侵犯。
外交邮袋：不得开拆或扣留；可交机长转递，但机长不视为外交信差。

4. 使馆免纳捐税。

5. 使馆人员有行动和旅行自由。

6. 使用国家标志。

（二）人员

1. 人身不可侵犯 ｛ 不得对外交人员搜查、逮捕或拘留；
接受国有义务保护外交人员人身不受侵犯。

2. 寓所、财产、文书信件不可侵犯。

3. 管辖豁免

（1）刑事：完全豁免（接受国不得对其刑事审判和处罚）。

（2）行政：免户籍和婚姻登记、违反行政法规的行为不实行行政制裁等。

（3）民事 ｛ 原则：一般不对外交人员进行民事管辖。
例外 ｛ ①在接受国境内的私有不动产物权诉讼（但代表派遣国为使馆购置不动产除外）；
②以私人身份参与的继承诉讼；
③在接受国内公务范围以外从事专业或商业活动引起的诉讼；
④外交人员主动起诉而引起的与该诉讼相关的反诉。

（4）作证义务：免除（不出庭作证、没有提供证词义务）。

（5）豁免的放弃：只能由派遣国放弃；明示放弃；对管辖豁免的放弃，不视为对执行豁免的默示放弃。

4. 特权和豁免的终止
享有特权和豁免人员的职务如已终止，其上述特权和豁免通常是在该员离境之时或给予离境的合理期间结束之时终止。即使两国有武装冲突发生，仍然如此。如遇使馆工作人员死亡，其家属应继续享有其应享有的特权和豁免，直到给予其合理的期间结束时为止。

【特别提示】使馆的行政技术人员如非接受国国民且不在该国永久居留者，也享有外交人员一般特权和豁免，但有一些限制。

（三）使馆及享有外交特权与豁免人员的义务

1. 尊重接受国的法律规章。

2. 不得干涉接受国内政。

例：不得介入接受国党派斗争；不得参加或支持旨在反对接受国政府的集会、游行示威活动等。

3. 使馆馆舍不得用于与使馆职务不相符合的其他用途。

例：不得利用使馆馆舍庇护第三国人员；不得将使馆馆舍作为关押其本国或其他国人员的场所等。

4. 使馆与接受国洽谈公务，按接受国相关程序办理。

5. 外交代表不应在接受国为私人利益从事任何专业或商业活动。

【经典真题】

1.（2021 回忆题）甲乙两国均为《维也纳外交关系公约》的缔约国，两国未签订其他相关协定。根据《维也纳外交关系公约》相关规定，下列哪些选项是正确的?[1]

A. 两国的外交邮袋可以经商业飞机机长转递

B. 如两国宣战，甲国可扣押乙国使馆档案财产

C. 即使甲国驻乙国大使馆长期处于撤离状态，乙国也不得进入其馆舍搜查档案文件

D. 甲国驻乙国大使馆有权庇护被乙国通缉的两国人

2.（2017/1/33）甲、乙两国均为《维也纳外交关系公约》缔约国，甲国拟向乙国派驻大使馆工作人员。其中，杰克是武官，约翰是二秘，玛丽是甲国籍会计且非乙国永久居留者。依该公约，下列哪一选项是正确的?[2]

A. 甲国派遣杰克前，无须先征得乙国同意

B. 约翰在履职期间参与贩毒活动，乙国司法机关不得对其进行刑事审判与处罚

C. 玛丽不享有外交人员的特权与豁免

D. 如杰克因参加斗殴意外死亡，其家属的特权与豁免自其死亡时终止

第二节　领事关系法

一、领事机构的建立及其人员

领馆人员包括领事官员、领事雇员及服务人员。领事官员是指被委任此职务承办领事事务的人员，包括领馆馆长在内。领馆馆长分为总领事、领事、副领事、领事代理人四个等级。领事官员有职业的和名誉的两类。职业领事官员是由派遣国任命的专职从事领事事务的政府公务员，其不从事其他职业。名誉领事官员是执行领事职务的非专职官员，一般是从接受国境内的

---

〔1〕 AC【解析】外交邮袋可托交预定在准许入境地点降落的商业飞机机长转递。机长应持有载明构成邮袋的邮包件数的官方文件，但机长不能视为外交信差。因而选项 A 正确。

使馆财产及档案不得侵犯。使馆的档案及文件无论何时何处，均不侵犯。因而选项 B 错误。

使馆财产及档案不得侵犯这项特权即使两国断交、使馆馆长长期或暂时撤退、发生武装冲突时也不例外。因而选项 C 正确。

领土以外的庇护，或称为域外庇护，最常见的是指利用国家在外国的外交或领事机构馆舍、船舶或飞机等作为场所进行的庇护。这种庇护是没有一般国际法根据的。因而选项 D 错误。

〔2〕 B【解析】根据《维也纳外交关系公约》相关规定，使馆馆长和武官的派遣须先征得接受国同意。外交代表在接受国刑事管辖豁免没有例外。使馆的行政技术人员及与其构成同一户口的家属，如非接受国国民且不在该国永久居留者，也享有外交人员享有的一般特权与豁免，但有一些限制和修改。与外交人员构成同一户口的家属，如系非接受国国民，亦享有同外交人员相同的特权和豁免，如遇使馆人员死亡，其家属应继续享有其应享有的特权和豁免，直到给予其离境的合理期间结束时为止。正确答案为 B 项。

本国侨民或接受国国民的商人或律师中聘任，执行某些领事职务。领事雇员是受雇担任领馆行政或技术事务的人员，如译员、速记员、办公室助理员、档案员等。服务人员是指受雇担任领馆杂务的人员，如司机、清洁工、传达人员等。

国家之间领事关系的建立以其双边协议确定。除另有声明外，两国间同意建立外交关系亦即建立领事关系。但断绝外交关系并不当然断绝领事关系。

二、领馆人员的派任与职务

领馆馆长由派遣国委派，并由接受国承认准予执行职务。委派及承认领馆馆长的手续分别依两国的协议和派遣国及接受国的法律规章办理。领馆馆长每次奉派任职，应由派遣国发给委任证书，其中写明馆长的全名、职类与等级、领馆辖区及领馆设置地点等事项。派遣国应通过外交途径或其他适当途径将此等委任文书转送给接受国政府。在获得接受国准许并颁发领事证书后，领馆馆长方可执行职务。

领馆其他人员的委派由派遣国自由决定。但若委派具有接受国国籍的人或第三国国民充任领馆馆员须经接受国明示同意。对领馆馆员中的领事官员的委派，派遣国应在充分时间前将他们的全名、职责及等级通知接受国。接受国可在被委任人员到达该国国境前或其就职前宣布他为不能接受。

领馆人员职务终止一般有以下情况：被派遣国召回；领事证书被撤销；接受国通知派遣国不再承认该员为领事馆人员，即被宣告为不受欢迎的人或不能接受；领馆关闭或领事关系断绝等。

接受国可以随时通知派遣国，宣告某一领事官员为不受欢迎人员或任何其他领馆馆员为不能接受。遇此事情，派遣国应视情况召回该员或终止其在领馆中的职务。如派遣国拒绝或不在合理期间内召回有关人员，接受国可以撤销有关人员的领事证书或不再承认该员为领馆馆员。

【经典真题】

甲某为 A 国派注 B 国的领事馆馆长，根据《维也纳领事关系公约》，下列哪一判断是正确的？[1]

A. 甲的领事证书由 A 国颁发

B. 甲接到 A 国的任命时，即可以开始执行领事职务

C. 甲到达 B 国境内时，即可以开始执行领事职务

D. B 国可以在甲担任领事期间，随时宣布其为不受欢迎的人

---

〔1〕 D【解析】A 项错误，领事证书应由接受国颁发，即 B 国，而不是 A 国。B、C 项错误，在获接受国准许并颁发领事证书后，领馆馆长方可执行职务，而不是在派遣国任命时。D 项正确，接受国可宣告领事馆人员为不受欢迎的人或不能接受。

三、领事特权和豁免 ★★

1. 领馆
- （1）馆舍不得侵犯
  - ①未经馆长许可不得进入领馆工作区，如遇到火灾或其他灾害须采迅速采取行动时，可推定馆长同意；
  - ②接受国有保护义务；
  - ③馆舍及财产一般不得征用，如有必要可征用，应避免妨碍领馆执行职务并应补偿。
- （2）档案不得侵犯（无论何时何地）。
- （3）通讯自由
  - 非经接受国同意，不得安装或使用无线电发报机。
  - 领事信差：执行职务时，人身不可侵犯。
  - 领馆邮袋：一般不得开拆或扣留，有重大理由可在派遣国代表在场下开拆；若派遣国拒绝开拆，邮袋退回原发送地。
  - 其余和外交特权与豁免类似。

2. 领事官员
- （1）人身不可侵犯：通常不得拘束自由，但犯有严重罪行或执行已生效判决的除外。
- （2）管辖豁免
  - 原则：领事官员执行职务行为，不受接受国司法和行政管辖。
  - 例外
    - A. 因领事官员未明示或默示以派遣国代表身份而订立契约所发生的诉讼；
    - B. 第三者因车辆船舶或航空器在接受国内所造成的意外事故而要求损害赔偿的诉讼（交通肇事引起的损害赔偿诉讼）；
    - C. 主动起诉引起的与该诉讼相关的反诉。
  - 作证义务：对职务所涉事项无作证或提供公文义务，除此之外不得拒绝，但拒绝也不得强制。
  - 豁免的放弃：只能由派遣国放弃；明示放弃书面通知；对管辖豁免的放弃，不视为对执行豁免的放弃。
- （3）领事免一切对个人和物的课税，但间接税、遗产税、服务费等不在免除之列。

【经典真题】

1. （2010/1/79）甲乙二国建有外交及领事关系，均为《维也纳外交关系公约》和《维也纳领事关系公约》缔约国。乙国为举办世界杯足球赛进行城市改建，将甲国使馆区域、大使官邸、领馆区域均纳入征用规划范围。对此，乙国作出了保障外国使馆、领馆执行职务的合理安排，并对搬迁使领馆给予及时、有效、充分的补偿。根据国际法相关规则，下列哪些判断是正确的？[1]

A. 如甲国使馆拒不搬迁，乙国可采取强制的征用搬迁措施

B. 即使大使官邸不在使馆办公区域内，乙国也不可采取强制征用搬迁措施

C. 在作出上述安排和补偿的情况下，乙国可征用甲国总领馆办公区域

---

[1] BC【解析】使馆馆舍是指供使馆使用及供使馆馆长寓所之用的建筑物或建筑物的各部分，及其所附属的土地，不论其所有权属。因此即使大使官邸不在使馆办公区域内，也是使馆馆舍的一部分。使馆馆舍不得侵犯，也免受征用和强制执行，故A错误，B正确。领馆馆舍一般不受征用，如确有征用的必要，可在不妨碍职务和迅速充分有效的补偿后征用，C正确，D错误。

D. 甲国总领馆馆舍在任何情况下均应免受任何方式的证用

2. （2020 回忆版）根据《维也纳外交关系公约》和《维也纳领事关系公约》，下列哪一判断是正确的？[1]

A. 甲国驻乙国使馆的参赞非工作时间在高速公路上交通肇事，该参赞声明放弃外交特权与豁免，乙国有权对其逮捕并审判

B. 甲国特别外交信差涉嫌毒品犯罪，诗其将负责携带的外交邮袋送交收件人后，乙国有权对其逮捕并审判

C. 甲国驻乙国领事官员可在甲国驻乙国大使的批准下，在领馆范围外从事职务活动

D. 甲国驻乙国公使可在节假日有偿参加乙国招商引资等商事活动

【案例分析】2006 年 7 月 6 日，中华人民共和国代表、外交部长李肇星和黑山共和国代表、外交部长米奥德拉格·弗拉霍维奇在北京签署《中华人民共和国和黑山共和国建立外交关系联合公报》。黑山于 2006 年 5 月 21 日就独立问题举行全民公决并获通过。6 月 3 日，黑山正式宣布独立。6 月 14 日，中国政府宣布承认黑山。联合国于 6 月 28 日接纳黑山为联合国第 192 个成员国。

《中华人民共和国和黑山共和国建立外交关系联合公报》内容如下：

一、中华人民共和国和黑山共和国根据两国人民的利益和愿望，决定自 2006 年 7 月 6 日起建立大使级外交关系。

二、中华人民共和国和黑山共和国愿在相互尊重主权和领土完整、互不侵犯、互不干涉内政、平等互利、和平共处原则基础上，发展两国之间的友好合作关系。

三、中华人民共和国尊重黑山共和国的独立、主权和领土完整。黑山共和国承认世界上只有一个中国，中华人民共和国政府是代表全中国的唯一合法政府，台湾是中国领土不可分割的一部分，反对任何形式的"台湾独立"，反对台湾加入任何必须由主权国家参加的国际和地区组织。黑山共和国承诺不与台湾建立任何形式的官方关系或进行官方往来。

四、中华人民共和国和黑山共和国将根据平等互利的原则和国际惯例，互相为对方建立使馆和履行公务提供一切必要的协助。

---

[1] B【解析】根据《维也纳领事关系公约》规定可知，领事官员不得予以逮捕候审或羁押候审，但遇犯严重罪行之情形，依主管司法机关之裁判执行者不在此列。另外，特权和管辖豁免的放弃必须由派遣国明示作出，仅仅领馆人员作出的，不产生放弃和豁免的效力。乙国不能对该参赞进行逮捕并审判，故 A 选项错误。

根据《维也纳外交关系公约》规定可知，外交信差应持有官方文件，载明其身份及构成邮袋之包裹件数；其于执行职务时，应受接受国保护。派遣国或其使馆还可派特别外交信差。这种信差亦享有外交信差的豁免，但当其将负责携带的外交邮袋送交收件人后即不再享有此等豁免。

外交代表不应在接受国内为私人利益从事任何专业或商业活动。

根据《维也纳外交关系公约》规定可知，外交代表不应在接受国内为私人利益从事任何专业或商业活动。甲国驻乙国公使可在节假日有偿参加乙国招商引资等商事活动，属于为自己利益从事商业活动，为法律禁止行为，故 D 选项错误。

综上所述，本题答案 B。

第六章　条约法

▶【复习提要】

　　明确条约的性质是把握条约法律制度的基础。条约缔结、条约成立的实质要件、条约效力、条约保留、条约解释和条约中止的相关规则是本章的重点内容。难点在于理解条约法与民法典中合同编的不同之处，反映在条约规则的各个方面，要准确把握。

▶【知识框架】

条约法 ⎰ 条约的定义和特征
　　　　 条约成立的实质要件
　　　　 条约的缔结（缔结的程序方式、条约的保留）
　　　　 条约的效力（生效、适用、对第三国的效力）
　　　　 条约的解释和修订（条约的解释、条约的修订、中止和暂停施行）

　　条约是指国际法主体间依照国际法缔结的确立相互权利义务的书面协定。1969 年《维也纳条约法公约》对条约规则的主要内容进行了编纂和发展。条约的分类包括造法性条约和契约性条约，双边条约和多边条约，开放性多边条约和非开放性多边条约，政治性条约、经济性条约和文化性条约等。

　　条约的特征包括：（1）条约是国际法主体之间缔结的。一方不是国际法主体缔结的协议，或非国际法主体间签订的协议都不是条约。（2）条约具有法律拘束力。有些国际文件只是对缔约方共同关心的国际问题表示共同的态度或政策，并无意就具体事项规定国际法上的权利和义务，或者在制定文件时表示不认为该文件具有法律拘束力，这样的国际文书就不是国际条约。（3）条约以国际法为准。条约的缔结程序和内容必须符合国际法的规则，否则条约无效。（4）条约的形式主要是书面的。但这并不排除其他形式条约的存在和有效性。实践中，历史上和现代都存在以口头形式订立并具有法律效力的条约。（5）条约的名称在国际法上没有统一规定，取决于各国的规定。

第一节　条约成立的实质条件

　　1. 具有完全的缔约能力和缔约权。

　　缔约能力或称缔约资格指国家和其他国际法主体拥有的合法缔结条约的能力，而非国际法主体没有普遍地合法缔结条约的资格。缔约权指拥有缔约能力的主体根据其内部的规则赋予某个机关或个人对外缔结条约的权限。一国不能以本国机关违反国内法关于缔约权限的规定而主张其所缔结的条约无效，除非这种违反国内法关于缔约权限规定的行为非常明显，且涉及根本重要的国内法规则。

　　2. 自由同意。

　　缔约国的自由同意是条约有效的基本条件之一。在错误、欺诈和贿赂、强迫情况下签订的条约在符合条件时会成为无效条约。

3. 符合强行法规则。

强行法是国际社会全体公认为不能违背，并且以后只能由同等性质的规则变更的规则，它不能以个别国家间的条约排除适用。

第二节　条约的缔结

一、条约缔结的程序和方式

条约的缔结程序是指缔结条约经过的过程和履行的一定手续。条约的缔结程序一般包括：约文的议定；约文的认证；同意受条约拘束的表示。具体所采用的缔约方式和程序取决于缔约方的约定和选择。

表示同意受条约的拘束是缔约程序中最关键的环节，任何缔约主体只有作出同意受某一条约拘束的表示，才能成为条约的当事方。表示同意受条约拘束的方式可由该条约规定或由有关各方约定。实践中采用的主要方式有签署、批准、加入和接受等。

无须出具全权证书 ⎰ 国家元首、政府首脑、外交部长
　　　　　　　　 ⎨ 使馆馆长
　　　　　　　　 ⎱ 驻国际组织或国际会议的代表

二、《中华人民共和国缔结条约程序法》 ★

1. 缔约权的主体。

中华人民共和国国务院，即中央人民政府，同外国缔结条约和协定。

中华人民共和国全国人民代表大会常务委员会决定同外国缔结的条约和重要协定的批准和废除。

中华人民共和国主席根据全国人民代表大会常务委员会的决定，批准和废除同外国缔结的条约和重要协定。

中华人民共和国外交部在国务院领导下管理同外国缔结条约和协定的具体事务。

2. 条约和重要协定。

条约和重要协定是指：友好合作条约、和平条约等政治性条约；有关领土和划定边界的条约、协定；有关司法协助、引渡的条约、协定；同中华人民共和国法律有不同规定的条约、协定；缔约各方议定须经批准的条约、协定。

条约和重要协定应报国务院审核，国务院提请全国人民代表大会常务委员会决定批准；中华人民共和国主席根据全国人民代表大会常务委员会的决定予以批准。

3. 加入多边条约和协定的程序。

加入多边条约和协定，分别由全国人民代表大会常务委员会或者国务院决定。加入书由外交部长签署，具体手续由外交部办理。

4. 接受多边条约和协定。

由国务院决定。接受书由外交部长签署，具体手续由外交部办理。

【经典真题】

（2015/1/76）依据《中华人民共和国缔结条约程序法》及中国相关法律，下列哪些选项

是正确的？[1]

    A. 国务院总理与外交部长参加条约谈判，无需出具全权证书

    B. 由于中国已签署《联合国国家及其财产管辖豁免公约》，该公约对我国具有拘束力

    C. 中国缔结或参加的国际条约与中国国内法有冲突的，均优先适用国际条约

    D. 经全国人大常委会决定批准或加入的条约和重要协定，由全国人大常委会公报公布

【法条链接】

《中华人民共和国缔结条约程序法》第7条　条约和重要协定的批准由全国人民代表大会常务委员会决定。

前款规定的条约和重要协定是指：

（一）友好合作条约、和平条约等政治性条约；

（二）有关领土和划定边界的条约、协定；

（三）有关司法协助、引渡的条约、协定；

（四）同中华人民共和国法律有不同规定的条约、协定；

（五）缔约各方议定须经批准的条约、协定；

（六）其他须经批准的条约、协定。

条约和重要协定签署后，由外交部或者国务院有关部门会同外交部，报请国务院审核；由国务院提请全国人民代表大会常务委员会决定批准；中华人民共和国主席根据全国人民代表大会常务委员会的决定予以批准。

第15条　经全国人民代表大会常务委员会决定批准或者加入的条约和重要协定，由全国人民代表大会常务委员会公报公布。其他条约、协定的公布办法由国务院规定。

三、条约的保留

条约的保留是指一国在签署、批准、接受、赞同或加入一个条约时所作的单方面声明，无论措辞和名称如何，其目的在于排除或更改条约中某些规定对该国适用时的法律效果。保留应以条约规定为依据，并且不得与条约目的和宗旨不符。根据《维也纳条约法公约》的规定，下列情况下不得提出保留：条约规定禁止保留；条约准许特定的保留，而有关保留不在条约准许的保留范围内；保留与条约的目的和宗旨不符。

（一）保留的接受

保留是一国单方面作出的。对于保留，其他的缔约国可以作出同意或反对。条约明文准许保留的，一般不需要缔约国事后接受。一国表示同意受该条约约束而附有保留的行为，只要至少有一缔约国接受该项保留，就成为有效。

保留的接受包括下列情况：（1）条约明文准许保留的，一般不需要其他缔约国事后予以接受。（2）如果从谈判国有限数目以及条约的目的和宗旨看，该条约在全体当事国的全部适用是每一当事国同意受该条约拘束的必要条件，则保留须经全体当事国接受。（3）有关条约若是一个国际组织的组织约章，则保留一般须经该组织有权机关接受。（4）不属于上述情况的，由其他缔约国决定是否接受一项保留。

（二）保留的法律效果

条约保留的法律效果分为以下几种情况：（1）在保留国与接受保留国之间，按保留的范

---

[1]　AD【解析】A正确。根据《中华人民共和国缔结条约程序法》第6条第2款第1项的规定，国务院总理、外交部长谈判、签署条约、协定，无须出具全权证书。

B错误。《联合国国家及其财产管辖豁免公约》尚未生效。

C错误。对于条约在国内的适用和地位，目前我国宪法没有作出统一明确的规定。

D正确。

围，改变该保留所涉及的一些条约规定。（2）在保留国与反对保留国之间，若反对保留国并不反对该条约在保留国与反对保留国之间生效，则保留所涉及的规定，在保留的范围内，不适用于该两国之间。（3）在未提出保留的国家之间，按照原来条约的规定，无论未提出保留的国家是否接受另一缔约国的保留。

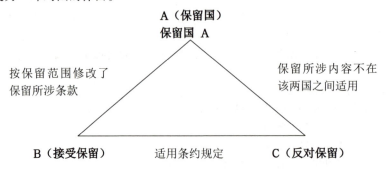

【经典真题】

（2020 回忆题）甲乙丙丁都是某多边条约的缔约国，条约规定，缔约国之间就该条约产生的纠纷应由国际法院管辖，甲国对此规定声明保留。乙国表示接受甲国的保留；丙国不仅反对甲国的保留，还反对条约在甲丙之间生效；丁国仅反对甲国的保留但不反对条约的其他条款在甲丁两国之间适用。以上四国都是《维也纳条约法公约》缔约国，下列那些判断是正确的？[1]

    A. 甲乙之间因该条约产生的纠纷应由国际法院管辖

    B. 丙国可反对甲国的保留，但不能反对条约在甲丙两国间生效

    C. 甲丁之间条约有效，仅保留所涉规定在两国之间视为不存在

    D. 乙丁之间因该条约产生纠纷应由国际法院管辖

第三节 条约的效力、适用和解释

根据《维也纳条约法公约》的规定，凡有效的条约对其各当事国有拘束力，必须由其善意履行。一当事国不得以援引其国内法规定为理由而不履行条约。缔约国不得从事违反条约目的和宗旨的任何活动，除情势发生变迁等特殊情况外，不得废弃条约规定的义务，否则就构成国际不当行为，应承担国际责任。

当然，条约当事方必须遵守的应是有效条约。无效条约的规定对当事国无法律效力。按照公约要求，如果因依无效条约实施了一些行为，每一当事国都可以要求任何其他当事国在相互关系上尽可能恢复到这些行为未实施前应存的状况。

一、条约的时间范围和空间范围

关于条约的时间范围，条约一般都自生效之日起开始适用。条约对在条约有效期中发生的，并在条约规定范围内的一切事实都适用。原则上，条约没有追溯力，即不能适用于在该约生效之前已完成的事实，除非缔约国有特别的规定或用其他方法确定该条约有追溯力。

---

[1] CD【解析】在保留国和反对保留国之间，若反对保留国并不反对条约在两国之间生效，则保留所涉规定，在两国之间视为不存在。因而 B 错误，C 正确。

关于条约适用的空间范围，一项条约适用的空间范围可以依据各缔约国的协议及有关当事国的意思决定。如果当事国没有相反的意思，则一般认为条约适用于各该当事国的全部领土。实践中，有些国家在签订某项条约时，会通过某种方式明确该条约对其领土的适用范围。

二、条约的冲突解决

条约的冲突是指一国就同一事项先后参加的两个或几个条约的规定互相冲突。解决条约冲突的一般方法是：（1）先后就同一事项签订的两个条约的当事国完全相同时，一般适用后约优于前约的原则。（2）先后就同一事项签订的两个条约的当事国部分相同时，在同为两条约当事国之间，适用后约优于先约的原则；在同为两条约当事国与仅为其中一条约的当事国之间，适用两国均为当事国的条约。（3）适用条约本身关于解决条约冲突的规定。如《联合国宪章》规定，宪章规定的会员国的义务和会员国根据其他条约所负的义务有冲突时，宪章义务居优先地位。简表如下：

事项	当事国	处理方法
同一事项	完全相同	后约取代先约，先约失效
同一事项	部分相同	同为两条约当事国的，后约优于先约
同一事项	部分不同	适用两国均为当事国的条约
条约本身有规定的		适用条约规定，如《联合国宪章》规定，宪章规定的义务优先

【经典真题】

（2014/1/76）甲乙丙三国为某投资公约的缔约国，甲国在参加该公约时提出了保留，乙国接受该保留，丙国反对该保留，后乙丙丁三国又签订了涉及同样事宜的新投资公约。根据《维也纳条约法公约》，下列哪些选项是正确的？[1]

A. 因乙丙丁国签订了新公约，导致甲乙丙三国原公约失效

B. 乙丙两国之间应适用新公约

C. 甲乙两国之间应适用保留修改后的原公约

D. 尽管丙国反对甲国在原公约中的保留，甲丙两国之间并不因此而不发生条约关系

三、条约对第三国的效力

根据《维也纳条约法公约》的规定，条约未经第三国同意对第三国既不创设义务，亦不创设权利。

1. 如果一个条约有意为第三国创设一项义务，必须经第三国书面、明示接受，才能对第三国产生义务。

2. 如果一个条约有意为第三国创设权利，不必须书面明示，可推断同意。

---

〔1〕 BCD【解析】缔约方就同一事项缔结了两个或数个内容不同的条约，造成不同的条约之间产生矛盾，这种情形称为条约的冲突。依据有关的条约冲突规则，签订新条约并不导致签订在先的条约失效。A错误。

对于反对保留国，如果反对保留国的国家未反对条约在本国与保留国之间生效，此项保留所涉及的规定在保留的范围内，对于该两国间不适用，但不反对条约本身生效。故乙丙两国之间就保留事项不适用，适用新公约。B正确。

根据《维也纳条约法公约》的规定，条约的保留一经成立，在保留国与接受保留国之间，修改保留所涉及的有关条款。对接受保留国而言，其与保留国的关系依据同一范围修改有关规定。故甲乙两国之间应适用保留修改后的原公约。C正确。

尽管丙反对甲国在原公约的保留，但甲丙两国并不因此不发生条约关系。D正确。

3. 条约使第三国担负义务时，义务的取消或变更也需经各当事国与第三国的同意。如权利设置时确定非经该第三国同意不得取消或变更，则当事国不得随意取消或变更。

【经典真题】

（2006/1/33）嘉易河是穿越甲、乙、丙三国的一条跨国河流。1982年甲、乙两国订立条约，对嘉易河的航行事项作出了规定。其中特别规定给予非该河流沿岸国的丁国船舶在嘉易河中航行的权利，且规定该项权利非经丁国同意不得取消。事后，两国向甲、乙、丁三国发出照会，表示接受该条约中给予丁国在嘉易河上航行权的规定。甲、乙、丙、丁四国都是《维也纳条约法公约》的缔约国。对此，下列哪项判断是正确的?[1]

A. 甲、乙两国可以随时通过修改条约的方式取消给予丁国的上述权利

B. 丙国可以随时以照会的方式，取消其承担的上述义务

C. 丁国不得拒绝接受上述权利

D. 丁国如果没有相反的表示，可以被推定为接受了上述权利

四、条约的解释

条约的解释是指对条约条文和规定的真实含义予以说明和澄清。根据《维也纳条约法公约》的规定，条约解释的主要方法和规则简表如下：

项目	内容
1. 条约解释的一般规则	上下文和通常含义、目的和宗旨、善意解释。
2. 两种以上文字的条约的解释	（1）除条约中规定外，每种文字的约文应同样作准。
	（2）作准文本以外的译本，仅可在解释条约时参考。
	（3）各种文字的作准约文中，条约的用语应被推定为有相同的意义。
	（4）适用以上解释规则不能消除分歧时，应采用顾及条约目的及宗旨的最能调和各约文的意义。

五、条约的修订

多边条约的修订可分为两种：修正和修改。前者是指在多边条约的全体当事国之间修订条约；后者是指在多边条约的部分当事国之间修订条约。实践中两者并无严格区别。

1. 条约修正后，凡有权成为条约当事国的国家，也应有权成为修正后该条约的当事国。修正条约的协定对于是条约当事国而非该协定当事国的国家无拘束力。

2. 对于修订条约的协定生效后成为条约当事国的国家，如果该国没有相反表示，应视为修订后条约的当事国；在该条约与不受修订协定拘束的当事国之间，适用未修订的条约。

六、条约的终止和暂停施行

条约的终止是指一个有效的条约由于条约法规定的原因的出现，不再继续对当事方具有拘束力。条约的暂停实施是指由于法定原因的出现，一个有效条约所规定的权利和义务在一定时

---

[1] D【解析】条约为第三国创设的权利如第三国没有相反表示可以推定接受，但第三国也没有接受的义务，C错误，D正确。如果权利创设时确认非经第三国同意不可取消，则当事国不得单方随意取消。第三国明示接受了义务以后，该义务一般经各当事国和该第三国的同意方得取消和变更，A错误。因此丙国接受了给丁国便利这项义务以后，不得单方以照会方式取消该义务，B错误。本题答案为D。

期内暂时对于当事方不具有拘束力。

（一）条约终止和暂停施行的原因

条约在以下情况下可能被依法终止或暂停施行：（1）根据条约本身规定。（2）条约当事方共同的同意。（3）单方解约和退约（一般不经其他缔约国的同意，不得单方面终止或退出条约）。（4）条约履行完毕。（5）条约因被代替而终止。（6）条约履行不可能。（7）条约当事方丧失国际人格。（8）断绝外交关系或领事关系。（9）战争。（10）一方违约。（11）情势变迁。

"情势变迁"是"条约必守"的一个特殊例外。为了防止滥用情势变迁原则，保持较稳定的条约关系，《维也纳条约法公约》对情势变迁原则的适用规定了严格的条件限制：（1）缔约时的情势必须发生了不可预见的根本性变化。（2）缔约时的情势构成当事国同意受条约拘束的必要根据。（3）情势变迁的效果将根本改变依条约尚待履行的义务范围。（4）确定边界的条约不适用情势变迁原则。（5）如果情势的改变是由于一个缔约国违反条约义务或其他国际义务造成的，这个国家就不能援引情势变迁终止或废除有关条约。

（二）条约终止和暂停施行的后果

条约当事方之一在终止、退出或暂停施行条约时，必须将其主张书面通知该条约的其他当事方，并应说明拟对条约采取的措施及其理由。如果其他当事方在接到通知满3个月后未提出反对，则作出通知的当事国可以实行其所拟采取的措施。如果其他当事国提出反对，则该条约各当事国应通过和平方法解决争端。

1. 一方违约。

缔约他方有权终止或暂停施行该条约，这是对不法行为的对抗，但必须满足必要和成比例原则。但条约当事国一方的违约必须是重大的违约。一方并不严重的违约不能导致另一方的废约。

2. 双边条约当事方之一有重大违约时，他方有权终止该约，或全部或部分停止其施行。

3. 多边条约当事国一方有重大违约时，其他当事方有权以一致同意的方式，在这些当事方与违约方的关系上，或在全体条约当事方之间，全部或部分停止施行或终止该条约。

【经典真题】

（2008/1/98）菲德罗河是一条依次流经甲乙丙丁四国的多国河流。1966年，甲乙丙丁四国就该河流的航行事项缔结条约，规定缔约国船舶可以在四国境内的该河流中通航。2005年底，甲国新当选的政府宣布：因乙国政府未能按照条约的规定按时维修其境内航道标志，所以甲国不再受上述条约的拘束，任何外国船舶进入甲国境内的菲德罗河段，均须得到甲国政府的专门批准。自2006年起，甲国开始拦截和驱逐未经其批准而驶入甲国河段的乙丙丁国船舶，并发生多起扣船事件。对此，根据国际法的有关规则，下列表述正确的是？[1]

A. 由于乙国未能履行条约义务，因此，甲国有权终止该条约

B. 若乙丙丁三国一致同意，可以终止该三国与甲国间的该条约关系

C. 若乙丙丁三国一致同意，可以终止该条约

D. 甲乙两国应分别就其上述未履行义务的行为，承担同等的国家责任

---

[1] BC【解析】条约是经全体缔约国一致同意才缔结的，一般不经其他缔约国的同意，不得单方面终止或退出条约。而多边条约当事国一方有重大违约时，其他当事方可以以一致同意的方式在这些当事方与违约方之间终止条约关系；也可以以一致同意的方式在全体当事方之间终止该条约。最后，当条约当事国一方违约时，他方可以终止该条约或暂停条约的施行。这是作为对对方不法行为的一种对抗，其行为不法性被排除，但是要注意必要性和比例性原则。本题AD错误，BC正确。

第七章 国际争端的和平解决

【复习提要】

　　需特别关注的是国际法院的相关制度，包括性质、组成、管辖权、程序和执行规则。需要了解的是和平解决国际争端的各种政治方法。

【知识框架】

$$
\left\{
\begin{array}{l}
解决国际争端的传统方式
\left\{
\begin{array}{l}
强制 \\
非强制—政治解决方法（方法和区别）
\end{array}
\right. \\
国际争端的法律解决方法（国际法院相关制度）
\end{array}
\right.
$$

第一节　解决国际争端的传统方式

　　国际争端可以分为三种类型，政治性争端；法律性争端，也称"可法律裁判"的争端；以及只需澄清事实，无需判定的事实争端。

　　传统国际法认为解决争端的方法包括强制性方法和非强制性方法两大类。

一、强制方法

　　1. 武力：只有在符合《联合国宪章》的条件下运用。

　　2. 平时封锁：指一国在和平时期用海军力量封锁他国的港口和海岸，迫使他国就范的一种强制方法。只能由安理会决定采取，否则不合法。

　　3. 干涉：干涉指第三国对于某两国之间争端所作的强制性干预，使争端当事国按照干涉国要求的方式解决它们之间的争端。不合法。

　　4. 反报：指一国对于他国的不礼貌、不友好但不违法的行为，采取相同或相似的不礼貌、不友好但不违法的行为予以回报。虽然不是违反国际法的行为，但也不是现代国际法所主张的行为。

　　5. 报复：是一国对于他国的国际不法行为，采取与之相应的措施作为回应。在符合必要性和比例原则以及其他国际法则的前提下仍然可以使用。

二、非强制方法之政治解决方法

　　1. 谈判与协商

　　谈判是争端当事国就其争端直接进行交涉交换意见以求解决的方式。协商以前被作为谈判的一个部分和步骤，而在当代也常常被作为一个独立的方法使用。谈判一般仅限于当事国之间，协商有时也可以邀请中立国参加。谈判和协商可能达成协议，也可能破裂或无限期进行或延期。除非特别约定，一般地，谈判或协商的当事国没有达成有拘束力协议的义务。

　　2. 斡旋与调停

　　斡旋是争端以外的第三方为促成当事国进行谈判或争端解决，采取和提供某些协助活动。

第三国本身不参与谈判，也不提出任何方案。

调停是指第三方以调停人的身份，就争端的解决提出方案，并直接参加或主持谈判。调停国提出的方案本身没有法律拘束力，对于调停成败也不承担任何法律责任和后果。

斡旋和调停者可是国家、组织或个人。争端当事方或第三方可对有关的行动加以拒绝，但不应视为不友好。

3. 调查与和解

调查是指在涉及事实性问题争端中，有关当事方同意将有关事实真相的调查交由第三方进行以解决争端。和解又称调解，指争端当事国通过协议或其他商定的方式，将争端提交给一个委员会，该委员会在对争端进行调查和评价，包括与当事国不断讨论后，提出包括事实澄清、解决建议在内的报告，并在此基础上促成争端当事国达成进一步的协议，最后解决其争端。一般提交和解、接受和解报告和在委员会促成下达成最后解决协议，都是当事国自愿的行为，除非有特别规定或约定，对每个过程各国都没有必须履行的义务。

【经典真题】

（2005/1/33）甲、乙两国因历史遗留的宗教和民族问题，积怨甚深。2004年甲国新任领导人试图缓和两国关系，请求丙国予以调停。甲、乙、丙三国之间没有任何关于解决争端方法方面的专门条约。根据国际法的有关规则和实践，下列哪一项判断是正确的？[1]

A. 丙国在这种情况下，有义务充当调停者

B. 如果丙国进行调停，则乙国有义务参与调停活动

C. 如果丙国进行调停，对于调停的结果，一般不负有监督和担保的义务

D. 如果丙国进行调停，则甲国必须接受调停结果

第二节　国际争端解决之法律解决方法

一、联合国国际法院★★

联合国国际法院是根据《联合国宪章》成立的。作为联合国的司法机关，它是当今最普遍最重要的国际司法机构。

项目	基本内容
1. 法官	（1）法官在联合国大会和安理会中分别独立选举，只有在这两个机构同时获得绝对多数票方可。常任理事国没有否决权。 （2）法官对涉及其国籍国的案件，不适用回避制度，除非就任前曾参与该案件。 （3）在法院审理案件中，如一方当事国有本国国籍的法官，他方当事国也有权选派一人作为法官参与该案的审理；如双方当事国都没有本国国籍的法官，双方都可各选派法官一人参与该案的审理。这种临时选派的法官称为"专案法官"，他们和正式法官具有完全平等的地位。

---

〔1〕　C【解析】调停类似于国际道义行为，任何国家没有义务当调停者。调停国对于进行调停或调停成败也不承担任何法律义务或后果。调停国提出的方案本身没有拘束力，争议国家也没有接受调停的法律义务。故ABD错误，C正确。

项目	基本内容		
2. 管辖权	（1）诉讼管辖权	对人管辖	对人管辖——谁可以作为国际法院的诉讼当事方 有三类国家可以作为国际法院的诉讼当事国： A. 联合国会员国； B. 非联合国的会员国但为《国际法院规约》的当事国； C. 非联合国的会员国也非《国际法院规约》的当事国，但预先向国际法院书记处交存一份声明，表示愿意接受国际法院管辖、保证执行法院判决及履行相关其他义务的国家。 注意：国际组织、法人或个人都不能成为国际法院的诉讼当事国。
		对事管辖	对事管辖——什么事项能够成为国际法院的管辖对象 国际法院的对事管辖权可以通过以下三种方式建立： A. 自愿管辖：对于任何争端，当事国可在争端发生后，达成协议，将争端提交国际法院； B. 协定管辖：在现行条约或协定中规定，缔约各方同意将有关争端提交国际法院解决； C. 任择强制管辖：《国际法院规约》当事国，可以通过发表声明，对于接受同样义务的任何其他国家，承认国际法院的强制管辖权，而无须另行订立特别协议。 （"任择"是指当事国自愿选择是否作出声明；"强制"是指，一旦作出声明，在声明接受的范围内，国际法院就具有强制管辖权）
	（2）咨询管辖权		A. 联合国大会、大会临时委员会、安理会、经社理事会、托管理事会等及经大会授权的联合国专门机构或其他机构，对于任何法律问题可以请求国际法院发表咨询意见； B. 国家、团体、个人，包括联合国秘书长，都无权请求法院发表咨询意见； C. 国际法院发表的咨询意见没有法律拘束力，但对有关问题的解决及国际法的发展具有重要影响。
3. 判决的执行			（1）判决具有终局性，一经作出即对当事国产生拘束力，当事国必须履行； （2）如一方拒不履行判决，他方可向安理会提出申诉；安理会可以作出建议或决定采取措施执行判决； （3）当事国对判决的意义或范围发生争执，可以请求国际法院作出解释； （4）当事国在判决作出后发现能够影响判决的新事实，可以申请法院复核判决。

【经典真题】

1. （2016/1/34）关于国际法院，依《国际法院规约》，下列哪一选项是正确的？[1]

A. 安理会常任理事国对法官选举拥有一票否决权

B. 国际法院是联合国的司法机关，有诉讼管辖和咨询管辖两项职权

C. 联合国秘书长可就执行其职务中的任何法律问题请求国际法院发表咨询意见

D. 国际法院做出判决后，如当事国不服，可向联合国大会上诉

2. （2022 回忆题）甲国国际法学者约翰拟参选联合国国际法院法官，安理会常任理事国乙国表示反对。关于相关的国际法规则，下列哪一说法是正确的？[2]

A. 约翰若当选国际法官，对涉及甲国的案件不需要申请回避

B. 国际法官只要在大会投票表决超过 2/3 即可当选

C. 若乙国投出否决票，则约翰不能当选国际法官

D. 甲国驻联合国代表团可提名约翰为国际法院法官

二、《联合国海洋法公约》的争端解决机制和国际海洋法法庭

（一）《联合国海洋法公约》的争端解决机制

在和平解决争端的原则上，两个层次的机制：

1. 争端方可以采取自行选择的任何和平方式，首先寻求通过达成一般性、区域性或双边协定解决其争端。

2. 强制程序。

如自行选择的和平解决争端方法失败，经任何一方请求，应提交以下导致有拘束力的裁判的强制程序解决。有四个处于平等并列地位的机构可供选择：海洋法法庭、国际法院、仲裁法庭、特别仲裁法庭。

> **【特别提示】**不适用强制程序的例外有两项：（1）沿海国在专属经济区或大陆架上行使主权权利的一些争端可以不适用强制程序。（2）对于像海洋划界、领土争端、军事活动、涉及历史性海湾所有权的争端，缔约国可以通过书面声明来排除强制程序的适用。对此中国发表了声明，涉及上述事项的争端排除适用仲裁等强制争端解决程序。

---

[1] B【解析】根据《联合国宪章》和《国际法院规约》的规定，联合国秘书长就法官候选人名单，交联合国大会和安理会分别选举。候选人同时在大会和安理会中获得绝对多数票时当选，安理会投票时，常任理事国不得行使一票否决权。

国际法院作为联合国的司法机关，享有诉讼管辖权与咨询管辖权两项职权。咨询管辖权指联合国大会及大会临时委员会、安理会、经社理事会、托管理事会、要求复核行政法庭所做判决的申请委员会，以及经大会授权的联合国专门机构或其他机构，对于任何法律问题得请求国际法院发表咨询意见。其他任何国家、团体、个人，包括联合国秘书长都无权请求法院提供咨询意见。B 正确，C 错误。

国际法院的判决是终局性的。判决一经作出，即对本案及本案当事国产生拘束力，当事国必须履行。如有一方拒不履行，他方得向安理会提出申诉，安理会可以作出有关建议或决定采取措施执行判决。D 错误。

[2] A【解析】国际法院的法官对本国籍案件不适用回避制度，除非其就任前曾参与该案件，A 正确。

国际法院的法官在联合国大会和安全理事会中分别进行独立选举，只有在这两个机关同时获得绝对多数票方可当选，B 错误。

安理会常任理事国对于国际法院法官的产生没有一票否决权，C 错误。

国际法院法官的提名，由各国根据常设仲裁法院的"各国团体"名单提出候选人，在常设仲裁法院没有本国代表的国家可由本国的法学家专门团体提名，而并非由政府提名，D 错误。

（二）国际海洋法法庭

国际海洋法法庭是《联合国海洋法公约》为解决有关海洋方面的争端而创设的一个常设性国际司法机构，1996 年在德国汉堡成立，同年取得联合国大会观察员地位。法庭由独立法官 21 人组成，在全体缔约国会议上，用无记名投票方式选举产生，获得最多票者依次当选。

法庭管辖的诉讼当事方：（1）公约所有缔约国。（2）国际海底管理局和平行开发合同的自然人、法人。（3）规定将管辖权授予海洋法法庭的其他任何当事者。

根据《联合国海洋法公约》的规定，一国在签署、批准或加入本公约时，或在其后任何时间，可以自由用书面声明方式选择海洋法法庭的管辖。只有争端各方都选择了法庭程序，法庭才有管辖权。这与国际法院的任择强制管辖权是相似的。

【经典真题】

（2017/1/34）甲、乙、丙三国对某海域的划界存在争端，三国均为《联合国海洋法公约》缔约国。甲国在批准公约时书面声明海洋划界的争端不接受公约的强制争端解决程序，乙国在签署公约时口头声明选择国际海洋法法庭的管辖，丙国在加入公约时书面声明选择国际海洋法法庭的管辖。依相关国际法规则，下列哪一选项是正确的？[1]

A. 甲国无权通过书面声明排除公约强制程序的适用

B. 国际海洋法法庭对该争端没有管辖权

C. 无论三国选择与否，国际法院均对该争端有管辖权

D. 国际海洋法法庭的设立排除了国际法院对海洋争端的管辖权

---

[1] B【解析】对于像海洋划界、领土争端、军事活动、涉及历史性海湾所有权的争端，缔约国可以通过书面声明来排除强制程序的适用。国际法院对国家的管辖权来自于自愿、协定和任择强制，国际法院不必然有管辖权。国际海洋法法庭不排除国际法院的管辖。所以，本题选 B。

第八章　战争与武装冲突法

> 【复习提要】

本章主要是对作战手段的限制和对战时平民及战争受难者的保护的规则，战争罪犯的概念，规则适用与相关实践。注意对于"区分对象"原则的细节掌握。

> 【知识框架】

战争状态与战时中立
对作战手段和方法的限制
对战时平民和战争受难者的保护

第一节　国际法上的战争

国际法上的战争，不仅是这种敌对行为的后果，更主要的是一种法律状态，依一定的程序开始，并产生相应的法律后果。确定国际法上的战争状态的存在，交战双方是否存在"交战意思"是决定性因素。作为一种法律状态的战争，可能并没有实际武装争斗的发生。

一、战争的开始

战争的开始意味着交战国之间的关系从和平状态进入敌对的战争状态。可以交战双方或一方宣战为标志，也可在一方使用武力的行为被另一方、第三方或国际社会认为已构成战争行为时开始。

战争开始的法律后果：

1. 外交和领事关系一般自动断绝。关闭其在敌国的使、领馆。接受国有义务尊重馆舍财产和档案安全。交战国的外交代表和领事官员有返回其派遣国的权利。这些人员在离境前的合理期限内，一般仍享有外交特权和豁免。

2. 条约关系发生变化。共同政治、友好条约立即废止，引渡、商务条约是否废止依缔约方条约约定；政治性条约立即废除；经济性条约停止实施；领土和边界条约一般应继续维持；双方共同参加的多边条约在双方之间停止实施；关于战争和中立的条约自动发生作用。

3. 经贸往来禁止。

4. 对敌产和敌国公民的影响。境内可没收敌国财产，使馆财产除外；私产可限制不可没收；占领区可征用敌国动产，破坏军事性不动产，私产不得干涉，军需可征用。

对敌产的影响：交战国对于其境内的敌国国家财产，除属于使馆的财产档案等外，可予没收；对占领区内属军事性的敌国动产可以征用；对不动产可以使用；具有军事性的不动产，可于必要时予以破坏；对于其境内的敌国人民的私产可予以限制，但不得没收。

对敌国公民的影响：交战国对其境内的敌国公民可实行各种限制，如进行敌侨登记，强制集中居住等。但应尊重其人身和财产。

二、战争的结束

从实践看，战争的结束一般分两步，停止敌对行动和结束战争状态。

战争状态的结束是交战各方停止战争行动，并全面解决了相关的政治、经济、领土和其他问题，从法律上结束战争状态，恢复彼此间的和平关系。

1. 敌对行动的停止：包括停战、无条件投降及停火与休战。

2. 战争状态的结束：缔结和平条约、联合声明及单方面宣布结束战争（指由战胜国宣布）。

缔结和平条约是结束战争状态的最通常的方式。和平条约一般都规定了与交战国相关的全部未决事项。和平条约的缔结和生效，意味着战争状态的结束，从而一切基于战争状态而采取的作战行为不再被允许，双方不得再为攻击、征用或没收等行为。

三、战时中立

战时中立，是指在战争期间，非交战国选择不参与战争、保持对交战双方不偏不倚的法律地位。中立的地位是政治抉择，不是法律问题，但一旦选择了中立地位，就会产生法律后果。

1. 中立国权利：领土主权受到尊重；人员权益应得到保护；有权与其中任一方保持正常的外交和商务关系。

2. 中立国义务：不作为的义务；防止的义务；容忍的义务。

（1）不作为义务。中立国不得直接或间接地向任何交战国提供军事支持或帮助，而交战国不得在中立国领土或其管辖区域从事战争行为。

（2）防止义务。中立国有义务防止交战国在其领土或其管辖范围内利用其资源准备从事敌对行动以及战争相关的行动，防止交战国在其领土或其管辖区域内装备船舰或增加船舰武装。而交战国有义务采取措施，防止其境内或其管辖区域内的中立国使节及国民遭受虐待，以及中立国人民的合法权益受到侵犯。

（3）容忍义务。中立国须容忍交战国根据《战争法》对其国家和人民采取的有关措施，包括对其有关船舶的临检，对其从事非中立义务的船舶的拿捕审判、处罚或非常征用。而交战国须容忍中立国与他方交战国保持正常的外交和商务关系。

【经典真题】

（2022 回忆题）甲乙两国发生战争，两国的共同邻国丙国宣布战时中立。根据国际法相关规则，下列哪一说法是正确的？[1]

A. 为缩短后勤补给时间，甲国可借丙国领土运送军用物资

B. 甲国没收敌国乙国的使馆财产

C. 甲国驻乙国大使馆的外交人员自两国宣战时起不再享有外交特权和豁免

D. 甲国不可没收乙国战俘的金钱与贵重财产

---

[1] D【解析】防止义务指中立国有义务采取一切可能的措施，防止交战国在其领土或其管辖范围内的区域从事战争，或利用其资源准备从事战争敌对行动以及战争相关的行动，包括在该区域中征兵、备战、建立军事设施或捕获过境军队及军用装备等。A 错误。

战争开始后，对敌国的财产，在交战国境内的敌国财产如果是公产、不动产（除属于使馆的财产档案外）可以没收和使用，但不能加以变卖。B 错误。

享有外交特权与豁免的人员，其特权与豁免通常是该员离境之时或给予其离境的合理期间结束之时终止。C 错误。

战俘应保有其被俘时所享有的民事权利。战俘的个人财物除武器、马匹、军事装备和军事文件以外的自用物品一律归其个人所有，战俘的金钱和贵重物品可由拘留国保存，但不得没收，D 正确。

第二节　对作战手段的限制和对战时平民及战争受难者的保护

作战的"手段"指所使用的武器，"方法"则包括如何使用武器及其他作战方法。《战争与武装冲突法》从人道主义出发，对作战的手段和方法规定了若干限制，目的在于尽量减轻其残酷性。

限制作战手段和方法的国际法规则，也被称作战争法中的"海牙体系规则"。它主要是以1907年的一系列《海牙公约》为基础，并在以后不断发展而形成的。

1. 对作战手段和方法的限制（海牙体系）
   - 基本原则
     - ① "条约无规定"不解除当事国义务
     - ② "军事必要"不解除当事国义务
     - ③ 区分对象原则
     - ④ 限制作战手段和方法原则
   - 主要内容
     - ① 禁止过分杀伤力的武器（极度残酷；毒化）
     - ② 禁止不分皂白的战争手段和方法
     - ③ 禁止改变环境的战争手段和方法
     - ④ 禁止背信弃义的战争手段和方法

2. 构成背信弃义的行为
   - （1）假装有在休战旗下谈判或投降的意图
   - （2）假装因伤或因病而无能力
   - （3）假装具有平民、非战斗员的身份
   - （4）使用联合国、中立国或其他非冲突方国家的标志而假装享有被保护的地位

3. 对战时平民和战争受难者的保护（日内瓦体系）
   - 特点
     - ① 不仅适用于传统战争，而且包括其他武装冲突
     - ② 交战国中有非缔约国，对缔约国也有拘束力
     - ③ 可对非缔约国适用
   - 保护对象：战时平民、伤病员、战俘

【经典真题】

（2006/1/34）甲国与乙国在一场武装冲突中，各自俘获了数百名对方的战俘。甲、乙两国都是1949年关于对战时平民和战争受难者保护的四个《日内瓦公约》的缔约国。根据《日内瓦公约》中的有关规则，下列哪种行为不违背国际法？[1]

A. 甲国拒绝战俘与其家庭通信或收发信件

B. 甲国把乙国的战俘作为战利品在电视中展示

C. 乙国没收了甲国战俘的所有贵重物品，收缴乙国国库

D. 乙国对被俘的甲国军官和甲国士兵给予不同的生活待遇

---

[1]　D【解析】根据《日内瓦第三公约》的规定，不得将战俘扣为人质，不得侮辱战俘的人格和尊严；战俘应保有其被俘时所享有的民事权利，自有物品归个人所有，贵重物品和金钱可以由拘留国保存但不得没收；准许战俘与其家庭通讯和收寄邮件；不得歧视，战俘除因其军职级别、性别、健康、年龄及职业资格外，一律享有平等待遇。ABC错误，本题答案选D。

国际私法

第一章 国际私法理论部分

>【复习提要】

本章是国际私法的基础理论部分，集合了几乎所有的国际私法特有制度，重点结合《中华人民共和国涉外民事关系法律适用法》及其司法解释中相关规定学习。

本章内容的理解对之后的学习有重要的基础作用。

>【知识框架】

国际私法调整对象

国际私法的主体（自然人的国籍冲突及其解决、法人的国籍冲突及其解决）

冲突规范和准据法

适用冲突规范的制度（定性、反致、外国法的查明和解释、公共秩序保留、法律规避）

第一节 国际私法的基本概念

一、国际私法的调整对象

不同国家和地区的学者对国际私法有不同的称谓，比如法则区别说、私国际法、冲突法等。国际私法的调整对象是具有国际因素的民商事法律关系，或称国际民商事法律关系，或称跨国民商事法律关系，或称国际私法关系。就一国而言，国际民商事法律关系可称为涉外民商事法律关系，也可简称为涉外民事关系，即具有涉外因素或外国因素的民商事法律关系。

2012 年 12 月 10 日，最高人民法院通过《关于适用〈中华人民共和国涉外民事关系法律适用法〉若干问题的解释（一）》（以下简称《涉外解释（一）》）并于 2020 年 12 月 23 日通过了对其的修正。其中第 1 条规定："民事关系具有下列情形之一的，人民法院可以认定为涉外民事关系：（一）当事人一方或双方是外国公民、外国法人或者其他组织、无国籍人；（二）当事人一方或双方的经常居所地在中华人民共和国领域外；（三）标的物在中华人民共和国领域外；（四）产生、变更或者消灭民事关系的法律事实发生在中华人民共和国领域外；（五）可以认定为涉外民事关系的其他情形。"

二、国际私法的调整方法和法律冲突

国际私法的调整方法有两种：间接调整方法和直接调整方法。间接调整方法即冲突法调整的方法，即不直接对国际民商事法律关系当事人之间的实体权利与义务进行规定，而是在国内

立法或国际条约中规定某类国际民商事法律关系受何种法律调整的方法。间接调整方法是重点要掌握的方法。直接调整方法指用直接规定当事人权利与义务的"实体规范"来调整国际民商事法律关系当事人之间权利义务关系的一种方法。国内法、国际条约和国际惯例中均存在这种直接调整国际民商事法律关系的规范。两种调整方法相辅相成互为补充。

从公法冲突和私法冲突的角度，国际民商事法律冲突是私法冲突。

法律冲突还可以分为空间法律冲突（国际、区际）、时际法律冲突、人际法律冲突。

三、国际私法的渊源

（一）国内法渊源

国内渊源主要包括国内立法、国内判例和司法解释。国内立法在成文法国家中是国际私法主要的渊源，如《民法典》《中华人民共和国涉外民事关系法律适用法》（以下简称《法律适用法》）。国内判例主要在普通法国家作为国际私法的渊源，在中国，判例不是法律的渊源。司法解释指国家最高司法机关依法律的授权对司法实践中具体应用法律的问题进行的解释。此类解释由于对其他法院的审判活动具有约束力，因此，在我国实际上已成为了一种国际私法的渊源。在《法律适用法》颁布实施后，最高人民法院又出台了《涉外解释（一）》。

根据《涉外解释（一）》的规定，《法律适用法》实施以前发生的涉外民事关系，人民法院应依该涉外民事关系发生时的有关法律规定确定应当适用的法律；当时法律没有规定的，可以参照《法律适用法》的规定确定。根据《涉外解释（一）》第3条的规定，《法律适用法》与其他法律对同一涉外民事关系法律适用规定不一致的，适用《法律适用法》的规定，但《票据法》《海商法》《民用航空法》等商事领域法律的特别规定以及知识产权领域法律的特别规定除外，即特别法优先适用。根据第4条的规定，中华人民共和国法律没有明确规定当事人可以选择涉外民事关系适用的法律，当事人选择适用法律的，人民法院应认定该选择无效。

（二）国际法渊源

国际法渊源主要包括国际条约和国际惯例。

四、国际私法的主体

是指国际民商事法律关系中享有权利和承担义务的法律人格者，包括自然人、法人、国家和国际组织。主要为自然人和法人，国家和国际组织只是特殊主体。

（一）自然人国籍和住所冲突及其解决

根据《法律适用法》第19条的规定，依照本法适用国籍国法律，自然人具有两个以上国籍的，适用有经常居所的国籍国法律；在所有国籍国均无经常居所的，适用与其有最密切联系的国籍国法律。这条规定解决的是自然人的国籍出现积极冲突和消极冲突时的法律适用问题。

何为经常居所呢？根据《涉外解释（一）》第13条的规定，自然人在涉外民事关系产生或者变更、终止时已经连续居住一年以上且作为其生活中心的地方，人民法院可以认定为涉外民事关系法律适用法规定的自然人的经常居所地，但就医、劳务派遣、公务等情形除外。

（二）法人

1. 法人的国籍

对于如何确定一个法人的国籍，国际上并无一致的做法。各国及其学者主要有如下几种不同的主张：（1）成员国籍主义，或称资本控制主义。这种主张认为，法人国籍的确定，要看法人的资本控制在哪一国公民手中，然后根据资本控制者的国籍来确定法人的国籍。（2）设立地主义，或称成立地主义或登记地主义。这种主张认为，法人的国籍应依其设立地而定，凡在内国设立的法人即为内国法人，凡在外国设立的法人即为外国法人。（3）住所地主义。这种主张认为，法人的住所是法人的经营管理和经济活动中心，因而法人的国籍应依其住所所在地而定。

【案例分析】

解放初期，主要采法人资本实际控制说，以法人资本实际控制于何国人手中来确定法人的国籍。如上海永安公司的性质确定。

我国主张依法人的登记地来确定法人的国籍。外国法人以其注册登记地国家的法律为其本国法，法人的民事行为能力依其本国法确定。根据我国《公司法》第191条的规定，外国公司指依外国法律在中国境外设立的公司。

2. 法人的住所

关于法人住所的确定，国际上也有不同的主张：（1）主事务所所在地说，即以法人的主事务所所在地或法人的管理中心所在地为法人的住所。（2）营业中心所在地说，即以法人实际从事营业活动的所在地为法人的住所。（3）章程指定住所说，即以法人章程指定的住所为法人的住所。（4）主要办事机构所在地说，即以法人的主要办事机构所在地为法人的住所。我国立法采用以主要办事机构所在地为法人住所的主张，根据《民法典》第63条的规定，法人以其主要办事机构所在地为住所，《公司法》第10条也有同样的规定。

3. 法人的营业所

法人从事经营活动的场所是法人的营业所。当事人有两个以上营业所的，应以与产生纠纷的民事关系有最密切联系的营业所为准；当事人没有营业所的，以其住所或者经常居住地为准。

《法律适用法》避开使用法人国籍和法人住所概念，采用"登记地""主营业地""经常居所地"等连结点取而代之。根据《法律适用法》第14条的规定，法人及其分支机构的民事权利能力、民事行为能力、组织机构、股东权利义务等事项，适用登记地法律。法人的主营业地与登记地不一致的，可以适用主营业地法律。法人的经常居所地，为其主营业地。根据《涉外解释（一）》第14条的规定，人民法院应当将法人的设立登记地认定为涉外民事关系法律适用法规定的法人的登记地。

第二节　冲突规范和准据法

一、冲突规范

冲突规范是由国内法或国际条约规定的，指明某种民商事法律关系应适用何种法律的规范。又称法律适用规范或法律选择规范，属于"国际私法规范"。冲突规范的特点在于，冲突规范是法律适用规范，是间接规范，是结构独特的法律规范。

二、冲突规范的结构

（一）冲突规范的构成

冲突规范由三部分构成：一部分是"范围"，是指冲突规范所要调整的民商事法律关系或所要解决的法律问题，通过"范围"可以判断该规范适用于调整哪一类民商事法律关系。另一部分称为"系属"或"冲突原则"，它规定冲突规范中"范围"所适用的法律。还有一部分是关联词。图示如下：

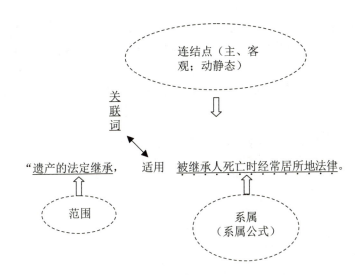

连结点：又叫连结因素，指冲突规范借以确定某一法律关系应适用什么法律的根据。确定了连结点也就确定了应适用的法律。

（二）系属公式

冲突规范的一些系属在长期的实践过程中逐渐固定化，形成系属公式。熟练运用系属公式对考生记忆法律适用规范非常有帮助，以下就各个系属公式进行举例分析。

1. 属人法。即以当事人的国籍、住所或惯常居所作为连结点的系属。属人法一般用来解决人的身份、能力、亲属、继承关系等方面的法律冲突。为了调和两大法系在属人法上的矛盾，出现了惯常居所地法。

【注意】

《法律适用法》中，属人法连结点主要采用的惯常居所地最相近的含义，我国称之为"经常居所地法律"。

如人的身份能力领域"自然人的民事权利能力""自然人的民事行为能力""宣告失踪或者宣告死亡""人格权的内容"均适用自然人的经常居所地法律解决。亲属继承领域也是如此，因为婚姻关系涉及双方，常用共同经常居所地。

【经典真题】

（2014/1/36）经常居住于中国的英国公民迈克，乘坐甲国某航空公司航班从甲国出发，前往中国，途经乙国领空时，飞机失去联系。若干年后，迈克的亲属向中国法院申请宣告其死亡。关于该案件应适用的法律，下列哪一选项是正确的？[1]

A. 中国法　　　　　B. 英国法　　　　　C. 甲国法　　　　　D. 乙国法

2. 物之所在地法。即作为法律关系的客体物或标的物所在地的法律。它通常用来解决有关物权，特别是不动产物权的法律冲突问题。如《法律适用法》规定的"不动产物权"，当事人没有选择时的"动产物权"均适用物之所在地法律。继承中涉及物权的处理比如"不动产法定继承""遗产管理""无人继承遗产的归属"均适用物之所在地法律。

3. 行为地法。即以当事人的行为地为连结点的系属。这一系属公式来源于"场所支配行为"这一原则。如合同缔结地法、合同履行地法、婚姻举行地法、侵权行为地法。侵权行为地包括加害行为地和损害发生地法。

---

〔1〕 A【解析】遇到这种考查，考生如熟练掌握系属公式，可以大大提高记忆准确率和做题速度。直接在题中寻找经常居所地即可。迈克经常居住地在中国，故本题选 A。

4. 当事人合意选择的法律。即民商事法律关系的当事人按其意愿自主协议选择的法律。又称"当事人意思自治"。它主要用来解决合同领域的法律适用问题，但现在扩展至侵权、婚姻家庭和继承领域。

我国《法律适用法》中继承领域并未采纳意思自治。涉外合同的法律适用当事人可以协议选择合同适用的法律。

【特别提示】 合同中有两类特殊合同不适用意思自治，即消费者合同和劳动合同的法律适用。侵权领域的系属公式主要用行为地法，侵权行为发生后当事人协议选择适用法律的，按照其协议。

【经典真题】

（2011/1/77）根据我国有关法律规定，关于涉外民事关系的法律适用，下列哪些领域采用当事人意思自治原则?[1]

A. 合同　　　　　B. 侵权　　　　　C. 不动产物权　　　　D. 诉讼离婚

5. 法院地法。即审理案件的法院所在地的法律。这一系属公式一般用于解决有关程序问题的法律冲突。有时也用来解决实体问题。如《法律适用法》第 27 条："诉讼离婚，适用法院地法律"。

6. 最密切联系地法律。即与法律关系有最密切联系的地方的法律，既是法律选择的指导原则又是系属公式。在合同中适用最多。

7. 旗国法。即运输工具所使用的旗帜或旗帜标识所属国的法律，常用来解决船舶、航空器在运输中所产生的法律冲突问题，在海事领域中，船旗国法是最重要的系属公式之一。

（三）冲突规范的类型

类　型		定　义	举　例
单边冲突规范		是指直接规定适用某国法律的冲突规范。既可以适用内国法，也可以适用外国法。	合营企业合同的订立、效力、解释、执行及其争议的解决，均应当适用中国的法律。
双边冲突规范		不直接指定适用何国法律，而是只规定一个系属。	人格权的内容，适用权利人经常居所地法律。（《法律适用法》第 15 条）
重叠适用的冲突规范		系属有两个或两个以上，并且同时适用于某种民商事法律关系。	收养的条件和手续，适用收养人和被收养人经常居所地法律。（《法律适用法》第 28 条）
选择适用的冲突规范	无条件	选择型，系属有两个或两个以上，但只能选择其中之一来调整。无条件的指各系属提供的可供选择的法律具有同等价值，并无主次轻重之分。	结婚手续，符合婚姻缔结地法律、一方当事人经常居所地法律或者国籍国法律的，均为有效。（《法律适用法》第 22 条）
	有条件	有条件的只允许依次或有条件地选择其一作准据法。	结婚条件，适用当事人共同经常居所地法律；没有共同经常居所地的，适用共同国籍国法律；没有共同国籍，在一方当事人经常居所地或者国籍国缔结婚姻的，适用婚姻缔结地法律。（《法律适用法》第 21 条）

---

[1] AB【解析】当事人合意选择的法律主要用来解决合同领域的法律适用问题。《法律适用法》扩展至侵权、婚姻家庭、动产物权和运输中的动产物权等领域。不动产物权适用物之所在地法系属公式。诉讼离婚适用法院地法。因此 CD 错误。根据《法律适用法》第 41 条的规定，当事人可以协议选择合同适用的法律，A 正确。根据《法律适用法》第 44 条的规定，侵权行为发生后，当事人协议选择适用法律的，按照其协议。B 正确。

（2011/1/38）《涉外民事关系法律适用法》规定：结婚条件，适用当事人共同经常居所地法律；没有共同经常居所地的，适用共同国籍国法律；没有共同国籍，在一方当事人经常居所地或者国籍国缔结婚姻的，适用婚姻缔结地法律。该规定属于下列哪一种冲突规范？[1]

A. 单边冲突规范
B. 重叠适用的冲突规范
C. 无条件选择适用的冲突规范
D. 有条件选择适用的冲突规范

三、准据法

准据法，是指经冲突规范指定援用来具体确定民商事法律关系当事人的权利与义务的特定的实体法。准据法的特点主要有：

1. 准据法必须是通过冲突规范所指定的法律。

2. 准据法是能够具体确定国际民商事法律关系的当事人的权利与义务的实体法。

3. 准据法是依冲突规范中的系属，并结合有关国际民商事案件的具体情况而确定的法律。

四、准据法的确定

准据法的确定涉及区际法律冲突、人际法律冲突和时际法律冲突问题。

1. 区际法律冲突：就是在一个国家内部不同地区的法律制度之间的冲突，或者说是一个国家内部不同法域之间的法律冲突。

【法条链接】

《法律适用法》第6条　涉外民事关系适用外国法律，该国不同区域实施不同法律的，适用与该涉外民事关系有最密切联系区域的法律。

2. 人际法律冲突：同一国家中适用于不同民族、种族、宗教、部落或阶级成员的民商事法律之间在效力上的冲突。对于出现人际法律冲突时的准据法确定问题我国没有明确的法律规定。《法律适用法》第2条第2款："本法和其他法律对涉外民事关系法律适用没有规定的，适用与该涉外民事关系有最密切联系的法律。"因此，应适用与当事人有最密切联系的法律来确定准据法。

3. 时际法律冲突：是指先后于同一地区施行并涉及相同问题的新旧法律或前后法律规定之间在时间效力上的冲突。

【法条链接】

《涉外解释（一）》第2条　涉外民事关系法律适用法实施以前发生的涉外民事关系，人民法院应当根据该涉外民事关系发生时的有关法律规定确定应当适用的法律；当时法律没有规定的，可以参照涉外民事关系法律适用法的规定确定。

4. 先决问题：亦称附带问题，先决问题与主要问题相对应，是指处理涉外民商事案件（即主要问题）所必须首先要加以解决的其他问题。

【法条链接】

《涉外解释（一）》第10条　涉外民事争议的解决须以另一涉外民事关系的确认为前提时，人民法院应当根据该先决问题自身的性质确定其应当适用的法律。

---

〔1〕　D【解析】冲突规范的类型辨别关键在于明确系属。单边冲突规范和双边冲突规范都只有一个系属。选择型冲突规范和重叠型冲突规范都有两个或两个以上系属，只是系属之间逻辑关系不同。两个或两个以上系属并列关系的是选择型冲突规范，无主次任选是无条件选择型，有主次有顺序的选择适用的是有条件选择型。系属需要叠加适用的是重叠型冲突规范。

【经典真题】

（2011/1/39）中国某法院受理一涉外民事案件后，依案情确定应当适用甲国法。但在查找甲国法时发现甲国不同州实施不同的法律。关于本案，法院应当采取下列哪一做法？[1]

A. 根据意思自治原则，由当事人协议决定适用甲国哪个州的法律

B. 直接适用甲国与该涉外民事关系有最密切联系的州法律

C. 首先适用甲国区际冲突法确定准据法，如甲国没有区际冲突法，适用中国法律

D. 首先适用甲国区际冲突法确定准据法，如甲国没有区际冲突法，适用与案件有最密切联系的州法律

第三节　适用冲突规范的制度

一、定性

定性，又称识别，指在适用冲突规范时，依据某一法律观念，对有关的事实或问题进行分析，将其归入一定的法律范畴，并对有关冲突规范的范围或对象进行解释，从而确定应当适用的冲突规范。

【法条链接】

《法律适用法》第8条　涉外民事关系的定性，适用法院地法律。

二、反致

反致有广义和狭义之分。一般讲的反致是广义的反致，是一个总括性概念，包括直接反致、转致和间接反致等。

【法条链接】

《法律适用法》第9条　涉外民事关系适用的外国法律，不包括该国的法律适用法。

【特别提示】在真题考查中，往往将"法律适用法"表述为"冲突法""冲突规范"或者"国际私法规则"，考生须加以注意。

1. 直接反致：甲国⟷乙国。

例：一位住所在葡萄牙的巴西人，死于葡萄牙，在葡萄牙留有遗产，葡萄牙法院对于其遗产的继承问题进行处理。按葡萄牙国际私法的规定，继承应适用其死亡时的属人法（国籍国法），即巴西法，而按巴西国际私法的规定，继承应适用其死亡时的住所地法，即葡萄牙法。结果葡萄牙法院适用了葡萄牙法即发生了直接反致。

2. 转致：甲国⟶乙国⟶丙国。

例：一位住所设在意大利的丹麦公民，在葡萄牙去世并在葡萄牙留有遗产。根据法院地葡萄牙的国际私法的规定，继承适用被继承人死亡时的属人法，在这个案件中即丹麦法；而丹麦国际私法规定，继承应由被继承人死亡时的住所地法支配，在这个案件中即意大利法。结果，葡萄牙法院在处理这个案件时适用了意大利法即发生了转致。

3. 间接反致：甲国⟶乙国⟶丙国⟶甲国。

---

[1]　B【解析】本题是对司法解释相关规定的直接考查，结合《法律适用法》第6条的规定，B正确。

例：一位阿根廷公民在英国设有住所，死于英国，在日本遗留有不动产，后因该项不动产继承问题在日本法院涉诉。根据日本国际私法关于继承适用被继承人死亡时的属人法的规定，本应适用阿根廷法，但阿根廷国际私法规定，不论遗产的种类和场所，继承适用死者最后住所地法，又指向英国法，而依英国的冲突规范却规定不动产继承应适用不动产所在地法即日本法。于是，日本法院接受这种间接反致，在处理该案时适用了自己的实体法。间接反致同直接反致一样，最后导致法院地实体法的适用。

4. 完全反致：又叫作双重反致，英国反致学说，外国法院理论。

【经典真题】

1.（2019 回忆题）墨西哥公民甲在中国某法院涉诉，其纠纷依中国冲突规范指引应适用墨西哥法，依墨西哥冲突规范指引应适用中国法，根据我国《法律适用法》，下列哪项判断是正确的？（单选）[1]

　　A. 该纠纷应适用墨西哥实体法

　　B. 依最密切联系原则选择实体法

　　C. 该纠纷应适用中国实体法

　　D. 因中国法和墨西哥法冲突，所以法院应驳回起诉

2.（2020 回忆题）中国甲公司与英国乙公司因合同纠纷诉至中国某人民法院，根据我国涉外民事诉讼相关规则和实践，下列哪一说法是正确的？[2]

　　A. 如合同约定适用欧盟商事条款，该法律选择条款无效

　　B. 如合同约定适用英国法，人民法院应依英国对反致的态度，决定是否适用英国的国际私法规则

　　C. 人民法院审理本案，不受民事诉讼法关于审理时限的限制

　　D. 如合同规定适用英国法，人民法院应依英国国际私法规则，确定合同应适用哪一国实体法

三、外国法的查明和解释

	基本内容
概念	又称为外国法的确定，指一国法院根据本国冲突规范指定应适用外国法时，如何查明该外国法的存在和内容。
查明主体	《法律适用法》第 10 条第 1 款　涉外民事关系适用的外国法律，由人民法院、仲裁机构或者行政机关查明。当事人选择适用外国法律的，应当提供该国法律。
不能查明的认定	不能查明外国法律或者该国法律没有规定的，适用中华人民共和国法律。 《涉外解释（一）》第 15 条　人民法院通过由当事人提供、已对中华人民共和国生效的国际条约规定的途径、中外法律专家提供等合理途径仍不能获得外国法律的，可以认定为不能查明外国法律。 根据涉外民事关系法律适用法第十条第一款的规定，当事人应当提供外国法律，其在人民法院指定的合理期限内无正当理由未提供该外国法律的，可以认定为不能查明外国法律。

----

〔1〕　A【解析】根据法律适用法的规定，涉外民事关系适用的外国法律，不包括该国的法律适用法。因而适用墨西哥实体法。

〔2〕　C【解析】根据《法律适用法》第 9 条的规定，涉外民事关系适用的外国法律，不包括该国的法律适用法。可见，我国司法实践中不接受反致。当我国法院受理涉外民商事案件时，根据我国冲突规范应适用某一外国法时，应直接适用该外国的相关实体法。因此，B 错误。D 将反致概念称为国际私法规则，而国际私法规则指的就是法律适用法，D 错误。

基本内容
对外国法内容的确定	《涉外解释（一）》第16条　人民法院应当听取各方当事人对应当适用的外国法律的内容及其理解与适用的意见，当事人对该外国法律的内容及其理解与适用均无异议的，人民法院可以予以确认；当事人有异议的，由人民法院审查认定。

【经典真题】

（2011/1/35）在某涉外合同纠纷案件审判中，中国法院确定应当适用甲国法律。关于甲国法的查明和适用，下列哪一说法是正确的？[1]

A. 当事人选择适用甲国法律的，法院应当协助当事人查明该国法律

B. 该案适用的甲国法包括该国的法律适用法

C. 不能查明甲国法的，适用中华人民共和国法律

D. 不能查明甲国法的，驳回当事人的诉讼请求

【考点归纳】

国际私法的基本制度也可以在其他领域案例考查中综合提问，例：（2015/1/37）在侵权纠纷的法律适用中，如当事人在开庭前协议选择适用乙国法，应予支持，但当事人应向法院提供乙国法的内容（正确）。这个选项就比较综合，首先考查了侵权行为发生后当事人可以选择法律适用这一知识点，其次，当事人意思自治选择法律的，当事人应当提供法律的内容。

四、公共秩序保留

公共秩序，又称公共政策，系指一国国家和社会的重大利益，或法律和道德的基本原则。一国在依内国冲突规范的指定应对某一国际民商事法律关系适用外国法时，如其适用将与自己的公共秩序相抵触，便可排除外国法的适用。

【法条链接】

《法律适用法》第5条　外国法律的适用将损害中华人民共和国社会公共利益的，适用中华人民共和国法律。

《民事诉讼法》第289条　人民法院对申请或者请求承认和执行的外国法院作出的发生法律效力的判决、裁定，依照中华人民共和国缔结或者参加的国际条约，或者按照互惠原则进行审查后，认为不违反中华人民共和国法律的基本原则或者国家主权、安全、社会公共利益的，裁定承认其效力，需要执行的，发出执行令，依照本法的有关规定执行。违反中华人民共和国法律的基本原则或者国家主权、安全、社会公共利益的，不予承认和执行。

五、强制性规定的直接适用

是指那些在国际民商事交往中，为了维护其国家和社会重大利益，无须借助法律选择规范的指引而直接适用于国际民商事法律关系的强制性法律规范。

它与公共秩序保留有联系，但是它们是国际私法上两个不同的问题。在法律适用领域，公共秩序保留发生在外国法的适用将损害法院地公序良俗，从而排除该外国法的适用，转而适用法院地法的情形。而"强制性规定的直接适用"抛开法院地冲突规范的指引，直接将法院地法适用于涉外民事关系。

---

[1]　C【解析】根据《法律适用法》第10条的规定，人民法院、仲裁机构或者行政机关查明应当依职权查明的涉外民事法律关系适用的外国法律；当事人根据意思自治原则选择适用外国法，该外国法应当由当事人提供，人民法院不必依职权查明；不能查明或者外国法律没有规定的，适用中国法律。C正确。

【法条链接】

《法律适用法》第4条　中华人民共和国法律对涉外民事关系有强制性规定的，直接适用该强制性规定。

《涉外解释（一）》第8条　有下列情形之一，涉及中华人民共和国社会公共利益、当事人不能通过约定排除适用、无需通过冲突规范指引而直接适用于涉外民事关系的法律、行政法规的规定，人民法院应当认定为涉外民事关系法律适用法第四条规定的强制性规定：

（一）涉及劳动者权益保护的；

（二）涉及食品或公共卫生安全的；

（三）涉及环境安全的；

（四）涉及外汇管制等金融安全的；

（五）涉及反垄断、反倾销的；

（六）应当认定为强制性规定的其他情形。

【经典真题】

（2013/1/35）中国甲公司与德国乙公司进行一项商事交易，约定适用英国法律。后双方发生争议，甲公司在中国法院提起诉讼。关于该案的法律适用问题，下列哪一选项是错误的？[1]

A. 如案件涉及食品安全问题，该问题应适用中国法

B. 如案件涉及外汇管制问题，该问题应适用中国法

C. 应直接适用的法律限于民事性质的实体法

D. 法院在确定应当直接适用的中国法律时，无需再通过冲突规范的指引

六、法律规避

是指当事人故意制造连结点，以避开本应适用的对其不利的法律，而使对其有利的法律得以适用的行为。构成法律规避行为主要有四个方面的要件，即在主观上要有当事人规避法律的故意；在对象上当事人是规避本应适用的法律；在方式上是人为地制造或改变连结因素；在结果上当事人规避行为已完成。

【法条链接】

《涉外解释（一）》第9条　一方当事人故意制造涉外民事关系的连结点，规避中华人民共和国法律、行政法规的强制性规定的，人民法院应认定为不发生适用外国法律的效力。

【经典真题】

（2010/1/81）根据我国相关法律规定，关于合同法律适用问题上的法律规避，下列哪些选项是正确的？[2]

A. 当事人规避中国法律强制性规定的，应当驳回起诉

B. 当事人规避中国法律强制性规定的，不发生适用外国法律的效力

C. 如果当事人采用明示约定的方式，则其规避中国法律强制性规定的行为将为法院所认可

D. 当事人在合同关系中规避中国法律强制性规定的行为无效，该合同应适用中国法

---

[1] C【解析】《法律适用法》第4条："中华人民共和国法律对涉外民事关系有强制性规定的，直接适用该强制性规定。"

[2] BD【解析】《涉外解释（一）》第9条："一方当事人故意制造涉外民事关系的连结点，规避中华人民共和国法律、行政法规的强制性规定的，人民法院应认定为不发生适用外国法律的效力。"规避中国法律强制性规定的效力：诉讼继续进行，但应适用中国法律，排除当事人选择的法律。AC错误，BD正确。

第二章　国际民商事关系的法律适用

> 【复习提要】
　　本章是国际私法的法律适用部分，是涉外案件法律适用的法律选择规定，相当于国际私法的分论部分。应当重点掌握我国有关各类民商事法律关系的法律适用的规定，特别应注意这部分《法律适用法》的规定。包括时效、主体、婚姻、夫妻关系、父母子女关系、离婚、收养、扶养、监护、继承、物权关系、合同关系、侵权关系、产品责任、商事关系、知识产权等的法律适用的规定。重点结合《法律适用法》及《涉外解释（一）》中相关规定学习。关于商事关系的法律适用，还要了解我国票据法、海商法、民用航空法的相关问题的法律适用规则。

> 【知识框架】

　　　　　　　权利能力和行为能力
　　　　　　　物权
　　　　　　　债权
　　　　　　　商事关系
　　　　　　　婚姻与家庭
　　　　　　　继承
　　　　　　　知识产权

第一节　权利能力和行为能力

一、自然人权利能力、行为能力的法律适用

　　自然人的权利能力是各国民法规定的享受权利和承担义务的能力或资格。自然人的行为能力指法律确认自然人通过自己的行为从事民事活动，缔结民事关系，取得民事权利和承担民事义务的能力。自然人的权利能力是各国民法规定的享受权利和承担义务的能力或资格。关于权利能力的法律适用我国主要采用了以"经常居所地"为连结点的法律适用原则，从系属公式的角度是属人法。《法律适用法》相关规定简表如下：

　　关于自然人的权利能力的法律适用，各国基本上都是适用当事人的属人法。

第11条：自然人的民事权利能力 第12条：自然人的民事行为能力 第13条：宣告失踪或者宣告死亡 第15条：人格权的内容	适用经常居所地法律
《法律适用法》第20条： 经常居所地不明的，适用其现在居所地法律。	《涉外解释（一）》第13条： 自然人在涉外民事关系产生或者变更、终止时已经连续居住一年以上且作为其生活中心的地方，人民法院可以认定为涉外民事关系法律适用法规定的自然人的经常居所地，但就医、劳务派遣、公务等情形除外。

商事例外：是指有关商务活动的当事人的行为能力可以适用行为地法律，即只要其属人法或行为地法认为自然人有行为能力，就应认定为有行为能力。《法律适用法》第12条也有此规定，"自然人从事民事活动，依照经常居所地法律为无民事行为能力，依照行为地法律为有民事行为能力的，适用行为地法律，但涉及婚姻家庭、继承的除外。"

《法律适用法》第19条规定了国籍冲突的解决，"自然人具有两个以上国籍的，适用有经常居所的国籍国法律；在所有国籍国均无经常居所的，适用与其有最密切联系的国籍国法律。自然人无国籍或者国籍不明的，适用其经常居所地法律。"

【案例分析】

经常居所同在上海的越南公民阮某与中国公民李某结伴乘新加坡籍客轮从新加坡到印度游玩。客轮在公海遇风暴沉没，两人失踪。现两人亲属在上海某法院起诉，请求宣告两人失踪。同样的，应寻找被宣告失踪或死亡人的经常居所地法，按照《法律适用法》的规定，和国籍无关。

【经典真题】

（2021 回忆题）经常居所地都在广州的越南籍公民陈某和莱索托籍公民姆扎曼尼，在中国西部登山途中失踪。数年后两人亲属在广州某法院提出宣告死亡的申请，关于本案的法律适用，下列哪一选项是正确的？[1]

A. 如果莱索托法律无法查明，则应适用中国法

B. 关于二人的宣告死亡，均适用中国法

C. 应适用各自的国籍国法，外国法的内容由两人亲属提供

D. 应适用各自的国籍国法，外国法的内容由法院负责查明

二、法人权利能力和行为能力的法律适用★★★

法人的权利能力指法人作为民事权利主体，享有民事权利和承担民事义务的资格。法人的行为能力指法人以自己的意思，通过自身的行为取得民事权利并承担民事义务的能力。对于自然人行为能力的法律适用，各国法律都规定取得行为能力的条件包括：必须达到法定年龄；必须心智健全，能承担自己行为的法律后果。

【法条链接】

《法律适用法》第14条　法人及其分支机构的民事权利能力、民事行为能力、组织机构、股东权利义务等事项，适用登记地法律。法人的主营业地与登记地不一致的，可以适用主营业地法律。法人的经常居所地，为其主营业地。

《涉外解释（一）》第14条　人民法院应当将法人的设立登记地认定为涉外民事关系法律适用法规定的法人的登记地。

【经典真题】

（2016/1/77）韩国公民金某在新加坡注册成立一家公司，主营业地设在香港地区。依中国

---

〔1〕B【解析】《法律适用法》第13条："宣告失踪或者宣告死亡，适用自然人经常居所地法律。"莱索托籍公民姆扎曼尼经常居所地为中国，其亲属向中国法院申请宣告其死亡，中国法院应适用中国法。A错误。

陈某尽管是越南公民，但其经常居所地为中国，陈某的亲属向中国法院申请宣告其死亡，中国法院应适用中国法。莱索托籍公民姆扎曼尼经常居所地为中国，亲属向中国法院申请宣告其死亡，中国法院应适用中国法。因此，B正确，CD错误。

法津规定，下列哪些选项是正确的？[1]

    A. 该公司为新加坡籍

    B. 该公司拥有韩国与新加坡双重国籍

    C. 该公司的股东权利义务适用中国内地法

    D. 该公司的民事权利能力与行为能力可适用香港地区法或新加坡法

三、代理、信托、时效

（一）代理的法律适用

根据《法律适用法》第16条的规定，代理适用代理行为地法律，但被代理人与代理人的民事关系，适用代理关系发生地法律。当事人可以协议选择委托代理适用的法律。

（二）信托的法律适用

根据《法律适用法》第17条的规定，当事人可以协议选择信托适用的法律。当事人没有选择的，适用信托财产所在地法律或者信托关系发生地法律。

【经典真题】

1. 甲国人小贾来上海后，委托中国人李某代理其办理在中国的广告业务，双方没有就委托选择适用的法律，业务收入归入小贾在乙国的一信托基金，该信托当事人约定适用乙国法律。小贾认为李某在办理某项广告中侵犯了其人格权，两人之间的争议在中国某法院审理，依中国的相关法律，下列哪些是正确的？[2]

    A. 小贾人格权的内容适用其经常居所地法律

    B. 小贾与李某之间的民事关系适用甲国法律

    C. 涉及小贾信托基金的争议应适用乙国法律

    D. 小贾与李某之间的民事关系适用中国法律

2. （2017/1/77）新加坡公民王颖与顺捷国际信托公司在北京签订协议，将其在中国的财产交由该公司管理，并指定受益人为其幼子李力。在管理信托财产的过程中，王颖与顺捷公司发生纠纷，并诉至某人民法院。关于该信托纠纷的法律适用，下列哪些选项是正确的？[3]

    A. 双方可协议选择适用瑞士法

    B. 双方可协议选择适用新加坡法

    C. 如双方未选择法律，法院应适用中国法

    D. 如双方未选择法律，法院应在中国法与新加坡法中选择适用有利于保护李力利益的法律

（三）时效的法律适用

根据《法律适用法》第7条的规定，诉讼时效，适用相关涉外民事关系应当适用的法律。

---

〔1〕 AD【解析】A正确，B错误。《公司法》第2条："本法所称公司是指依照本法在中国境内设立的有限责任公司和股份有限公司。"《公司法》第191条："本法所称外国公司是指依照外国法律在中国境外设立的公司。"由此可知，我国目前采用设立地说来确定法人国籍。本题中该公司在新加坡依照新加坡法律注册成立，因此依中国法律应为新加坡籍。

C错误，D正确。

〔2〕 ACD【解析】《法律适用法》第15条："人格权的内容，适用权利人经常居所地法律。"A正确。根据第16条的规定，代理适用代理行为地法律，但被代理人与代理人的民事关系，适用代理关系发生地法律。B错误，D正确，小贾和李某之间的民事关系应适用代理关系发生地法，两者的代理关系发生在上海，因此，应适用中国法。根据第17条的规定，当事人可以协议选择信托适用的法律。当事人没有选择的，适用信托财产所在地法律或者信托关系发生地法律。从该条规定可以看出，意思自治是优先的，当事人没选择的，采取了财产所在地法或信托关系发生地法的选择性冲突规范。本题的信托当事人适用乙国法，因此，C正确。

〔3〕 ABC【解析】当事人可以协议选择信托适用的法律。当事人没有选择的，适用信托财产所在地法律或者信托关系发生地法律。该领域并未运用保护一方当事人利益原则，D错误。答案为ABC。

甲乙均为俄罗斯公民。甲定居中国，乙定居美国，双方在曼谷订立了一份借贷合同，其中约定中国法院排他管辖，英国法律为准据法。后双方因执行该合同发生争议而诉至我国法院。关于该合同争议的诉讼时效应如何适用法律？做这类分析题时考生应注意，题目要解决的是什么法律问题，它不是要解决合同争议要适用的法律的问题，而是要解决时效应该用什么法律判断的问题。时效适用涉外民事关系应当适用的法律。合同纠纷应适用的法可以由当事人合意选择，而且立法并未要求一定要有实际联系。因而本合同当事人选择英国法为准据法，选择有效。那么英国法就是合同应当适用的法，时效与其相一致，也用英国法。

（2017/1/79）中国甲公司与英国乙公司签订一份商事合同，约定合同纠纷适用英国法。合同纠纷发生 4 年后，乙公司将甲公司诉至某人民法院。英国关于合同纠纷的诉讼时效为 6 年。关于本案的法律适用，下列哪些选项是正确的？[1]

A. 本案的诉讼时效应适用中国法

B. 本案的实体问题应适用英国法

C. 本案的诉讼时效与实体问题均应适用英国法

D. 本案的诉讼时效应适用中国法，实体问题应适用英国法

第二节　物　权

物权领域系属公式是：物之所在地法。物之所在地法就是物权关系客体物所在地的法律，它是目前各国用来解决物权法律冲突的一项基本原则。由于某些标的物的特殊性或者处于特殊状态，物之所在地法一般在下列事项上有例外：运送中的物品的物权关系；船舶、飞行器等运输工具的物权关系；外国法人终止或解散时有关物权关系。根据《法律适用法》规定的物权关系法律适用简表如下：

物之所在地法就是物权关系客体物所在地的法律，它是目前各国用来解决物权法律冲突的一项基本原则。

物权类型	法律适用			
不动产物权	不动产物权——不动产所在地法（《法律适用法》第 36 条）			
动产物权	动产物权	一般动产（《法律适用法》第 37 条）	1. 协议选择 2. 未选择：法律事实发生时动产所在地法	
		运输中的动产（《法律适用法》第 38 条）	1. 协议选择 2. 未选择：运输目的地法	
有价证券	有价证券——有价证券权利实现地法（其他最密切联系地法）（《法律适用法》第 39 条）			
权利质权	权利质权——质权设立地法（《法律适用法》第 40 条）			

---

〔1〕 BC【解析】诉讼时效，适用相关涉外民事关系应当适用的法律。中国甲公司与英国乙公司签订一份商事合同，约定合同纠纷适用英国法，因而时效应适用英国法。

物权类型	法律适用
船舶物权	1. 船舶所有权——船旗国法（《海商法》第 270 条）。 2. 船舶抵押权——船旗国法； 船舶在光船租赁以前或光船租赁期间，设立船舶抵押权的，适用原船舶登记国法（《海商法》第 271 条）。 3. 船舶优先权——受理案件的法院所在地法（《海商法》第 272 条）。
民用航空器物权	1. 航空器所有权——航空器国籍登记国法（《民用航空法》第 185 条） 2. 航空器抵押权——航空器国籍登记国法（《民用航空法》第 186 条） 3. 航空器优先权——受理案件的法院所在地法（《民用航空法》第 187 条）

【经典真题】

1.（2015/1/36）2014 年 1 月，北京居民李某的一件珍贵首饰在家中失窃后被窃贼带至甲国。同年 2 月，甲国居民陈某在当地珠宝市场购得该首饰。2015 年 1 月，在获悉陈某将该首饰带回北京拍卖的消息后，李某在北京某法院提起原物返还之诉。关于该首饰所有权的法律适用，下列哪一选项是正确的?[1]

A. 应适用中国法

B. 应适用甲国法

C. 如李某与陈某选择适用甲国法，不应支持

D. 如李某与陈某无法就法律选择达成一致，应适用甲国法

2.（2021 回忆题）荷兰甲公司将一批货物卖给中国乙公司，买卖合同订立时，该批货物载于由荷兰鹿特丹开往大连的韩国晋远号远洋货船上。后乙公司就该批货物的所有权纠纷诉至某法院。根据我国法律规定，下列哪些选项是正确的?[2]

A. 应适用中国法或者荷兰法

B. 若双方协议约定适用瑞士法，应从其约定

C. 若双方没有约定，适用韩国法

D. 若双方没有约定，适用中国法

第三节　债　权

一、合同的法律适用

（一）国际条约优先适用原则

中华人民共和国缔结或者参加的国际条约同中华人民共和国的民事法律有不同规定的，适

---

〔1〕 D【解析】首饰的所有权法律适用，也就是动产物权的法律适用问题，首先当事人可以选择适用法律，没选的适用法律事实发生时动产所在地法律。答案为 D。

〔2〕 BD【解析】根据《涉外民事关系法律适用法》第 38 条的规定，当事人可以协议选择运输中动产物权发生变更适用的法律。当事人没有选择的，适用运输目的地法律。A 没有包含当事人协议选择的情况，因此错误。第 38 条的规定是一条有条件选择型冲突规范，当事人选择的法律，应予适用。因而 B 正确。如双方没有约定选择适用法律，按照题意，运输目的地为中国大连，运输目的地法应为中国法，因而 C 错误，D 正确。

用国际条约的规定，但中华人民共和国声明保留的除外。

（二）当事人意思自治

【法条链接】

《法律适用法》第41条　当事人可以协议选择合同适用的法律。当事人没有选择的，适用履行义务最能体现该合同特征的一方当事人经常居所地法律或者其他与该合同有最密切联系的法律。

意思自治是合同法律适用的最主要原则。《法律适用法》及《涉外解释（一）》等相关规定对当事人意思自治原则的具体适用作了明确规定。

意思自治的具体适用	意思自治的限制
1. 选择方式：当事人选择或者变更选择合同争议应适用的法律，应当以明示的方式进行。	1. 中华人民共和国法律没有明确规定当事人可以选择涉外民事关系适用的法律，当事人选择适用法律的，人民法院应认定该选择无效。（《涉外解释（一）》第4条）
2. 选择时间：当事人在一审法庭辩论终结前协议选择或者变更选择适用的法律的，人民法院应予准许。（《涉外解释（一）》第6条第1款）	2. 当事人规避中国法律、行政法规的强制性规定的行为，不发生适用外国法律的效力，该合同争议应当适用中华人民共和国法律。
3. 选择表现：各方当事人援引相同国家的法律且未提出法律适用异议的，人民法院可以认定当事人已经就涉外民事关系适用的法律做出了选择。（《涉外解释（一）》第6条第2款）	3. 在中华人民共和国境内履行的下列合同，适用中华人民共和国法律：第一，中外合资经营企业合同；第二，中外合作经营企业合同；第三，中外合作勘探、开发自然资源合同；第四，中外合资经营企业、中外合作经营企业、外商独资企业股份转让合同；第五，外国自然人、法人或者其他组织承包经营在中国领域内设立的中外合资经营企业、中外合作经营企业的合同；第六，外国自然人、法人或者其他组织购买中国领域内的非外商投资企业股东的股权的合同；第七，外国自然人、法人或者其他组织认购中国领域内的非外商投资有限责任公司或者股份有限公司增资的合同；第八，外国自然人、法人或者其他组织购买中国领域内的非外商投资企业资产的合同；第九，中国法律、行政法规规定应适用中国法律的其他合同。
4. 选择扩大：当事人在合同中援引尚未对中华人民共和国生效的国际条约的，人民法院可以根据该国际条约的内容确定当事人之间的权利义务，但违反中华人民共和国社会公共利益或中华人民共和国法律、行政法规强制性规定的除外。（《涉外解释（一）》第7条）	4. 对消费者合同和劳动合同排除了当事人的选择。《法律适用法》第42条：消费者合同，适用消费者经常居所地法律；消费者选择适用商品、服务提供地法律或者经营者在消费者经常居所地没有从事相关经营活动的，适用商品、服务提供地法律。第43条：劳动合同，适用劳动者工作地法律；难以确定劳动者工作地的，适用用人单位主营业地法律。劳务派遣，可以适用劳务派出地法律。
5. 选择范围：一方当事人以双方协议选择的法律与系争的涉外民事关系没有实际联系为由主张选择无效的，人民法院不予支持。（《涉外解释（一）》第5条）	

1. （2022 回忆题） 南非居民约翰与中国上海甲公司签订劳动合同，甲公司与莫桑比克乙公司签订劳务派遣合同，将约翰从上海派遣到莫桑比克做非全日制工，后产生劳动合同纠纷在中国法院起诉。关于本案，下列哪些说法是正确的？[1]

A. 因劳务地在莫桑比克，可适用莫桑比克法律

B. 约翰有权请求南非驻沪领事馆以领事身份担任诉讼代理人，但在诉讼中该领事不享有领事官员的特权与豁免

C. 因中国上海的甲公司是派出地，可适用中国法

D. 约翰是南非公民，应适用南非法

2. （2019 回忆题） 法国公民皮埃尔与主营业地在深圳的旭日公司签订劳动合同，根据劳动合同被派往在尼日利亚的分公司工作。后皮埃尔因为私下与当地人进行贸易活动被解雇，诉至中国深圳某法院。法院应适用哪个国家的法律？[2]

A. 法国法、中国法或尼日利亚法中对皮埃尔有利的法律

B. 法国法，因为皮埃尔为法国籍

C. 中国法，因为旭日公司主营业地在中国

D. 尼日利亚法，因皮埃尔工作地在尼日利亚

3. （2015/1/77） 在某合同纠纷中，中国当事方与甲国当事方协议选择适用乙国法，并诉至中国法院。关于该合同纠纷，下列选项是正确的？[3]

A. 当事人选择的乙国法，仅指该国的实体法，既不包括其冲突法，也不包括其程序法

B. 如乙国不同州实施不同的法律，人民法院应适用该国首都所在地的法律

C. 在庭审中，中国当事方以乙国与该纠纷无实际联系为由主张法律选择无效，人民法院不应支持

D. 当事人在一审法庭辩论即将结束时决定将选择的法律变更为甲国法，人民法院不应支持

（三） 最密切联系原则

【法条链接】

《法律适用法》第 41 条　当事人可以协议选择合同适用的法律。当事人没有选择的，适用履行义务最能体现该合同特征的一方当事人经常居所地法律或者其他与该合同有最密切联系的法律。

该原则是我国法律规定的对当事人意思自治的补充原则。要求人民法院根据合同的特殊性质，以及某一方当事人履行的义务最能体现合同本质特性等因素，确定合同的准据法。根据中国的司法实践，一般说来：

---

[1]　AC【解析】根据《法律适用法》第 43 条的规定，劳动合同适用劳动者工作地法律。本案因劳务地在莫桑比克，可适用莫桑比克法律。A 正确。约翰可以请求南非领事担任诉讼代理人，但只能以个人名义，并且在诉讼活动中不享有相关特权和豁免。B 错误。

劳务派遣可以适用劳务派出地法律。因中国上海的甲公司是派出地，可适用中国法。

[2]　D【解析】根据法律适用法规定，劳动合同适用劳动者工作地法律。

[3]　AC【解析】这种案例综合考查，要求考生对涉外民商事纠纷的法律适用思路比较熟练。首先，涉外民事关系适用的外国法律，不包括该国的冲突法，当事人选择合同法律适用是用来确定当事人双方实体权利义务关系的，只能是实体法，A 正确。在寻找准据法的过程中，遇到区际冲突，我国的规定是适用与该民事关系有最密切联系的法，而不是该国首都所在地法律，B 错误。在意思自治的范围上，我国并未要求只能选有实际联系的法，因而一方当事人以双方协议选择的法律与系争的涉外民事关系没有实际联系为由主张选择无效的，人民法院不予支持，C 正确。最后，法律选择的时间，只要在一审法庭辩论终结前，当事人协议选择或者变更选择适用的法律的，人民法院应予准许，D 错误。

1. 买卖合同，适用合同订立时卖方住所地法；如果合同是在买方住所地谈判并订立的，或者合同明确规定卖方须在买方住所地履行交货义务的，适用买方住所地法。

2. 来料加工、来件装配以及其他各种加工承揽合同，适用加工承揽人住所地法。

3. 成套设备供应合同，适用设备安装地法。

4. 不动产买卖、租赁或者抵押合同，适用不动产所在地法。

5. 动产租赁合同，适用出租人住所地法。

6. 动产质押合同，适用质权人住所地法。

7. 借款合同，适用贷款人住所地法。

8. 保险合同，适用保险人住所地法。

9. 融资租赁合同，适用承租人住所地法。

10. 建设工程合同，适用建设工程所在地法。

11. 仓储、保管合同，适用仓储、保管人住所地法。

12. 保证合同，适用保证人住所地法。

13. 委托合同，适用受托人住所地法。

14. 债券的发行、销售和转让合同，分别适用债券发行地法、债券销售地法和债券转让地法。

15. 拍卖合同，适用拍卖举行地法。

16. 行纪合同，适用行纪人住所地法。

17. 居间合同，适用居间人住所地法。

（四）国际惯例补缺

适用国际惯例不得违反我国法律的基本原则和社会公共利益。

二、侵权行为的法律适用 ★★★

（一）一般侵权行为

《法律适用法》第44条："侵权责任，适用侵权行为地法律，但当事人有共同经常居所地的，适用共同经常居所地法律。侵权行为发生后，当事人协议选择适用法律的，按照其协议。"该条约定有三层含义：（1）侵权责任法律适用的基本原则是"侵权行为地法"。（2）当事人有共同经常居所地的，适用共同经常居所地法。（3）将意思自治引入侵权责任的法律适用，规定在侵权行为发生后，当事人可以协议选择适用的法律。

侵权行为地包括侵权行为实施地和侵权结果发生地；如果两者不一致，由人民法院选择适用。

【经典真题】

（2015/1/37）甲国游客杰克于2015年6月在北京旅游时因过失导致北京居民孙某受重伤。现孙某在北京以杰克为被告提起侵权之诉。关于该侵权纠纷的法律适用，下列哪一选项是正确的?[1]

A. 因侵权行为发生在中国，应直接适用中国法

B. 如当事人在开庭前协议选择适用乙国法，应予支持，但当事人应向法院提供乙国法的内容

C. 因本案仅与中国、甲国有实际联系，当事人只能在中国法与甲国法中进行选择

D. 应在中国法与甲国法中选择适用更有利于孙某的法律

（二）特殊侵权行为的法律适用

1. 产品责任侵权

【法条链接】

《法律适用法》第45条　产品责任，适用被侵权人经常居所地法律；被侵权人选择适用侵权人主营业地法律、损害发生地法律的，或者侵权人在被侵权人经常居所地没有从事相关经营活动的，适用侵权人主营业地法律或者损害发生地法律。

2. 网络途径侵犯人格权

【法条链接】

《法律适用法》第46条　通过网络或者采用其他方式侵害姓名权、肖像权、名誉权、隐私权等人格权的，适用被侵权人经常居所地法律。

【注意】

以上两种特殊侵权适用的是被侵权人经常住所地法原则。

【经典真题】

1. （2017/1/35）经常居所在广州的西班牙公民贝克，在服务器位于西班牙的某网络论坛上发帖诽谤经常居所在新加坡的中国公民王某。现王某将贝克诉至广州某法院，要求其承担侵害名誉权的责任。关于该纠纷的法律适用，下列哪一选项是正确的?[2]

A. 侵权人是西班牙公民，应适用西班牙法

B. 被侵权人的经常居所在新加坡，应适用新加坡法

C. 被侵权人是中国公民，应适用中国法

D. 论坛服务器在西班牙，应适用西班牙法

2. （2019回忆题）德国人汉斯的爱犬被中国公民李明打死，汉斯遂怒将李明的隐私在网上传播并羞辱。后汉斯在南京起诉李明，李明反诉。汉斯经常居所南京，李明经常居所新加坡。法律在处理本案时的下列做法正确的是?[3]

A. 汉斯和李明的诉求都可协议选择适用中国法

---

[1]　B【解析】首先，涉外侵权纠纷的法律适用主要有三个原则，侵权行为地法原则，当事人共同属人法原则和当事人意思自治原则。这三个原则中，侵权行为地法原则是一般，共同属人法原则和意思自治原则是特殊。当侵权纠纷发生后，首先看当事人有没有协议选择法律，没有选择时，如果当事人有共同经常居所地，适用共同经常居所地法，没有共同经常居所地，则特殊都已排除，适用侵权行为地法。因而不能在侵权纠纷发生后直接适用侵权行为地法。其次，因为当事人可能在侵权行为发生后协议选择法律，那么就涉及意思自治原则的适用和限制，关于此在前述意思自治部分已经详细探讨过，值得注意的是，如果当事人协议选择的法是外国法律，那么还涉及外国法的查明规则，因而当事人在选择法律的时间、范围上符合法律规定应予支持，但是当事人提供的外国法的内容，当事人应当提供。最后，选择有利于某一方的法律这种适用方法体现的是保护弱者利益原则，在中国立法和实践中适用于家庭关系领域，比如父母子女关系、扶养、监护等，而不是适用在侵权关系中。

[2]　B【解析】通过网络或其他方式侵犯姓名权、肖像权、名誉权、隐私权等人格权的，适用被侵权人经常居所地法。B正确。

[3]　C【解析】网络侵犯人格权、隐私权的，适用被侵权人经常居所地法。本题需要注意，有两个侵权关系，一般侵权先看能否协议，不能协议有共同经常居所地的适用共同经常居所地法，没有的适用侵权行为地法。

B. 汉斯和李明的诉求都适用中国法

C. 李明反诉汉斯侵权应该适用新加坡法

D. 李明的侵权责任应该适用德国法

3. 海上侵权

【法条链接】

《海商法》第 273 条　船舶碰撞的损害赔偿，适用侵权行为地法律。

船舶在公海上发生碰撞的损害赔偿，适用受理案件的法院所在地法律。

同一国籍的船舶，不论碰撞发生于何地，碰撞船舶之间的损害赔偿适用船旗国法律。

《海商法》第 274 条　共同海损理算，适用理算地法律。

《海商法》第 275 条　海事赔偿责任限制，适用受理案件的法院所在地法律。

【经典真题】

（2022 回忆题）汤姆是甲国籍船"量子号"的船长，该船在公海上与中国籍渔船相撞，导致双方重大伤亡，后因就医需要，量子号在中国某港口停泊，汤姆就医。受难渔民近亲属提出刑事附带民事赔偿请求，检察院审查起诉。我国与甲国均是《联合国海洋法公约》的缔约国，以下选项正确的是?[1]

A. 本案的刑事诉讼可由中国法院管辖

B. 本案的刑事诉讼应由海洋法法庭管辖

C. 本案的民事诉讼赔偿可以适用《联合国海洋法公约》

D. 本案的民事诉讼赔偿可以适用中国法

4. 民用航空器侵权

【法条链接】

《民用航空法》第 189 条　民用航空器对地面第三人的损害赔偿，适用侵权行为地法律。

民用航空器在公海上空对水面第三人的损害赔偿，适用受理案件的法院所在地法律。

【经典真题】

（2010/1/99）某批中国货物由甲国货轮"盛京"号运送，提单中写明有关运输争议适用中国《海商法》。"盛京"号在公海航行时与乙国货轮"万寿"号相撞。两轮先后到达中国某港口后，"盛京"号船舶所有人在中国海事法院申请扣押了"万寿"号，并向法院起诉要求"万寿"号赔偿依其过失比例造成的撞碰损失。根据中国相关法律规定，下列选项正确的是：[2]

A. 碰撞损害赔偿应重叠适用两个船旗国的法律

B. "万寿"号与"盛京"号的碰撞争议应适用甲国法律

C. "万寿"号与"盛京"号的碰撞争议应适用中国法律

---

〔1〕　AD【解析】关于刑事管辖部分，通常只有对扰乱港口安宁、受害者为沿岸国或其国民、案情重大或船旗国领事或船长提出请求时沿岸国才予以管辖。本案案情重大，故 A 正确。

联合国海洋法法庭的管辖不涉及刑事犯罪。《联合国海洋法公约》主要针对海洋区域划分及相关权利进行界定，不包括私主体的民事权利等问题。关于民事诉讼赔偿部分，甲国籍船与中国籍船在公海发生碰撞，适用受理案件的法院所在地法律，即中国法。D 正确。

〔2〕　CD【解析】做海事侵权的题思路要很清晰，首先两船是否具有同一国的船旗，如果是，那无论碰撞发生于何地，碰撞船舶之间的损害赔偿适用船旗国法律；如果不同国籍的船，看碰撞是否发生于特殊空间 - 公海，如果在公海上发生碰撞，只能用法院地法。如果发生最一般的情况 - 不同船旗，港口或其他国家有管辖权的海域碰撞，适用侵权行为地法。需要注意的是，这类题目往往结合海事运输合同的法律适用考查，上述说的是海事侵权纠纷的法律适用；海事运输合同适用合同纠纷的法律适用规则，应适用当事人协议选择的法，当事人没有选择的，适用与合同有最密切联系的国家的法律。

D. "盛京"号运输货物的合同应适用中国《海商法》

(1) 一般侵权 《法律适用法》第 44 条	侵权责任，适用侵权行为地法律，但当事人有共同经常居所地的，适用共同经常居所地法律。侵权行为发生后，当事人协议选择适用法律的，按照其协议。
(2) 特殊侵权 船舶侵权 《海商法》第 273~275 条	船舶碰撞的损害赔偿 $\begin{cases} \text{一般情况——侵权行为地法} \\ \text{公海上的碰撞——法院地法} \end{cases}$ **同一国籍**的船舶碰撞——船旗国法（不论碰撞发生于何地） 海事赔偿责任限制，适用受理案件的法院所在地法律。 共同海损理算，适用理算地法。
(3) 民用航空器侵权 《民用航空法》第 189 条	民用航空器对地面第三人的损害赔偿，适用侵权行为地法律。 民用航空器在公海上空对水面第三人的损害赔偿，适用受理案件的法院所在地法律。
(4) 产品责任 《法律适用法》第 45 条	产品责任，适用**被侵权人经常居所地法律**；被侵权人**选择**适用侵权人主营业地法律、损害发生地法律或者侵权人在被侵权人经常居所地**没有**从事相关经营活动适用**侵权人主营业地法律或者损害发生地法律**。
(5) 网络侵犯人格权 《法律适用法》第 46 条	通过网络或者其他方式侵害姓名权、肖像权、名誉权、隐私权等人格权的，适用**被侵权人**经常居所地法律。

三、不当得利和无因管理的法律适用

【法条链接】

《法律适用法》第 47 条　不当得利、无因管理，适用当事人协议选择适用的法律。当事人没有选择的，适用当事人共同经常居所地法律；没有共同经常居所地的，适用不当得利、无因管理发生地法律。

【经典真题】

（2016/1/36）英国公民苏珊来华短期旅游，因疏忽多付房费 1000 元，苏珊要求旅店返还遭拒后，将其诉至中国某法院。关于该纠纷的法律适用，下列哪一选项是正确的？[1]

A. 因与苏珊发生争议的旅店位于中国，因此只能适用中国法

B. 当事人可协议选择适用瑞士法

C. 应适用中国法和英国法

D. 应在英国法与中国法中选择适用对苏珊有利的法律

---

[1]　B【解析】不当得利和无因管理的法律适用要求都是有次序的选择型。首先找当事人有没有协议选择法律，没有的话寻找当事人是否有共同经常居所地，最后适用不当得利、无因管理发生地法律。因而无论该案件发生于哪个国家，都不能武断地判断只适用哪国的法律，而是按照法律规定的连结点寻找应适用的法律。

第四节　商事关系

票据关系	法律适用
1. 票据当事人能力	一般适用当事人属人法 《票据法》第96条：票据债务人的民事行为能力，适用其本国法律。票据债务人的民事行为能力，依照其本国法律为无民事行为能力或者为限制民事行为能力而依照行为地法律为完全民事行为能力的，适用行为地法律。
2. 票据行为方式	一般适用行为地法 《票据法》第97条：汇票、本票出票时的记载事项，适用出票地法律。支票出票时的记载事项，适用出票地法律，经当事人协议，也可以适用付款地法律。 第98条：票据的背书、承兑、付款和保证行为，适用行为地法律。
3. 追索权行使期限	一般适用出票地法 《票据法》第99条：票据追索权的行使期限，适用出票地法律。
4. 持票人责任	一般适用付款地法 《票据法》第100条：票据的提示期限、有关拒绝证明的方式、出具拒绝证明的期限，适用付款地法律。
5. 票据丧失时权利保全程序	一般适用付款地法 《票据法》第101条：票据丧失时，失票人请求保全票据权利的程序，适用付款地法律。

【经典真题】

（2022回忆题）德国甲公司在上海向越南乙公司出具汇票，汇票付款人为德国甲公司在上海的分支机构。越南乙公司在河内将汇票背书转让给了越南丙公司，丙公司不慎丢失汇票，被经常居所地在广州的李先生拾得。后中国某法院受理有关该汇票的纠纷。关于本案，下列哪一说法是正确的?[1]

　　A. 乙公司对该汇票的背书行为，应适用中国法

　　B. 丙公司对乙公司行使汇票追索权的期限，应适用中国法

　　C. 丙公司请求保全汇票权利的程序，应适用越南法

　　D. 李先生拾得汇票是否构成不当得利的问题，应适用越南法

---

　　[1]　B【解析】《票据法》第98条："票据的背书、承兑、付款和保证行为，适用行为地法律。"本题中越南乙公司在河内将汇票背书转让给了越南丙公司，应适用越南法。A错误。

　　《票据法》第99条："票据追索权的行使期限，适用出票地法律。"本题中出票地为中国上海，适用中国法。B正确。

　　《票据法》第101条："票据丧失时，失票人请求保全票据权利的程序，适用付款地法律。"本题中付款地为上海，应适用中国法。C错误。

　　不当得利、无因管理，首先适用当事人协议选择适用的法律。并非应当适用某法律，D错误。

第五节　婚姻与家庭

一、婚姻的法律适用

婚姻关系	法律适用		
1. 涉外结婚	（1）结婚条件（《法律适用法》第21条）	①有共同经常居所地——共同经常居所地法 ②无共同经常居所地——共同国籍国法 ③无共同国籍，在一方经常居所地或国籍国结婚——婚姻缔结地法	
	（2）结婚手续（《法律适用法》第22条）	婚姻缔结地法 一方经常居所地法　符合任何一个，均为有效 一方国籍国法	
2. 夫妻关系	（1）夫妻人身关系（《法律适用法》第23条）	①有共同经常居所地——共同经常居所地法 ②无共同经常居所地——共同国籍国法	
	（2）夫妻财产关系（《法律适用法》第24条）	①协议选择　一方经常居所地法　一方国籍国法　主要财产所在地法　三者中任选 ②未选择——同人身关系	
3. 涉外离婚	（1）协议离婚（《法律适用法》第26条）	①协议选择　一方经常居所地法　一方国籍国法　二者中任选 ②未选择　有共同经常居所地——共同经常居所地法　无共同经常居所地——共同国籍国法　无共同经常居所地、国籍国——办理离婚机构所在地法	
	（2）诉讼离婚（《法律适用法》第27条）——法院地法		

【经典真题】

（2015/1/78）韩国公民金某与德国公民汉森自2013年1月起一直居住于上海，并于该年6月在上海结婚。2015年8月，二人欲在上海解除婚姻关系。关于二人财产关系与离婚的法律适用，下列哪些选项是正确的？[1]

A. 二人可约定其财产关系适用韩国法

B. 如诉讼离婚，应适用中国法

C. 如协议离婚，二人没有选择法律的，应适用中国法

D. 如协议离婚，二人可以在中国法、韩国法及德国法中进行选择

---

　　[1]　ABCD【解析】关于夫妻财产关系，首先可以协议选择法律适用，其中一方当事人的经常居所地，国籍国，主要财产所在地任选；涉外离婚有两种途径，诉讼离婚适用法院地法；协议离婚首先可以选择法律适用，可以在其中任一方当事人的经常居所地和国籍国任选法律，没有选择的，适用共同经常居所地法。如果双方没有共同经常居所地，适用共同国籍国法，如果也没有共同国籍国，适用办理离婚手续机构所在地法。协议离婚这一条规定是一条有条件选择型冲突规范，是有顺序的选择。

根据最高人民法院《关于适用〈中华人民共和国民事诉讼法〉的解释》的规定，我国法院在以下情况下也有管辖权：

(1) 在国内结婚并定居国外的华侨，如定居国法院以离婚诉讼须由婚姻缔结地法院管辖为由不予受理，当事人向人民法院提出离婚诉讼的，由婚姻缔结地或一方在国内的最后居所地人民法院管辖。(2) 在国外结婚并定居国外的华侨，如定居国法院以离婚诉讼须由国籍所属国法院管辖为由不予受理，当事人向人民法院提出离婚诉讼的，由一方原住所地或在国内的最后住所地人民法院管辖。(3) 中国公民一方定居国外，一方居住在国内，不论哪一方向人民法院提起离婚诉讼，国内一方住所地人民法院都有管辖权。国外一方在居住国法院起诉，国内一方向人民法院起诉的，受诉人民法院有权管辖。(4) 中国公民双方在国外但未定居，一方向人民法院起诉离婚的，应由原告或者被告原住所地人民法院管辖。(5) 已经离婚的中国公民，双方均定居国外，仅就国内财产分割提起诉讼的，由主要财产所在地人民法院管辖。

二、家庭关系的法律适用

家庭关系	法律适用
1. 父母子女关系（《法律适用法》第25条）	父母子女人身、财产关系 { 有共同经常居所地——共同经常居所地法 / 无共同经常居所地 { 一方经常居所地法 / 一方国籍国法 } 适用二者中有利弱者的法律 }
2. 收养（《法律适用法》第28条）	收养 { 收养的条件和手续——收养人和被收养人经常居所地法 / 收养的效力——收养时收养人经常居所地法 / 收养的解除——收养时被收养人经常居所地法/法院地法 }
3. 扶养（《法律适用法》第29条）	扶养 { 一方经常居所地法 / 一方国籍国法 / 主要财产所在地法 } 适用三者中有利被扶养人的法律
4. 监护（《法律适用法》第30条）	监护 { 一方经常居所地法 / 一方国籍国法 } 适用二者中有利被监护人的法律

【经典真题】

(2017/1/78) 中国公民王某将甲国公民米勒诉至某人民法院，请求判决两人离婚、分割夫妻财产并将幼子的监护权判决给她。王某与米勒的经常居所及主要财产均在上海，其幼子为甲国籍。关于本案的法律适用，下列哪些选项是正确的？[1]

A. 离婚事项，应适用中国法

B. 夫妻财产的分割，王某与米勒可选择适用中国法或甲国法

C. 监护权事项，在甲国法与中国法中选择适用有利于保护幼子利益的法律

---

[1] ABC【解析】本题综合考查了婚姻家庭的法律适用，需要熟记法条。D错误，并非均应适用，在当事人的选择下，中国法的适用仅是可能。

D. 夫妻财产的分割与监护权事项均应适用中国法

第六节　继　承

一、法定继承的法律适用

根据是否将遗产中的动产和不动产区分开来分别确定法定继承的准据法，人们将法定继承的法律适用归纳为区别制和同一制。

【法条链接】

《法律适用法》第31条　法定继承，适用被继承人死亡时经常居所地法律，但不动产的法定继承，适用不动产所在地法律。

【经典真题】

（2016/1/78）经常居所在上海的瑞士公民怀特未留遗嘱死亡，怀特在上海银行存有100万元人民币，在苏黎世银行存有10万欧元，且在上海与巴黎各有一套房产。现其继承人因遗产分割纠纷诉至上海某法院。依中国法律规定，下列哪些选项是正确的？[1]

A. 100万元人民币存款应适用中国法　　B. 10万欧元存款应适用中国法

C. 上海的房产应适用中国法　　　　　　D. 巴黎的房产应适用法国法

（2020回忆版）经常居所地在苏州的甲国公民亨利通过悦音短视频留下遗嘱。亨利死后遗产继承纠纷诉至苏州某人民法院。依照中国法律规定，下列哪一选项正确？[2]

A. 该遗嘱方式需符合中国法与甲国法，遗嘱才能成立

B. 如需适用甲国法解决本案纠纷，而双方当事人对甲国法内容有异议，人民法院应认定甲国法无法查明

C. 如亨利立遗嘱时，甲国已禁止本国人使用悦音公司的短视频产品，则该遗嘱无效

D. 该遗嘱的效力应适用中国法或甲国法

---

〔1〕　ABCD【解析】《法律适用法》第31条："法定继承，适用被继承人死亡时经常居所地法律，但不动产法定继承，适用不动产所在地法律。"

AB正确。未留遗嘱的动产法定继承，适用被继承人死亡时经常居所地法律。怀特死亡时经常居所地为中国上海，因此适用中国法。

CD正确。不动产法定继承，适用不动产所在地法律。即在上海的房产适用中国法，巴黎的房产适用法国法。

〔2〕　D【解析】《法律适用法》第32条："遗嘱方式，符合遗嘱人立遗嘱时或者死亡时经常居所地法律、国籍国法律或者遗嘱行为地法律的，遗嘱均为成立。"由此可知，遗嘱方式只要满足上述其中一个国家的法律规定即可，故A错误。

《涉外解释（一）》第15条："人民法院通过由当事人提供、已对中华人民共和国生效的国际条约规定的途径、中外法律专家提供等合理途径仍不能获得外国法律的，可以认定为不能查明外国法律。"根据涉外民事关系法律适用法第10条第1款的规定，当事人应当提供外国法律，其在人民法院指定的合理期限内无正当理由未提供该外国法律的，可以认定为不能查明外国法律。由此可知，仅双方当事人对甲国法的内容有异议，并不属于无法查明的情形，故B错误。

由A选项可知，遗嘱方式只要符合中国法和甲国法之一即可，即使是甲国不允许使用短视频产品，但是遗嘱方式依然是符合中国法要求的，并不是绝对的无效，而是有效遗嘱。故C错误。

《法律适用法》第33条："遗嘱效力，适用遗嘱人立遗嘱时或者死亡时经常居所地法律或者国籍国法律。"由此可知，亨利的遗嘱效力适用于中国法或甲国法，故D正确。

综上所述，本题答案为D。

二、遗嘱的法律适用

【法条链接】

《法律适用法》第32条 遗嘱方式，符合遗嘱人立遗嘱时或者死亡时经常居所地法律、国籍国法律或者遗嘱行为地法律的，遗嘱均为成立。

《法律适用法》第33条 遗嘱效力，适用遗嘱人立遗嘱时或者死亡时经常居所地法律或者国籍国法律。

三、遗产管理的法律适用

【法条链接】

《法律适用法》第34条 遗产管理等事项，适用遗产所在地法律。

四、无人继承财产归属问题的法律适用

【法条链接】

《法律适用法》第35条 无人继承遗产的归属，适用被继承人死亡时遗产所在地法律。

第七节 知识产权

知识产权关系	法律适用
1. 知识产权的归属和内容	《法律适用法》第48条：知识产权的归属和内容——被请求保护地法
2. 知识产权转让和许可	《法律适用法》第49条 {协议选择 / 未选择——同合同}
3. 知识产权侵权	《法律适用法》第50条 {协议选择法院地法 / 未选择——被请求保护地法}

【经典真题】

日本甲公司与中国三叶公司签订许可协议（协议约定适用日本法），授权三叶公司在中国范围内销售的手机上安装日本甲公司拥有专利的某款 APP。三叶公司在其销注越南的手机上也安装了该款 APP。现日本甲公司在中国法院起诉中国三叶公司违约并侵犯了其在越南获权的专利，下列哪些判断是正确的?[1]

A. 中国三叶公司主营业地在中国，违约和侵权纠纷都应适用中国法

B. 违约纠纷应适用日本法

C. 侵权纠纷双方在开庭前可约定适用中国法

D. 侵权纠纷应适用日本法

---

〔1〕 BC【解析】知识产权合同纠纷，适用当事人选择的法，本案用日本法。双方当事人一审法庭辩论终结前可以协议选择要适用的法律。知识产权侵权一般适用被请求保护地法，本题中是越南。

第三章　国际民商事争议的解决

▶【复习提要】

本章内容包括国际商事仲裁和国际民事诉讼两个部分。国际商事仲裁的重点为仲裁协议无效的认定、承认与执行外国仲裁裁决的条件、涉外民商事案件管辖权规则、外国法院判决承认与执行的条件等。国际民事诉讼的重点为国际民事案件管辖权规则。

▶【知识框架】

　国际商事仲裁
　国际民事诉讼

第一节　国际商事仲裁

一、仲裁协议的法律适用

仲裁协议是指双方当事人愿意将他们之间将来可能发生的争议或者已经发生的争议提交仲裁的依据，也是案件受理的依据。

【法条链接】

《法律适用法》第18条　当事人可以协议选择仲裁协议适用的法律。当事人没有选择的，适用仲裁机构所在地法律或者仲裁地法律。

《涉外解释（一）》第12条　当事人没有选择涉外仲裁协议适用的法律，也没有约定仲裁机构或者仲裁地，或者约定不明的，人民法院可以适用中华人民共和国法律认定该仲裁协议的效力。

《中华人民共和国仲裁法》第20条　当事人对仲裁协议的效力有异议的，可以请求仲裁委员会作出决定或者请求人民法院作出裁定。一方请求仲裁委员会作出决定，另一方请求人民法院作出裁定的，由人民法院裁定。

当事人对仲裁协议的效力有异议，应当在仲裁庭首次开庭前提出。

《最高人民法院关于审理仲裁司法审查案件若干问题的规定》

第13条　当事人协议选择确认涉外仲裁协议效力适用的法律，应当作出明确的意思表示，仅约定合同适用的法律，不能作为确认合同中仲裁条款效力适用的法律。

第14条　人民法院根据《中华人民共和国涉外民事关系法律适用法》第十八条的规定，确定确认涉外仲裁协议效力适用的法律时，当事人没有选择适用的法律，适用仲裁机构所在地的法律与适用仲裁地的法律将对仲裁协议的效力作出不同认定的，人民法院应当适用确认仲裁协议有效的法律。

第15条　仲裁协议未约定仲裁机构和仲裁地，但根据仲裁协议约定适用的仲裁规则可以确定仲裁机构或者仲裁地的，应当认定其为《中华人民共和国涉外民事关系法律适用法》第十八条中规定的仲裁机构或者仲裁地。

【特别提示】申请确认仲裁协议效力的案件，由仲裁协议约定的仲裁机构所在地、仲裁协议签订地、申请人住所地、被申请人住所地的中级人民法院或者专门人民法院管辖。

第2条第2款 涉及海事海商纠纷仲裁协议效力的案件，由仲裁协议约定的仲裁机构所在地、仲裁协议签订地、申请人住所地、被申请人住所地的海事法院管辖；上述地点没有海事法院的，由就近的海事法院管辖。

第3条第1款 外国仲裁裁决与人民法院审理的案件存在关联，被申请人住所地、被申请人财产所在地均不在我国内地，申请人申请承认外国仲裁裁决的，由受理关联案件的人民法院管辖。受理关联案件的人民法院为基层人民法院的，申请承认外国仲裁裁决的案件应当由该基层人民法院的上一级人民法院管辖。受理关联案件的人民法院是高级人民法院或者最高人民法院的，由上述法院决定自行审查或者指定中级人民法院审查。

【经典真题】

（2012/1/78）中国A公司与甲国B公司签订货物买卖合同，约定合同争议提交中国C仲裁委员会仲裁，仲裁地在中国，但对仲裁条款应适用的法律未作约定。后因货物质量问题双方发生纠纷，中国A公司依仲裁条款向C仲裁委提起仲裁，但B公司主张仲裁条款无效。根据我国相关法律规定，关于本案仲裁条款的效力审查问题，下列哪些判断是正确的？[1]

A. 对本案仲裁条款的效力，C仲裁委无权认定，只有中国法院有权审查

B. 对本案仲裁条款的效力，如A公司请求C仲裁委作出决定，B公司请求中国法院作出裁定的，由中国法院裁定

C. 对本案仲裁条款效力的审查，应适用中国法

D. 对本案仲裁条款效力的审查，应适用甲国法

二、申请撤销仲裁裁决

1. 中国法院只能撤销本国裁决，不能撤销外国裁决。申请撤销仲裁裁决是胜诉方和败诉方都可以行使的权利。

2. 申请撤销的期限和撤销机构

当事人申请撤销裁决的，应当自收到裁决书之日起6个月内，向仲裁机构所在地中级法院提出。

3. 撤销的法定理由

当事人证明涉外仲裁裁决有下列情形之一的，法院裁定撤销：

（1）当事人在合同中没有订有仲裁条款或者事后没有达成书面仲裁协议；

（2）被申请人没有得到指定仲裁员或进行仲裁程序的通知，或由于其他不属于被申请人负责的原因未能陈述意见；

（3）仲裁庭的组成或程序与仲裁规则不符；

（4）裁决的事项不属于仲裁协议的范围或仲裁机构无权仲裁。

存在前述任何一种情况，人民法院应裁定撤销该裁决；反之，人民法院应驳回当事人的申请。

4. 法院受理当事人撤销仲裁裁决的申请后，另一方当事人申请执行同一仲裁裁决的，受理执行申请的法院应当在受理后裁定中止执行。

5. 当事人在仲裁程序中未对仲裁协议的效力提出异议，在仲裁裁决作出后以仲裁协议无效为由主张撤销仲裁裁决或者提出不予执行抗辩，人民法院不予支持。

6. 撤销后的救济

（1）对于法院撤销仲裁裁决或驳回当事人申请的裁定，当事人无权上诉或申诉，检察院

---

[1] BC【解析】根据《法律适用法》和《涉外解释（一）》的规定，关于仲裁协议的法律适用，首先双方当事人可以协议选择适用的法律；当事人没有选择的，适用仲裁机构所在地法或者仲裁地法；前者都不具备的，人民法院可以适用中华人民共和国法律认定该仲裁协议的效力。关于提出仲裁协议的效力的异议，可以向人民法院提出，也可以向仲裁委提出，二者相较，法院优先裁决。提出异议的时间节点在仲裁庭首次开庭前。

也不能提起抗诉;

（2）涉外仲裁裁决被法院撤销后，当事人可以依据重新达成的仲裁协议申请仲裁，也可以直接向有管辖权的法院起诉。

三、仲裁裁决的承认与执行

（一）中国仲裁机构涉外仲裁裁决在我国的执行

1. 执行机构

经中华人民共和国涉外仲裁机构裁决的，当事人不得向人民法院起诉。一方当事人不履行仲裁裁决的，对方当事人可以向被申请人住所地或者财产所在地的中级人民法院申请执行。（《民事诉讼法》第 273 条）

2. 裁定不予执行的法定情形（《民事诉讼法》第 274 条）

涉外仲裁裁决有下列情形之一的，人民法院组成合议庭审查核实后裁定不予执行:

（1）当事人在合同中没有订有仲裁条款或者事后没有达成书面仲裁协议的;

（2）被申请人没有得到指定仲裁员或者进行仲裁程序的通知，或者由于其他不属于被申请人负责的原因未能陈述意见的;

（3）仲裁庭的组成或者仲裁程序与仲裁规则不符的;

（4）裁决的事项不属于仲裁协议的范围或者仲裁机构无权仲裁的。

另外，人民法院认定执行该裁决违背社会公共利益的，也得裁定不予执行。

3. 不予执行的救济

仲裁裁决被人民法院裁定不予执行的，当事人可以根据双方达成的书面仲裁协议重新申请仲裁，也可以向人民法院起诉。（《民事诉讼法》第 275 条）

（二）中国仲裁机构仲裁裁决在外国的承认与执行

我国仲裁机构的仲裁裁决需要在外国承认与执行的，可分为两种情况:

1. 如果该外国为 1958 年《纽约公约》成员国，则当事人应根据公约规定的程序和条件，直接向该外国有管辖权的法院提出请求承认与执行的申请，然后由该国法院对裁决进行审查，作出是否承认与执行的裁定。

2. 如果该外国为非《纽约公约》的成员国，则当事人应当直接向有管辖权的外国法院申请承认与执行，由该国法院根据有关司法协助条约或其本国法律裁定是否承认与执行。

（三）外国仲裁裁决在我国的承认与执行

1. 承认与执行的机构

当事人直接向被执行人住所地或者其财产所在地的中级人民法院申请，人民法院应当依照中华人民共和国缔结或者参加的国际条约，或者按照互惠原则办理（《民事诉讼法》第 283 条）。境外仲裁庭作出的临时仲裁裁决的承认与执行也适用以上规定。

2. 《纽约公约》（1958 年《承认及执行外国仲裁裁决公约》）

该公约是目前国际上关于承认与执行外国仲裁裁决最主要的公约。我国 1986 年决定加入该公约。该公约于 1987 年 4 月 22 日对我国生效。我国在加入《纽约公约》时作了两项保留，即互惠保留和商事保留。互惠保留指我国只承认和执行在缔约国领土内作出的仲裁裁决。商事保留指我国只承认和执行针对契约性和非契约性商事法律关系引起的争议所作出的裁决。

最高人民法院于 1987 年发布了《关于执行我国加入的〈承认及执行外国仲裁裁决公约〉的通知》的解释，契约性和非契约性商事法律关系是指由于合同、侵权或依有关法律规定而产生的经济上的权利义务关系。我国与缔约国之间仲裁裁决的承认与执行应当依据《纽约公约》，公约的主要内容如下:（1）缔约国相互承认仲裁裁决具有约束力，且应依承认与执行地的程序规定予以执行。（2）拒绝承认与执行外国仲裁裁决的情形为：缺乏有效的仲裁条款或仲裁协议；签订仲裁协议的当事人没有行为能力；被执行人未收到有关指派仲裁员的适当通知，或未能获得申辩的机会；裁决处理的事项超出了仲裁协议的范围；仲裁庭的组成或仲裁程序与当事人之间的协议不符；仲裁裁决尚未发生法律效力或由作出裁决的国家或主管机关撤销或停止执行；依仲裁地的法律，争议事项不可以用仲裁的方式解决（如婚姻、收养等）；承认和执行该裁决违反承认与执行地国的公共政策。

> **【特别提示】** 对于符合两个保留条件的外国仲裁裁决，当事人可直接向我国有管辖权的法院申请承认与执行。对于非缔约国领土内作出的仲裁裁决，需要我国法院承认与执行的，按互惠原则办理。

3. 承认与执行的期限

法院决定予以承认与执行的，应在受理申请之日起 2 个月内作出裁定，在裁定后 6 个月内执行完毕。

4. 决定不予承认和执行的逐级上报

法院裁定拒绝承认和执行之前，报请高级法院进行审查；如果高级法院同意不予执行或者拒绝承认和执行，报最高人民法院。待最高人民法院答复后，方可裁定拒绝承认和执行。该审查意见应在受理申请之日起 2 个月内上报最高人民法院。

【经典真题】

（2015/1/38）2015 年 3 月，甲国公民杰夫欲向中国法院申请承认并执行一项在甲国境内作出的仲裁裁决。中国与甲国均为《承认与执行外国仲裁裁决公约》成员国。关于该裁决的承认和执行，下列哪一选项是正确的?[1]

A. 杰夫应通过甲国法院向被执行人住所地或其财产所在地的中级人民法院申请

B. 如该裁决系临时仲裁庭作出的裁决，人民法院不应承认与执行

C. 如承认和执行申请被裁定驳回，杰夫可向人民法院起诉

D. 如杰夫仅申请承认而未同时申请执行该裁决，人民法院可以对是否执行一并作出裁定

第二节　国际民事诉讼

一、外国人民事诉讼地位

1. 诉讼代理

外国人的诉讼代理人 {
(1) 中国公民、中国律师
(2) 外国人的本国人、本国律师（以非律师身份）
(3) 外国驻华使领馆官员（以个人名义，无特权豁免）
}

---

［1］ C【解析】根据《民事诉讼法》第283条的规定，当事人应直接向被执行人住所地或者财产所在地的中级法院申请，而不是通过外国法院申请。最高人民法院关于适用《中华人民共和国民事诉讼法》的解释（以下简称《民诉司法解释》）规定承认与执行的仲裁裁决包含境外临时仲裁庭作出的仲裁裁决。如申请被驳回，可以起诉解决。承认程序和执行程序是两个有区分的程序，我国法律和参加的国际条约允许当事人一并提出承认和执行申请，但这不意味着当事人必须一并提出承认和执行申请。当事人可以单独提出承认申请，人民法院应针对该申请作出承认与否的裁定。根据"一事不再理"原则，外国法院的判决、外国仲裁裁决一旦获得人民法院的承认，人民法院不再受理当事人就同一争议的起诉。

《民诉司法解释》第 527 条 涉外民事诉讼中，外国驻华使领馆授权其本馆官员，在作为当事人的本国国民不在中华人民共和国领域内的情况下，可以以外交代表身份为其本国国民在中华人民共和国聘请中华人民共和国律师或者中华人民共和国公民代理民事诉讼。

第 528 条 涉外民事诉讼中，经调解双方达成协议，应当制发调解书。当事人要求发给判决书的，可以依协议的内容制作判决书送达当事人。

2. 身份证明

（1）外国人参加诉讼，应当向人民法院提交护照等用以证明自己身份的证件。

（2）外国企业或组织的身份证明文件应经所在国公证，中国驻该国使领馆认证，或履行条约中的手续。

【特别提示】所在国：外国企业设立登记国，也可以是办理了营业登记手续的第三国。

（3）需要办理公证、认证手续，而外国当事人所在国与中华人民共和国没有建立外交关系的，可以经该国公证机关公证，经由与中华人民共和国有外交关系的第三国驻该国使领馆认证，再转由中华人民共和国驻该第三国使领馆认证。

（4）外国人、外国企业或者组织的代表人在人民法院法官的见证下签署授权委托书，委托代理人进行民事诉讼的，人民法院应予认可。

（5）外国人、外国企业或者组织的代表人在中华人民共和国境内签署授权委托书，委托代理人进行民事诉讼，经中华人民共和国公证机构公证的，人民法院应予认可。

3. 诉讼语言文字

我国法院在审理国际民事案件时，将使用我国的语言、文字，当事人要求翻译的可以提供，但费用由当事人负担。

【法条链接】

《民诉司法解释》第 525 条 当事人向人民法院提交的书面材料是外文的，应当同时向人民法院提交中文翻译件。

当事人对中文翻译件有异议的，应当共同委托翻译机构提供翻译文本；当事人对翻译机构的选择不能达成一致的，由人民法院确定。

二、国际民事案件管辖权 ★★★

国际民事案件管辖权，是指一国法院根据本国缔结或参加的国际条约和国内法对特定的国际民事案件行使审判权的资格。

管辖权类型	法律适用
1. 普通地域管辖	《民事诉讼法》第 22 条：采用原告就被告原则 涉外离婚案件的管辖权：《民诉司法解释》第 12～17 条。
2. 特别地域管辖	因合同纠纷或其他财产权益纠纷，对在中华人民共和国领域内没有住所的被告提起的诉讼，……可以由合同签订地、合同履行地、诉讼标的物所在地、可供扣押财产所在地、侵权行为地或者代表机构住所地人民法院管辖。
3. 协议管辖	《民事诉讼法》第 35 条、《民诉司法解释》第 529 条：涉外合同或其他财产权益纠纷的当事人，可以书面协议选择被告住所地、合同履行地、合同签订地、原告住所地、标的物所在地、侵权行为地等与争议有实际联系地点的外国法院管辖。不得违反专属管辖和级别管辖。

管辖权类型	法律适用
4. 专属管辖	不动产、港口作业中发生纠纷——所在地；继承遗产纠纷——被继承人死亡时住所地或者遗产所在地；在我国履行的中外合资、中外合作、中外合作勘探开发自然资源合同，我国法院有专属管辖权。不得以书面协议排除专属管辖权，如果协议仲裁，仲裁协议有排除专属管辖的效力。
5. 级别管辖	（1）基层人民法院管辖第一审涉外民事案件； （2）中级人民法院管辖第一审重大涉外案件。
6. 拒绝管辖	非方便法院原则 《民诉司法解释》第530条：涉外民事案件同时符合下列情形的，人民法院可以裁定驳回原告的起诉，告知其向更方便的外国法院提起诉讼： （1）被告提出案件应由更方便外国法院管辖的请求，或者提出管辖异议； （2）当事人之间不存在选择中华人民共和国法院管辖的协议； （3）案件不属于中华人民共和国法院专属管辖； （4）案件不涉及中华人民共和国国家、公民、法人或者其他组织的利益； （5）案件争议的主要事实不是发生在中华人民共和国境内，且案件不适用中华人民共和国法律，人民法院审理案件在认定事实和适用法律方面存在重大困难； （6）外国法院对案件享有管辖权，且审理该案件更加方便。
7. 平行诉讼的解决	《民诉司法解释》第531条：中华人民共和国法院和外国法院都有管辖权的案件，一方当事人向外国法院起诉，而另一方当事人向中华人民共和国法院起诉的，人民法院可予受理。判决后，外国法院申请或者当事人请求人民法院承认和执行外国法院对本案作出的判决、裁定的，不予准许；但双方共同缔结或者参加的国际条约另有规定的除外。 外国法院判决、裁定已经被人民法院承认，当事人就同一争议向人民法院起诉的，人民法院不予受理。
8. 国际商事法庭管辖权	受理五类案件 《最高人民法院关于设立国际商事法庭若干问题的规定》第2条：（1）当事人依照《民事诉讼法》第三十四条的规定协议选择最高人民法院管辖且标的额为人民币3亿元以上的第一审国际商事案件；（2）高级人民法院对其所管辖的第一审国际商事案件，认为需要由最高人民法院审理并获准许的；（3）在全国有重大影响的第一审国际商事案件；（4）依照本规定第十四条申请仲裁保全、申请撤销或者执行国际商事仲裁裁决的；（5）最高人民法院认为应当由国际商事法庭审理的其他国际商事案件。

【案例分析】

朗文与戴某缔结了一个在甲国和中国履行的合同。履约过程中发生争议，朗文向甲国法院起诉戴某并获得胜诉判决。戴某败诉后就同一案件向我国法院提起诉讼。朗文以该案件已经在甲国法院判决生效为由对中国法院提出管辖权异议。依据我国法律、司法解释以及我国缔结的相关条约，朗文的管辖权异议有效吗（无效）？我国对戴某的起诉有管辖权吗（有）？我国法院是否可以受理此案（可以）？国际民事诉讼中存在着平行诉讼，中国法院和外国法院可以对同一个案件具有管辖权，一方当事人向外国法院起诉，另一方向中国法院起诉的，中国法院可予受理。外国法院的判决、裁定已经被人民法院承认，当事人就同一争议向人民法院起诉的，人民法院不予受理。因而中国法院是否能够受理、是否有管辖权是依照中国法律中的管辖权规定，但是会在同一事项上只承认或只判决。

【经典真题】

1.（2016/1/38）俄罗斯公民萨沙来华与中国公民韩某签订一份设备买卖合同。后因履约纠纷韩某将萨沙诉至中国某法院。经查，萨沙在中国境内没有可供扣押的财产，亦无居所；该套设备位于中国境内。关于本案的管辖权与法律适用，依中国法律规定，下列哪一选项是正确的?[1]

A. 中国法院没有管辖权

B. 韩某可在该套设备所在地或合同签订地法院起诉

C. 韩某只能在其住所地法院起诉

D. 萨沙与韩某只能选择适用中国法或俄罗斯法

2.（2020 回忆题）中国甲公司与新西兰乙公司将合同纠纷提交中国国际商事法庭管辖，新西兰乙公司就本案是否可以通过网络方式质证等案件审理问题进行咨询。依中国法律及司法实践，下列哪一选项是正确的?[2]

A. 国际商事法庭质证必须采取现场方式，而不能采取视听传输或网络方式

B. 为便利判决在新西兰的承认和执行，该法庭可直接用英语作出判决书

C. 该法庭应在立案之日 6 个月内审结本案

D. 如判决需要在中国执行，当事人可向法庭直接申请执行

三、国际司法协助

司法协助是指一国法院或其他主管机关，根据另一国法院或其他主管机关或有关当事人的请求，代为实施或协助实施一定的司法行为。

（一）域外送达

人民法院对在中国领域内没有住所的当事人送达诉讼文书，可以采用下列方式：

1. 条约方式；

---

〔1〕B【解析】对合同纠纷案件的国际民事案件管辖权的考查，往往伴随着对其法律选择的考查。需要注意的是，中国的相关规定中，当事人协议选择法院是有具体要求的，第一应当是涉外合同或者其他财产权益纠纷案件；第二是应当以书面形式作出，该选择可以在争议发生前也可以在争议发生后作出；第三是协议选择的法院的范围是有限制的，可以是被告住所地、合同履行地、合同签订地、原告住所地、标的物所在地等"与争议有实际联系地点"的法院。因而只要上述实际联系地点有其中之一处于中国境内，中国就有管辖权，当事人可以选择的法院也随着实际联系地点的不唯一而有不唯一的选择。但是，如果当事人仅是选择了解决争议所应当适用的法律，而并无上述连结点，不能以此认定为有实际联系。换言之，选择法院与选择法律是两个不同的问题。并且需要注意，中国的法律规定中，关于合同纠纷的协议选择法律，并无所选择法律需与纠纷具有实际联系的要求，也并不要求应当以书面形式作出，但需要明示作出。

〔2〕D【解析】《最高人民法院关于设立国际商事法庭若干问题的规定》第 10 条："国际商事法庭调查收集证据以及组织质证，可以采用视听传输技术及其他信息网络方式。"A 错误。

由中国法院作出的判决，判决书应当使用中文。B 错误。

《民事诉讼法》第 270 条："人民法院审理涉外民事案件的期间，不受本法第一百四十九条、第一百七十六条规定的限制。"第 149 条："人民法院适用普通程序审理的案件，应当在立案之日起六个月内审结。有特殊情况需要延长的，由本院院长批准，可以延长六个月；还需要延长的，报请上级人民法院批准。"由此可知，涉外民事诉讼案件，法院审理期限不受 6 个月时间的限制，C 错误。

《最高人民法院关于设立国际商事法庭若干问题的规定》第 17 条："国际商事法庭作出的发生法律效力的判决、裁定和调解书，当事人可以向国际商事法庭申请执行。"

综上所述，本题答案为 D。

2. 外交途径；

3. 使领馆途径（限于向具有中国国籍的受送达人送达）；

4. 向诉讼代理人送达（除受送达人在授权委托书中明确表明其诉讼代理人无权代为接收有关司法文书外，其委托的诉讼代理人为有权代其接受送达的诉讼代理人）；

5. 向代表机构或者分支机构、业务代办人送达（向分支机构、业务代办人送达，须经受送达人授权）；

6. 邮寄送达（受送达人所在国的法律允许邮寄送达时可采用，满3个月，如果未收到送达的证明文件，而且根据各种情况不足以认定已经送达的，视为不能用邮寄方式送达）；

7. 传真、电子邮件送达；

8. 不能用上述方式送达的，公告送达（公告期满3个月视为送达。期满不应诉，缺席判决后裁判文书仍应当公告送达。一审时采用公告送达方式的，二审时可径行采取公告送达方式，但能采取公告之外的方式送达的除外。）

9. 直接送达：向位于中国境内的受送达人或其法定代表人、主要负责人（董事、监事、高级管理人员等）送达。

(二) 域外取证 ★★

1. 代为取证

一国受理案件的司法机关向证据所在地国的司法机关提出请求，由后者代为取证。

（1）请求书：应直接送交执行国中央机关，无需通过任何其他机关转交；请求书应以执行地国文字作成或附其译文。

（2）可以拒绝执行请求书的理由：

①请求事项不属于执行地国司法机关的职权范围；

②请求书的执行将会损害执行地国主权和安全。

2. 领事取证

通过本国驻他国领事或外交人员在驻在国直接调查取证。

我国规定：

（1）只能向在中国的其本国公民取证；

（2）取证方式不得违反中国法律；

（3）不得采取强制措施。

3. 特派员取证

法院派专门的官员到外国调查取证（不得采取强制措施）。

我国规定：原则上不允许，特殊情况下可特许。

4. 当事人或诉讼代理人自行取证

主要存在于英美法国家，公约未规定该方式。

我国规定：未经主管机关准许，任何外国当事人或其诉讼代理人不得在我国自行取证。

【经典真题】

(2016/1/39) 蒙古公民高娃因民事纠纷在蒙古某法院涉诉。因高娃在北京居住，该蒙古法院欲通过蒙古驻华使馆将传票送达高娃，并向其调查取证。依中国法律规定，下列哪一选项是正确的？[1]

    A. 蒙古驻华使馆可向高娃送达传票

    B. 蒙古驻华使馆不得向高娃调查取证

    C. 只有经中国外交部同意后，蒙古驻华使馆才能向高娃送达传票

    D. 蒙古驻华使馆可向高娃调查取证并在必要时采取强制措施

（三）外国法院判决的承认与执行

1. 提出方式

中国法院和外国法院作出的判决、裁定，要在对方国家得到承认与执行：

（1）当事人提出：可以由当事人直接向有管辖权的法院（在我国为被执行人住所地或财产所在地中级法院）提出；

（2）法院提出：也可以由法院按照条约的规定或互惠原则请求对方国家法院承认与执行。

2. 提交文件

（1）申请书，并附外国法院判决、裁定正本或者经证明无误的副本，以及中文译本；

（2）缺席审判的，应同时提交外国法院已经合法传唤的证明文件（如判决、裁定中已对此明确说明的除外）；

（3）中国缔结或参加的国际条约对提交文件有规定的，按规定办理。

3. 申请或请求的审查

（1）应当组成合议庭进行审查；应当将申请书送达被申请人；被申请人可以陈述意见；

（2）审查依据：依据国际条约或者互惠原则进行（根据《民诉司法解释》第544条规定，离婚判决的承认无须此项条件，具体依据最高人民法院《关于中国公民申请承认外国法院离婚判决程序问题的规定》）；否则裁定驳回申请；当事人可起诉；

（3）审查结果：审查后应作出裁定，裁定一经送达即发生法律效力；

（4）承认和执行分离：当事人仅申请承认未申请执行的，法院只对是否承认进行审查并作出裁定。

4. 承认与执行的条件

不违反我国法律基本原则，不危害我国国家主权、安全和社会公共利益，裁定承认、需要执行的按民诉规定执行。另需原判决法院必须有管辖权；审判程序公正；且不与正在我国国内进行或已经终结的诉讼相冲突。

5. 不予承认与执行的救济

如中国法院裁定驳回申请，对外国法院的判决不予承认与执行，当事人可以向我国法院起诉，由有管辖权的法院作出判决并予以执行。

---

[1] A【解析】《民事诉讼法》第277条："请求和提供司法协助，应当依照中华人民共和国缔结或者参加的国际条约所规定的途径进行；没有条约关系的，通过外交途径进行。

外国驻中华人民共和国的使领馆可以向该国公民送达文书和调查取证，但不得违反中华人民共和国的法律，并不得采取强制措施。

除前款规定的情况外，未经中华人民共和国主管机关准许，任何外国机关或者个人不得在中华人民共和国领域内送达文书、调查取证。"

A正确，C错误。只要不违反中国法律，外国驻中国使领馆可以向该国公民送达文书，不必经中国外交部同意。

BD错误。只要不违反中国法律，蒙古驻华使领馆可以向该国公民调查取证，但不得采取强制措施。

福建省泉州市中级人民法院
民事判决书

(2017) 闽 05 民终 6970 号

上诉人（原审被告）：谢某，女，1938 年 10 月 9 日出生，汉族，香港特别行政区居民，住香港特别行政区。

委托诉讼代理人：林一，福建闽鹭律师事务所律师。

委托诉讼代理人：陈二，福建闽鹭律师事务所实习律师。

上诉人（原审被告）：黄某 1，女，1962 年 11 月 10 日出生，汉族，香港特别行政区居民，住香港特别行政区。

委托诉讼代理人：林一，福建闽鹭律师事务所律师。

委托诉讼代理人：陈二，福建闽鹭律师事务所实习律师。

上诉人（原审被告）：黄某 2，女，1964 年 12 月 9 日出生，汉族，香港特别行政区居民，住香港特别行政区。

委托诉讼代理人：林一，福建闽鹭律师事务所律师。

委托诉讼代理人：陈二，福建闽鹭律师事务所实习律师。

上诉人（原审被告）：黄某 3，女，1969 年 4 月 26 日出生，汉族，香港特别行政区居民，住香港特别行政区。

委托诉讼代理人：林一，福建闽鹭律师事务所律师。

委托诉讼代理人：陈二，福建闽鹭律师事务所实习律师。

上诉人（原审被告）：黄某 4，男，1971 年 2 月 10 日出生，汉族，香港特别行政区居民，住香港特别行政区。

委托诉讼代理人：林一，福建闽鹭律师事务所律师。

委托诉讼代理人：陈二，福建闽鹭律师事务所实习律师。

被上诉人（原审原告）：黄某 5，男，1960 年 4 月 17 日出生，汉族，香港特别行政区居民，住香港特别行政区。

上诉人谢某、黄某 1、黄某 2、黄某 3、黄某 4 因与被上诉人黄某 5 遗嘱继承纠纷一案，不服福建省安溪县人民法院 (2016) 闽 0524 民初 5878 号民事判决，向本院提起上诉。本院于 2017 年 12 月 5 日立案后，依法组成合议庭审理了本案。本案现已审理终结。

谢某、黄某 1、黄某 2、黄某 3、黄某 4 上诉请求：1、撤销一审判决，并按法定继承分割被继承人黄某 6 名下遗产（指安溪县凤城镇新安路颖如桥外 5 号楼东半幢房产中属于黄某 6 的遗产部分）；2、判令由被上诉人承担本案一、二审诉讼费用。

事实和理由：一、本案系涉及不动产的民事纠纷案件，应适用不动产所在地法律，原审法院适用香港法律作出认定，属适用法律错误。二、案涉"遗嘱"为无效遗嘱。该遗嘱形式不合法且真实性无法得到确认。即便该遗嘱确系被继承人黄某 6 的真实意思表示，被上诉人不具备遗赠的条件，遗赠表示无效。即便遗赠有效，也应视为被上诉人已放弃了受遗赠的权利。三、被继承人黄某 6 仅享有案涉房产 50% 的产权，该部分为讼争遗产。上诉人谢某早在上世纪×××× 年代即与被继承人黄某 6 以夫妻名义共同居住生活，先后生育两男三女，双方虽未办理结婚登记，但已构成了事实婚姻，故案涉房产应认定为上诉人谢某与黄某 6 的共同财产，黄某 6 仅享有 50% 的产权。四、本案应按法定继承分割黄某 6 遗产，原审法院判令全部归被上诉人所有缺乏依据。

黄某5辩称，一审判决认定事实清楚，证据充分，适用法律正确。请求驳回上诉，维持原判。

黄某5向一审法院起诉请求：1. 确认黄某6于2011年10月20日在香港所立的遗嘱有效；2. 遗嘱项下址在福建省安溪县颖如桥外5号楼东半幢房产（房产证号分别为：安房权证凤城字第××号，00××36号，00××37号，00××38号，00××39号，00××40号，00××41号，00××42号）归黄某5所有。

一审法院认定事实：2011年10月20日，黄某6（香港永久性居民、永久居留地香港）于香港在香港执业律师涂谨中、社区干事戴艳芳的见证下，立下书面遗嘱。遗嘱内容："兹郑重声明：将本人所有以前订立之嘱书及遗产处置办法，尽行作废，并立此嘱书，为本人最后之嘱书。一、本人将本人名下在各处所有之不动产及动产，除清付本人之丧葬及其他费用（包括债项在内）外，全部尽行遗赠余之儿子黄某5（香港身份证号码：G2xxxx（6））承受及享用。二、本人以香港为永久居留地，本遗嘱系应根据香港法律处理。三、本人指定及委派余之儿子黄某5（香港身份证号码：G2xxxx（6））为本人此遗嘱之全权执行人，此嘱。"。2015年8月12日，黄某6在香港去世。2016年2月2日，黄某5持该遗嘱向香港特别行政区高等法院原讼法庭申请认证，同月12日，香港特别行政区高等法院原讼法庭作出遗嘱认证（编号：HCAGxxxxxx/2016）。认证书确定：上述法院已将死者的全部及个别遗产和财物的管理授予上述遗嘱内指名唯一执行人黄某5……经黄某5申请，2016年8月3日，中国司法部委托公证人卢某对遗嘱及遗嘱认证进行了公证证明。同年10月5日，中国法律服务（香港）有限公司就该遗嘱及遗嘱认证办理了中华人民共和国司法部委托香港律师办理内地使用的文书的转递手续，并加盖了转递专用章（编号为深办第44915号）。

另查明，黄某6生前与谢某系"配偶"关系，共生育黄某5、黄某1、黄某2、黄某3、黄某4二男三女。黄某6生前在福建省安溪县登记有本案涉案房产，即址在福建省安溪县颖如桥外5号楼东半幢房产（房产证号分别为：安房权证凤城字第××号、00××36号、00××37号、00××38号、00××39号、00××40号、00××41号、00××42号）。

对本案的争议焦点，一审法院分析如下：涉案遗嘱是否合法有效？判定涉案遗嘱是否合法有效，关键在于是适用中华人民共和国法律，还是适用香港地区法律？由于本案双方当事人均为香港永久性居民，且常住于香港，双方所发生的民事关系应认定为涉外民事关系。而本案所涉遗嘱的立遗嘱时间为2011年10月20日，发生于《中华人民共和国涉外民事关系法律适用法》实施之后，故应适用该法判定本案所涉遗嘱的合法有效性。根据《中华人民共和国涉外民事关系法律适用法》第十二条、第三十二条、第三十三条规定，我国对涉外遗嘱继承明确确立了遗嘱继承规范采用不区分动产与不动产的"统一主义"，即不以不动产所在地法为不动产遗嘱的准据法，而是将准据法统一于属人法或被继承人本国法，或为被继承人经常居所地法或惯常住所地法，而本案的立遗嘱人黄某6为香港永久性居民，且在香港居住，立遗嘱（遗嘱行为地）及死亡时的经常居所地均在香港，故判定黄某6所立遗嘱是否合法有效，应适用香港地区法律，而不是中华人民共和国法律。现黄某5所提供的黄某6遗嘱，不仅有香港执业律师涂谨中、社区干事戴艳芳的见证，遗嘱明确声明"本遗嘱系应根据香港法律处理"，且该遗嘱经司法部委托公证人出具的公证文书，经香港特别行政区高等法院原讼法庭进行认证，遗嘱的内容符合香港特别行政区法例，不具有违法性。谢某等人又不能提供证据证明黄某6立遗嘱时的民事行为能力以及遗嘱方式、遗嘱效力、遗嘱内容是否存在违背香港法律规定的情形，故该遗嘱合法有效。谢某等人辩解本案应适用不动产所在地法律即中华人民共和国法律，从而判定涉案遗嘱无效的意见，于法不符，不予采纳。

一审法院认为，黄某6（已故）于2011年10月20日（生前）所立遗嘱，系其真实的意思表示，所立遗嘱不违背其经常居所地香港的法律规定，并经香港特别行政区高等法院原讼法庭进行了认证，且也不违背我国关于涉外遗嘱继承的法律规定，黄某5作为遗嘱指定的唯一执行人，又根据我国法律规定履行了相关的证明手续，该遗嘱合法有效，依法予以确认。其次，关于涉案房屋的产权归属问题。根据《中华人民共和国涉外民事关系法律适用法》第二十四条规定的"夫妻财产关系，当事人可以选择适用一方当事人经常居所地法律、国籍国法律或者主要财产所在地法律。当事人没有选择的，适用共同经常居所地法律……"，显然如果黄某6与谢某双方均健在的，可以协议选择适用不同国家（地区）的法律，但现在黄某6已经死亡，谢某无法单方面选择适用的法律，只能按照他们共同的经常居所地法律，即中国香港地区的法律。况且，根据《中华人民共和国涉外民事关系法律适用法》第二十一条规定的"结婚条件，适用当事人共同经常居所地法律"，由于黄某6与谢某之间的关系不符合《香港法例》第181章《婚姻条例》规定的夫妻结婚形式，不属于香港法律规定的实质意义上的"夫妻"。而且《香港法例》第182章《已婚者地位条例》中规定的夫妻财产实行的是财产分别制，故黄某6名下的财产属于黄某6的个人财产，而非黄某6与谢某的夫妻共同财产。又根据黄某6的书面遗嘱及香港特别行政区高等法院原讼法庭的遗嘱认证书，由于黄某5系黄某6指定的遗产唯一执行人，显然黄某5依照其父亲黄某6的遗嘱，对涉案全部房产享有所有权，故黄某5要求将黄某6生前登记在其名下址在福建省安溪县颖如桥外5号楼东半幢房产（房产证号分别为：安房权证凤城字第××号、00××36号、00××37号、00××38号、00××39号、00××40号、00××41号、00××42号）判归其所有的诉求，于法有据，本院予以支持。据此，黄某5诉求合法有据，予以支持；谢某等人及其代理人答辩认为本案应适用中华人民共和国法律，从而判定该遗嘱无效，并将涉案房产认定为夫妻共同财产，按法定继承予以分割的意见，于法不符，不予采纳。

一审法院判决：一、黄某6生前于2011年10月20日在香港所立的书面遗嘱合法有效；二、黄某6所立遗嘱中所涉登记在其名下址在福建省安溪县颖如桥外5号楼东半幢房产（房产证号分别为：安房权证凤城字第××号、00××36号、00××37号、00××38号、00××39号、00××40号、00××41号、00××42号）归黄某5所有。案件受理费34800元，由黄某5负担。

二审中，谢某等5人提供《黄某2往港申请表》、《常住人口登记表》等证据，本院组织当事人进行了证据交换和质证。本院对一审查明的事实予以确认。

本院另查明，谢某在××××年间即与黄某6在安溪县按农村风俗举办婚礼并以夫妻名义共同居住生活，但并未办理结婚登记。两人先后也在安溪县育有子女，即黄某5、黄某1、黄某2、黄某3、黄某4。至上世纪七八十年代，黄某6、谢某及两人所生的二子三女才先后移居香港。黄某6与谢某移居香港后，也未办理结婚登记。

本案争议焦点为：一、黄某6与谢某的身份关系问题。二、黄某6名下房产（即福建省安溪县颖如桥外5号楼东半幢房产）的产权归属问题。三、黄某6所立遗嘱的效力问题。四、对黄某6上述名下房产如何确权问题。

一、关于黄某6与谢某的身份关系问题

黄某5认为，谢某与黄某6从未办理结婚登记，双方在香港只停留在以夫妻名义同居关系上，不具有法律上的夫妻权利义务。谢某等5人则认为，谢某早在上世纪××××年代即与黄某6以夫妻名义共同居住生活，先后生育两男三女，双方虽未办理结婚登记，但已构成了事实婚姻。

本院认为，二审中，黄某4提供了《常住人口登记表》等证据可证实，谢某在××××年间即与黄某6在安溪县按农村风俗举办婚礼并以夫妻名义共同居住生活，但并未办理结婚登记。两人移居香港后也未办理结婚登记。

黄某6与谢某在大陆虽未办理结婚登记，但依《最高人民法院关于适用〈中华人民共和国婚姻法〉若干问题的解释（一）》第五条规定，未按婚姻法第八条规定办理结婚登记而以夫妻名义共同生活的男女，起诉到人民法院要求离婚的，应当区别对待：（一）1994年2月1日民政部《婚姻登记管理条例》公布实施以前，男女双方已经符合结婚实质要件的，按事实婚姻处理。黄某6与谢某构成事实婚姻这一事实可予认定。一审判决认定谢某与黄某6为"配偶关系"属事实认定不清，应予更正。谢某等5人主张谢某与黄某6构成事实婚姻，符合上述司法解释的规定，予以采信。黄某5认为谢某与黄某6不具有法律上的夫妻权利义务，与事实不符，不予采信。

二、黄某6名下房产的产权归属问题

黄某5认为，黄某6与谢某从未依法缔结有效的婚姻关系，黄某6名下的房产只登记在其名下，应认定为黄某6的个人房产。谢某等5人则认为，黄某6与谢某双方虽未办理结婚登记，但已构成事实婚姻，黄某6名下的房产应认定为谢某与黄某6的共同财产。

本院认为，本案双方当事人均为香港永久性居民，且常住于香港，双方所发生的民事关系应认定为涉外民事关系。《中华人民共和国涉外民事关系法律适用法》第三十六条规定，不动产物权，适用不动产所在地法律。因诉争房产位于安溪县，故对诉争房产的归属认定应适用中国法律。

本案中，黄某6与谢某已构成事实婚姻，理由同上，这里不再重复。《中华人民共和国婚姻法》第十七条规定，夫妻在婚姻关系存续期间所得的下列财产，归夫妻共同所有：（一）工资、奖金；（二）生产、经营的收益；（三）知识产权的收益；（四）继承或赠与所得的财产，但本法第十八条第三项规定的除外；（五）其他应当归共同所有的财产。夫妻对共同所有的财产，有平等的处理权。因黄某6生前与谢某对其名下的房产归属并未作出约定，故黄某6名下的房产应认定为黄某6与谢某两人的共同财产，双方各占50%份额。黄某5主张黄某6名下的财产只归黄某6个人所有，缺乏法律依据，不予采信。谢某等5人认为黄某6名下的房产应认定为谢某与黄某6两人共有，理由成立，予以采信。

三、黄某6所立遗嘱的效力问题

黄某5认为，遗嘱是在香港所立，立遗嘱人是香港居民，根据《中华人民共和国涉外民事法律关系适用法》第三十二条、三十三条的规定，其效力的认定应依法认定为有效。谢某等5人则认为，遗嘱形式不合法且真实性无法得到确认。

本院认为，本案所涉遗嘱的立遗嘱时间为2011年10月，发生于《中华人民共和国涉外民事关系法律适用法》实施之后，故应适用该法判定本案所涉遗嘱的合法有效性。根据《中华人民共和国涉外民事关系法律适用法》的规定，本案的立遗嘱人黄某6为香港永久性居民，且在香港居住，立遗嘱（遗嘱行为地）及死亡时的经常居所所地均在香港，故判定黄某6所立遗嘱是否合法有效，应适用香港地区法律。一审中，黄某5所提供的黄某6遗嘱，不仅有香港执业律师涂谨中、社区干事戴艳芳的见证，该遗嘱经司法部委托公证人出具的公证文书，经香港特别行政区高等法院原讼法庭进行认证，遗嘱的内容符合香港特别行政区法例，其真实性应予认定。

但黄某6所立遗嘱是全部有效或是部分有效，是处理本案的关键所在。诉争房产虽登记在黄某6名下，黄某6在遗嘱中，也将其名下的包括本案诉争的福建省安溪县颖如桥外5号楼东半幢房产在内的所有全部房产赠与黄某5固然是黄某6的真实表示。但如上分析，诉争房产是属于黄某6与谢某共同共有。黄某6未经谢某同意擅自处分属于谢某份额内的房产是不产生法律效力的，黄某6只能处分属于自己份额内的房产。故黄某6所立遗嘱部分涉及诉争房产的意思表示只能认定为部分有效。黄某5认为遗嘱全部有效及谢某等5人认为遗嘱全部无效的理由均不能成立，均不予采信。

四、对黄某6上述名下房产如何确权问题

黄某5认为，黄某6名下的诉争房产在黄某6去世后依黄某6所立遗嘱内容，应归黄某5所有，不存在共同问题。谢某等5人则认为，黄某6名下的房产应归黄某6与谢某共有。

本院认为，结合上述前三点问题的分析，黄某6名下的诉争房产，即位于福建省安溪县颖如桥外5号楼东半幢房产，为黄某6与谢某共同共有，双方各占50%。因黄某6立下遗嘱，将其所占房产份额全部赠与黄某5，故黄某5与谢某对上述房产各自享有50%的份额。黄某5主张其应享有诉争房产的全部份额，缺乏事实和法律依据，不予采信。

综上，本院认为，本案双方当事人均为香港特别行政区居民，本案涉及遗嘱继承纠纷，依照最高人民法院关于适用《中华人民共和国涉外民事关系法律适用法》第十九条之规定，涉及香港特别行政区、澳门特别行政区的民事关系的法律适用问题，参照适用本规定。故本案应适用《中华人民共和国涉外民事关系法律适用法》的有关规定进行处理。黄某6与谢某在中国大陆期间按风俗举办婚礼并以夫妻名义进行同居生活。按照《最高人民法院关于适用〈中华人民共和国婚姻法〉若干问题的解释（一）》第五条的规定，黄某6与谢某已构成事实婚姻关系。在黄某6与谢某事实婚姻存续期间，登记在黄某6名下的诉争房产（即福建省安溪县颖如桥外5号楼东半幢房产）的归属应依据中国法律进行认定为双方夫妻共同财产。黄某6生前在香港所立的遗嘱为其真实意思表示，内容不违反其居住地香港地区有关法律的规定，但其效力只及其拥有的诉争房产份额部分，而黄某6擅自处分谢某份额内房产并未经谢某同意，该部分处分行为不具有法律效力。故黄某6所立遗嘱行为部分有效。黄某6所占的诉争房产50%份额由黄某5享有，故黄某5与谢某对上述房产各自享有50%的份额。

谢某等5人的上诉理由部分成立，予以部分支持；一审判决事实认定不清，适用法律不当，应予撤销。依照《中华人民共和国涉外民事关系法律适用法》第三十二条、第三十三条、第三十六条，《中华人民共和国婚姻法》第十七条，《最高人民法院关于适用〈中华人民共和国涉外民事关系法律适用法〉若干问题的解释（一）》第十九条，《最高人民法院关于适用〈中华人民共和国婚姻法〉若干问题的解释（一）》第五条，《中华人民共和国民事诉讼法》第一百七十条第一款第三项规定，判决如下：

一、撤销福建省安溪县人民法院（2016）闽0524民初5878号民事判决；

二、黄某6生前于2011年10月20日在香港所立的书面遗嘱部分有效；

三、登记在黄某6名下的地址在福建省安溪县颖如桥外5号楼东半幢房产（房产证号分别为：安房权证凤城字第××号、00××36号、00××37号、00××38号、00××39号、00××40号、00××41号、00××42号）由谢某与黄某5各自享有50%的产权份额；

四、驳回谢某、黄某1、黄某2、黄某3、黄某4的其他上诉请求；

五、驳回黄某5的其他诉讼请求。

本案一、二审案件受理费各34800元，由谢某、黄某1、黄某2、黄某3、黄某4与黄某5各负担17400元。

本判决为终审判决。

审判长　郑玲玲

审判员　庄丽娜

审判员　郑程辉

二〇一八年四月四日

书记员　赖少花

附：本案适用的主要法律条文及执行申请提示

《中华人民共和国涉外民事关系法律适用法》

第 32 条　遗嘱方式，符合遗嘱人立遗嘱时或者死亡时经常居所地法律、国籍国法律或者遗嘱行为地法律的，遗嘱均为成立。

第 33 条　遗嘱效力，适用遗嘱人立遗嘱时或者死亡时经常居所地法律或者国籍国法律。

第 36 条　不动产物权，适用不动产所在地法律。

《中华人民共和国婚姻法》

第 17 条　夫妻在婚姻关系存续期间所得的下列财产，归夫妻共同所有：（一）工资、奖金；（二）生产、经营的收益；（三）知识产权的收益；（四）继承或赠与所得的财产，但本法第十八条第三项规定的除外；（五）其他应当归共同所有的财产。

夫妻对共同所有的财产，有平等的处理权。

《最高人民法院关于适用〈中华人民共和国涉外民事关系法律适用法〉若干问题的解释（一）》

第 17 条　涉及香港特别行政区、澳门特别行政区的民事关系的法律适用问题，参照适用本规定。

《最高人民法院关于适用〈中华人民共和国婚姻法〉若干问题的解释（一）》

第 5 条　未按婚姻法第八条规定办理结婚登记而以夫妻名义共同生活的男女，起诉到人民法院要求离婚的，应当区别对待：（一）1994 年 2 月 1 日民政部《婚姻登记管理条例》公布实施以前，男女双方已经符合结婚实质要件的，按事实婚姻处理。

《中华人民共和国民事诉讼法》

第 170 条　第二审人民法院对上诉案件，经过审理，按照下列情形，分别处理：

（一）原判决、裁定认定事实清楚，适用法律正确的，以判决、裁定方式驳回上诉，维持原判决、裁定；

（二）原判决、裁定认定事实错误或者适用法律错误的，以判决、裁定方式依法改判、撤销或者变更；

（三）原判决认定基本事实不清的，裁定撤销原判决，发回原审人民法院重审，或者查清事实后改判；

（四）原判决遗漏当事人或者违法缺席判决等严重违反法定程序的，裁定撤销原判决，发回原审人民法院重审。

原审人民法院对发回重审的案件作出判决后，当事人提起上诉的，第二审人民法院不得再次发回重审。

第 236 条　发生法律效力的民事判决、裁定，当事人必须履行。一方拒绝履行的，对方当事人可以向人民法院申请执行，也可以由审判员移送执行员执行。

第 239 条　申请执行的期间为二年。

申请执行时效的中止、中断，适用法律有关诉讼时效中止、中断的规定。

前款规定的期间，从法律文书规定履行期间的最后一日起计算；法律文书规定分期履行的，从规定的每次履行期间的最后一日起计算；法律文书未规定履行期间的，从法律文书生效之日起计算。

第 253 条　被执行人未按判决、裁定和其他法律文书指定的期间履行给付金钱义务的，应当加倍支付迟延履行期间的债务利息。

被执行人未按判决、裁定和其他法律文书指定的期间履行其他义务的，应当支付迟延履行金。

第四章　区际法律问题

　　本章对与司法实践紧密相连的新增司法解释十分关注。主要涉及内地（大陆）与香港特别行政区、澳门特别行政区以及台湾地区之间的送达和取证、仲裁裁决与司法判决的认可与执行中的问题。

● 【知识框架】

{区际文书送达
区际取证
区际仲裁裁决和法院判决的认可与执行

一、区际文书送达

　　关于内地（大陆）与港、澳、台的司法文书送达问题，目前主要是参照我国《民事诉讼法》有关域外送达的规定及最高人民法院的司法解释。司法解释主要涉及1999年最高人民法院《关于内地与香港特别行政区法院相互委托送达民商事司法文书的安排》（以下简称1999年《内地与香港送达安排》）、2020年最高人民法院《关于内地与澳门特别行政区法院就民商事案件相互委托送达司法文书和调取证据的安排》（以下简称2020年《内地与澳门送达和取证安排》）、2008年最高人民法院《关于涉台民事诉讼文书送达的若干规定》（以下简称2008年《涉台送达规定》）、2009年最高人民法院《关于涉港澳民商事案件司法文书送达问题若干规定》（以下简称2009年《涉港澳送达规定》）。

（一）域外文书送达与区际文书送达途径的异同

项目	内容
域外送达途径（9种）	（1）国际条约；（2）外交途径；（3）使领馆（向中国人）；（4）诉讼代理人和代表机构；（5）分支机构和业务代办人（经受送达人授权）；（6）邮寄（受送达人所在国法律允许）；（7）公告（兜底方式，3个月）；（8）直接送达：在我国领域出现的受送达人或其法定代表人、主要负责人（包括董、监、高）；（9）传真、电子邮件等方式（能够确认收悉）。
区际送达途径（涉港澳为7种，涉台为8种）	（1）域外送达的9种方式中，4~9种方式也适用于向港、澳、台的送达（邮寄送达未签送达回证但签收邮件回执的视为送达；公告应在境内外公开发行的报刊或权威网站上刊登，满3个月视为送达）； （2）涉港、澳、台均可采用"委托送达"方式，但存在区别； （3）涉台送达还可采用"指定代收人"方式。

（二）涉港、澳、台区际文书委托送达的异同

	涉港	涉澳	涉台
机构	内地高院←→香港高等法院 内地最高法→香港高等法院	（中院、基层经最高授权） 内地高院←→澳门终审法院 内地最高法←→澳门终审法院	内地高级人民法院←→台湾地区有关法院
期限	不论司法文书中确定的出庭日期或者期限是否已过，受委托方均应送达。最长不超过收到委托书之日起2个月	2个月	2个月
费用	送达费用互免，特定方式产生的费用由委托方负担	委托方无须付费，特殊费用委托方负责	
文本	中文文本；没有中文文本的，应当提供中文译本	同涉港	

二、区际调查取证

2020年《内地与澳门送达和取证安排》；2017年最高人民法院《关于内地与香港特别行政区法院就民商事案件相互委托提取证据的安排》（简称《内地与香港取证安排》）。

【法条链接】

《最高人民法院关于内地与香港特别行政区法院就民商事案件相互委托提取证据的安排》

第2条　双方相互委托提取证据，须通过各自指定的联络机关进行。其中，内地指定各高级人民法院为联络机关；香港特别行政区指定香港特别行政区政府政务司长办公室辖下行政署为联络机关。

最高人民法院可以直接通过香港特别行政区指定的联络机关委托提取证据。

第4条　委托书及所附相关材料应当以中文文本提出。没有中文文本的，应当提供中文译本。

第8条　内地人民法院委托香港特别行政区法院提取证据，应当提供加盖最高人民法院或者高级人民法院印章的委托书。香港特别行政区法院委托内地人民法院提取证据，应当提供加盖香港特别行政区高等法院印章的委托书。

委托书或者所附相关材料应当写明：

（一）出具委托书的法院名称和审理相关案件的法院名称；

（二）与委托事项有关的当事人或者证人的姓名或者名称、地址及其他一切有助于联络及辨别其身份的信息；

（三）要求提供的协助详情，包括但不限于：与委托事项有关的案件基本情况（包括案情摘要、涉及诉讼的性质及正在进行的审理程序等）；需向当事人或者证人取得的指明文件、物品及询（讯）问的事项或问题清单；需要委托提取有关证据的原因等；必要时，需陈明有关证据对诉讼的重要性及用来证实的事实及论点等；

（四）是否需要采用特殊方式提取证据以及具体要求；

（五）委托方的联络人及其联络信息；

（六）有助执行委托事项的其他一切信息。

第10条　受委托方应当尽量自收到委托书之日起六个月内完成受托事项。受委托方完成受托事项后，应当及时书面回复委托方。

如果受委托方未能按委托方的请求完成受托事项，或者只能部分完成受托事项，应当向委托方书面

说明原因，并按委托方指示及时退回委托书所附全部或者部分材料。

如果证人根据受委托方的法律规定，拒绝提供证言时，受委托方应当以书面通知委托方，并按委托方指示退回委托书所附全部材料。

《最高人民法院关于内地与澳门特别行政区法院就民商事案件相互委托送达司法文书和调取证据的安排》（2020 修正）第 1 条　内地人民法院与澳门特别行政区法院就民商事案件（在内地包括劳动争议案件，在澳门特别行政区包括民事劳工案件）相互委托送达司法文书和调取证据，均适用本安排。

第 2 条　双方相互委托送达司法文书和调取证据，通过各高级人民法院和澳门特别行政区终审法院进行。最高人民法院与澳门特别行政区终审法院可以直接相互委托送达和调取证据。

经与澳门特别行政区终审法院协商，最高人民法院可以授权部分中级人民法院、基层人民法院与澳门特别行政区终审法院相互委托送达和调取证据。

第 3 条　双方相互委托送达司法文书和调取证据，通过内地与澳门司法协助网络平台以电子方式转递；不能通过司法协助网络平台以电子方式转递的，采用邮寄方式。

通过司法协助网络平台以电子方式转递的司法文书、证据材料等文件，应当确保其完整性、真实性和不可修改性。

通过司法协助网络平台以电子方式转递的司法文书、证据材料等文件与原件具有同等效力。

第 13 条　不论委托方法院司法文书中确定的出庭日期或者期限是否已过，受委托方法院均应当送达。

第 14 条　受委托方法院对委托方法院委托送达的司法文书和所附相关文件的内容和后果不负法律责任。

第 20 条　受委托方法院在执行委托调取证据时，根据委托方法院的请求，可以允许委托方法院派司法人员出席。必要时，经受委托方允许，委托方法院的司法人员可以向证人、鉴定人等发问。

第 23 条　受委托方法院可以根据委托方法院的请求，并经证人、鉴定人同意，协助安排其辖区的证人、鉴定人通过视频、音频作证。

三、区际仲裁裁决和法院判决的认可与执行

		涉港	涉澳
内地与香港、澳门之间认可和执行法院判决的区别	法律依据	《最高人民法院、香港特别行政区政府关于内地与香港特别行政区法院相互认可和执行婚姻家庭民事案件判决的安排》，简称 2017 年双边安排（婚姻家事判决） 《最高人民法院、香港特别行政区政府关于内地与香港特别行政区法院相互认可和执行民商事案件判决的安排》，简称 2019 双边安排（民商事判决）	《最高人民法院关于内地与澳门特别行政区相互认可和执行民商事判决的安排》，简称 2006 双边安排
	机构	内地 1. 婚姻家事判决：申请人住所地、经常居住地或者被申请人住所地、经常居住地、财产所在地中院 2. 民商事判决：申请人住所地或者被申请人住所地、财产所在地中院	内地 被申请住所地、经常居住地或财产所在地中院
		香港 1. 婚姻家事判决：区域法院 2. 民商事判决：高等法院	澳门 认可和执行申请都向中级法院提出，中级法院认可后，由初级法院执行
	能否同时向两地法院提出执行申请	能	不能（但可以向一地法院申请执行的同时，向另一地法院请求财产保全）
	期限	判决生效或规定的履行期限届满后 2 年内	依执行地法律规定 2 年
	保全措施	法院受理认可和执行判决的申请之前或之后，根据申请，按照执行地法律	法院受理认可和执行判决的申请之前或之后，根据申请人的申请，按照被请求方法律

		涉港	涉澳
内地与香港、澳门之间认可和执行仲裁裁决的区别	法律依据	《最高人民法院关于内地与香港特别行政区相互执行仲裁裁决的安排》，简称2000年双边安排 《最高人民法院关于内地与香港特别行政区相互执行仲裁裁决的补充安排》，简称2020年补充安排	《最高人民法院关于内地与澳门特别行政区相互认可和执行仲裁裁决的安排》，简称2008年双边安排
	机构	《最高人民法院关于内地与香港特别行政区法院就仲裁程序相互协助保全的安排》（2019） 内地：被申请人住所地或财产所在地中院 香港：高等法院	内地：被申请人住所地、经常居住地或财产所在地中院 澳门：认可和执行的申请均向中级法院提出，中级法院认可后，由初级法院执行
	能否同时向两地法院提出执行申请	能，执行总额不超过裁决数额	能（仲裁地法院应当先进行执行清偿）
	期限	依执行地法律规定2年	依执行地法律规定2年
	保全措施	法院在受理认可和执行裁决申请之前或者之后，根据申请人的申请，依照执行地法院法律规定采取保全或者强制措施。香港高等法院申请	法院受理认可和执行裁决的申请之前或之后，根据申请人的申请，依法院地法律规定，向初级法院申请
注意	均需要交纳执行费；请求送达或者调取证据只交实际费用	以上均不得同时向内地几个中院提出认可和申请执行；若同时申请，最先立案的法院受理；均需提交中文文本或准确的译本	判决的认可和执行均可以专属管辖为由拒绝

四、《最高人民法院关于设立国际商事法庭若干问题的规定》

为依法公正及时审理国际商事案件，平等保护中外当事人合法权益，营造稳定、公平、透明、便捷的法治化国际营商环境，服务和保障"一带一路"建设，依据《中华人民共和国人民法院组织法》《中华人民共和国民事诉讼法》等法律，结合审判工作实际，就设立最高人民法院国际商事法庭相关问题规定如下。

第1条　最高人民法院设立国际商事法庭。国际商事法庭是最高人民法院的常设审判机构。

第2条　国际商事法庭受理下列案件：

（一）当事人依照民事诉讼法第三十四条的规定协议选择最高人民法院管辖且标的额为人民币3亿元以上的第一审国际商事案件；

（二）高级人民法院对其所管辖的第一审国际商事案件，认为需要由最高人民法院审理而获准许的；

（三）在全国有重大影响的第一审国际商事案件；

（四）依照本规定第十四条申请仲裁保全、申请撤销或者执行国际商事仲裁裁决的；

（五）最高人民法院认为应当由国际商事法庭审理的其他国际商事案件。

第3条　具有下列情形之一的商事案件，可以认定为本规定所称的国际商事案件：

（一）当事人一方或者双方是外国人、无国籍人、外国企业或者组织的；

（二）当事人一方或者双方的经常居所地在中华人民共和国领域外的；

（三）标的物在中华人民共和国领域外的；

（四）产生、变更或者消灭商事关系的法律事实发生在中华人民共和国领域外的。

第 4 条　国际商事法庭法官由最高人民法院在具有丰富审判工作经验，熟悉国际条约、国际惯例以及国际贸易投资实务，能够同时熟练运用中文和英文作为工作语言的资深法官中选任。

第 5 条　国际商事法庭审理案件，由三名或者三名以上法官组成合议庭。

合议庭评议案件，实行少数服从多数的原则。少数意见可以在裁判文书中载明。

第 6 条　国际商事法庭作出的保全裁定，可以指定下级人民法院执行。

第 7 条　国际商事法庭审理案件，依照《中华人民共和国涉外民事关系法律适用法》的规定确定争议适用的实体法律。

当事人依照法律规定选择适用法律的，应当适用当事人选择的法律。

第 8 条　国际商事法庭审理案件应当适用域外法律时，可以通过下列途径查明：

（一）由当事人提供；

（二）由中外法律专家提供；

（三）由法律查明服务机构提供；

（四）由国际商事专家委员提供；

（五）由与我国订立司法协助协定的缔约对方的中央机关提供；

（六）由我国驻该国使领馆提供；

（七）由该国驻我国使馆提供；

（八）其他合理途径。

通过上述途径提供的域外法律资料以及专家意见，应当依照法律规定在法庭上出示，并充分听取各方当事人的意见。

第 9 条　当事人向国际商事法庭提交的证据材料系在中华人民共和国领域外形成的，不论是否已办理公证、认证或者其他证明手续，均应当在法庭上质证。

当事人提交的证据材料系英文且经对方当事人同意的，可以不提交中文翻译件。

第 10 条　国际商事法庭调查收集证据以及组织质证，可以采用视听传输技术及其他信息网络方式。

第 11 条　最高人民法院组建国际商事专家委员会，并选定符合条件的国际商事调解机构、国际商事仲裁机构与国际商事法庭共同构建调解、仲裁、诉讼有机衔接的纠纷解决平台，形成"一站式"国际商事纠纷解决机制。

国际商事法庭支持当事人通过调解、仲裁、诉讼有机衔接的纠纷解决平台，选择其认为适宜的方式解决国际商事纠纷。

第 12 条　国际商事法庭在受理案件后七日内，经当事人同意，可以委托国际商事专家委员会成员或者国际商事调解机构调解。

第 13 条　经国际商事专家委员会成员或者国际商事调解机构主持调解，当事人达成调解协议的，国际商事法庭可以依照法律规定制发调解书；当事人要求发给判决书的，可以依协议的内容制作判决书送达当事人。

第 14 条　当事人协议选择本规定第十一条第一款规定的国际商事仲裁机构仲裁的，可以在申请仲裁前或者仲裁程序开始后，向国际商事法庭申请证据、财产或者行为保全。

当事人向国际商事法庭申请撤销或者执行本规定第十一条第一款规定的国际商事仲裁机构作出的仲裁裁决的，国际商事法庭依照民事诉讼法等相关法律规定进行审查。

第 15 条　国际商事法庭作出的判决、裁定，是发生法律效力的判决、裁定。

国际商事法庭作出的调解书，经双方当事人签收后，即具有与判决同等的法律效力。

第 16 条　当事人对国际商事法庭作出的已经发生法律效力的判决、裁定和调解书，可以依照民事诉讼法的规定向最高人民法院本部申请再审。

最高人民法院本部受理前款规定的申请再审案件以及再审案件，均应当另行组成合议庭。

第 17 条 国际商事法庭作出的发生法律效力的判决、裁定和调解书，当事人可以向国际商事法庭申请执行。

第 18 条 国际商事法庭通过电子诉讼服务平台、审判流程信息公开平台以及其他诉讼服务平台为诉讼参与人提供诉讼便利，并支持通过网络方式立案、缴费、阅卷、证据交换、送达、开庭等。

第 19 条 本规定自 2018 年 7 月 1 日起施行。

【经典真题】

（2019 回忆题）希腊甲公司与中国乙公司签订许可协议，授权其在亚洲地区独占使用其某项发明专利，许可期限十年标的额 3.68 亿元，协议选择中国最高院国际商事法庭管辖。协议履行到第 5 年，因希腊甲公司又给予荷兰丙公司同样的独占许可，中国乙公司向国际商事法庭起诉希腊甲公司，下列哪项判断是正确的？（单选）[1]

A. 对国际商事法庭判决不服，可以在最高院本部申请再审

B. 有丰富经验的希腊法学家西蒙可以被国际商事法庭遴选为法官参与本案的审理

C. 希腊文字的证据材料必须提交中文译本

D. 在希腊获得的证据经公证和认证即可直接采用

---

[1] A【解析】对《最高人民法院关于设立国际商事法庭若干问题的规定》的法条考查。

国际经济法

第一章　国际货物买卖

▶【复习提要】

　　本章内容是考试的必考内容。其中《国际贸易术语解释通则》在 2019 年进行了修改，自 2020 年 1 月 1 日起生效（以下简称《2020 年通则》）。《2020 年通则》的改变之处需要仔细把握。《联合国国际货物销售合同公约》（以下简称《公约》），有关质量担保和权利担保、交付、违约救济、风险转移、预期违约、免责、保全等内容均是值得注意的内容。

▶【知识框架】

　　{《国际贸易术语解释通则》
　　{《联合国国际货物销售合同公约》

第一节　《国际贸易术语解释通则》

　　国际贸易术语是在国际贸易中逐渐形成的，表明在不同的交货条件下，买卖双方在交易中的费用承担，责任及风险划分等以英文缩写表示的专门术语。贸易术语是国际惯例的一种，由当事人选择适用。最新的修订版本是《2020 年通则》。2020 通则与以往版本不是替代与被替代的关系，即以往版本的国际贸易术语解释通则并不失效，当事人在选择适用时应注意注明年份。

一、传统的四组贸易术语

　　1. 适用于任何单一运输方式或多种运输方式的术语

　　2010 年之前的《国际贸易术语解释通则》将术语分为四组，即 E 组、F 组、C 组和 D 组。虽然《国际贸易术语解释通则》在 2010 年之后已按运输方式进行分组，但《2020 年通则》在引言中强调，以往的分组方式仍有助于理解交货地点，E 组、F 组和 C 组术语均为在卖方地点交货的术语，又称"装运合同"，而 D 组术语是在买方地点交货的合同，又称"到货合同"。

名称	交货地点	风险转移	办理运输	办理保险	出口手续	进口手续	特点
EXW 工厂交货	卖方工厂或仓库	卖方完成交货时	买方	买方	买方	买方	内陆交货装运合同 卖方义务最小
FCA 货交承运人	第一承运人所在地	卖方完成交货时	买方	买方	卖方	买方	主要运费未付 装运合同
CPT 运费付至	第一承运人所在地	卖方完成交货时	卖方	买方	卖方	买方	主要运费已付 装运合同
CIP 运费保险费付至	第一承运人所在地	卖方完成交货时	卖方	卖方	卖方	买方	主要运费已付 装运合同
DAT 运输终端交货	指定港口或目的地的运输终端	卖方完成交货时	卖方	卖方	卖方	买方	到货合同（卖方须承担把货物交至目的地国所需的全部费用和风险。卖方在目的地履行交货义务，故称到货合同）卖方义务最大
DAP 目的地交货	指定目的地	卖方完成交货时	卖方	卖方	卖方	买方	
DDP 完税交货	指定目的地	卖方完成交货时	卖方	卖方	卖方	卖方	

2. 适用于海运和内河水运的术语

名称	交货地点	风险转移	办理运输	办理保险	出口手续	进口手续	各组特点
FAS 船边交货	装港船边	交货时	买方	买方	卖方	买方	主要运费未付 装运合同
FOB 船上交货	装港船上	装港货物置于船上	买方	买方	卖方	买方	
CFR 成本加运费	装港船上	装港货物置于船上	卖方	买方	卖方	买方	主要运费已付 装运合同
CIF 成本运费保险费	装港船上	装港货物置于船上	卖方	卖方	卖方	买方	

3. FOB，CIF，CFR 术语的主要区别

		FOB	CIF	CFR
区别：	缩略语后港口名	装运港	目的港	目的港
	价格构成	交易成本	成 + 运 + 保	成 + 运
	安排运输	买方	卖方	卖方
	投保	买方	卖方	买方

		FOB	CIF	CFR
共同点：	（1）风险转移的时间相同：装运港置于船上 （2）交货地点相同：装运港 （3）进出口手续办理相同：卖方办出口，买方办进口 （4）适用于相同的运输方式：海运和河运			
注意事项：	**FOB**：两个充分通知：买方租船后给卖方充分通知；卖方交货时给买方充分通知 **CIF**：如果买方没有特殊要求，卖方只有义务投保海运最低险（平安险） **CFR**：卖方交货时给买方充分通知			

【案例分析】2016 年，我国某省粮油进出口公司与巴西某公司签订一份出口油籽的合同。合同采用 FOB 价格术语，买方应于 2016 年 5 月派船到厦门港接货。合同还规定"如果在此期间不能派船接货，卖方同意保留 28 天，但仓储、利息、保险等费用皆由买方承担"。

5 月 1 日，卖方备妥货以后电告买方应尽快派船接货。但是，一直到 5 月 28 日，买方仍未派船接货。卖方于是向买方提出警告，声明将撤销合同并保留索赔权。买方在没有和卖方联系的情况下，6 月 5 日派了船只到厦门港接货。此时卖方拒绝交货并提出赔偿损失。买方则抗辩说没有及时订到船只。争议不下，卖方诉至法院。

法院经过审理，认为买方确实未按合同规定的时间派船接货，因此法院判决：卖方有权拒绝交货，并提出赔偿请求。后经双方协商，卖方交货，但买方赔偿仓储、利息、保险等费用。

二、《2020 年通则》主要内容

1.《2020 年通则》涉及的事项和不处理的事项

《2020 年通则》涉及 11 个贸易术语，反映了企业之间货物买卖合同的实务。术语主要描述了下列内容：（1）义务：即买卖双方之间各需履行哪些义务，由哪方来组织货物的运输或保险，哪方获取装运单据和进出口许可证；（2）风险：明确风险在何地从卖方转移给买方；（3）费用：规定买卖双方各自承担哪些费用，如运输、包装或装卸费用，以及货物查验或与安全有关的费用。

《2020 年通则》不是销售合同，因此不能作为销售合同的替代，只有在被并入合同后才成为合同的一部分。《2020 年通则》不处理下列事项：销售合同究竟是否存在；出售的货物的规模；价款支付的时间、地点、方式或币种；可供寻求的销售合同的违约救济；迟延或其他违反合同履行义务所导致的绝大多数后果；制裁的影响；征收关税；进出口禁令；不可抗力或艰难情形；知识产权；或违约情况下纠纷解决的方式、地点或法律。《2020 年通则》也不涉及所售货物的财产、权利、所有权的转移问题。

2.《2020 年通则》主要修改

（1）装船批注提单和 FCA 术语条款的修改

FCA 术语中存在的一个主要问题是该术语下的货物交付在货物装船前就已经随货交承运人而完成，这就导致卖方无法在完成货物交付时获得已装船提单。但在一般情况下，已装船提单是银行在信用证项下的常见单据要求，为此，《2020 年通则》的 FCA 术语提供了一个额外的选择，即虽然买方负责运输，但买方和卖方可以同意买方指定的承运人在装货开始后向卖方签发已装船提单，然后再由卖方向买方做出交单。最后，应该强调的是，即使采用了这种可选机制，卖方对买方也不承担运输合同条款的义务。

（2）CIF 和 CIP 术语下对投保险别的规定

在《国际贸易术语解释通则2010》（以下简称《2010年通则》）中，CIF和CIP术语下如果双方没有特别约定，卖方只有义务投保最低级别的海上货物运输保险即平安险。但在《2020年通则》中则有所不同，CIF术语下的保险级别仍为类似平安险的最低险，依《2020年通则》CIF术语，卖方有义务自付费用取得货物保险，该保险需至少符合《协会货物保险条款》（劳合社市场协会/伦敦国际承保人协会）（C）条款或类似的最低级别的条款，C条款即类似于中国人民保险公司海洋货物运输保险中的"平安险"。而《2020年通则》CIP对卖方有义务取得保险的要求有所提高，相当于我国的"一切险"，依《2020年通则》CIP术语，卖方取得的保险应符合《协会货物保险条款》（A）条款的保险险别，A条款即类似于中国人民保险公司海洋货物运输保险中的"一切险"。当然，双方当事人当然仍可以自由商定较低的保险险别。

（3）在FCA、DAP、DPU、DDP术语下，卖方或买方可使用自己的运输工具安排运输

《2020年通则》规定，当采用FCA、DAP、DPU和DDP术语进行贸易时，买卖双方可以根据运输义务使用自有运输工具，而不再像《2010年通则》那样，推定使用第三方承运人进行运输。

（4）将DAT改为DPU

《2020年通则》将之前的DAT（Delivered at Terminal）术语更名为DPU（Delivered at Place Unloaded），意为"目的地卸货后交货（指定目的地）"。指卖方通过以下方式向买方完成交货及风险转移：当货物已卸载、已交由买方处理，在指定目的地或约定交货点。在《2020年通则》的规定下，DPU术语的货物交付地点仍旧是目的地，但这个目的地不再限于"运输的终端"，目的地可以是任何地方，但是如果该地点不在"运输终端"，卖方应确保其准备交付货物的地点是能够卸货的地点。

（5）在运输义务和费用中加入与安全有关的要求

由于《2020年通则》是安全问题受到普遍关注之后术语修订的第一个版本，在航运实务中出现了很多与安全相关的需要关注的问题，所以在《2020年通则》中，与安全相关的义务的明确分配现已添加到每个规则的项下。而这些要求所产生的费用也被更明确地标明，放在每条规则的项下。

【经典真题】

（2020回忆题）中国A公司从甲国埃拉公司以DPU术语进口一批货物，信用证方式付款，根据国际经济法的相关规则和实践，下列哪些判断是正确的？[1]

A. 埃拉公司有义务为中国A公司投保货物运输险

B. 埃拉公司应在"运输终端"完成交货

C. 埃拉公司应承担运输中的风险

D. 中国A公司如发现货物与合同约定不符，应在合理时间通知埃拉公司

第二节 《联合国国际货物销售合同公约》

《联合国国际货物销售合同公约》（以下简称公约），于1980年在维也纳的外交会议上通过，1988年正式生效。中国于1986年批准加入了该公约。

---

[1] CD【解析】双方之间均无订立保险合同的义务，由于DPU是在买方所在国家交货，卖方需要将货物运输过去，运输途中的风险都由卖方承担，因此，虽然卖方对买方没有保险的义务，但其为了成功交货，应当办理保险。买方应对方要求，应向卖方提供取得保险所需信息。A项错误，C正确。卖方必须在约定日期或期限内，在指定目的地的约定地点（如有），以将货物从抵达的运输工具上卸下并交由买方处置，或以取得已经如此交付的货物的方式交货。B项错误。根据《联合国国际货物买卖合同公约》D正确。

一、公约的适用范围

项目	内容
适用公约	（1）国际货物销售合同：营业地位于不同缔约国的当事人订立的货物销售合同； （2）依据国际私法扩大适用：我国保留，只用于双方均为缔约国。
不适用公约的合同	（1）供私人、家人或家庭使用的货物的销售；（2）经由拍卖的销售；（3）根据法律执行令状或其他令状的销售；（4）公债、股票、投资证券、流通票据或货币的销售；（5）船舶、船只、气垫船或飞机的销售；（6）电力的销售。
	（1）由买方提供制造货物的大部分原材料的合同，如来件装配、来料加工合同等。（2）供货一方的绝大部分义务在于提供劳务或其他服务的合同，如咨询服务合同等。
不涉及	（1）有关销售合同的效力或惯例的效力；（2）所有权转移问题；（3）货物引起的人身伤亡责任。

【案例分析】一位德国卖主和一位中国买主签订合同，卖方向买方出售一套家用空气净化设备。双方合同执行完毕后，另一位德国人对货物提出所有权争议，要求法院判定合同无效，因为德国卖主没有货物的所有权。分析：本情况是否能用公约解决？

【特别提示】公约不是强制性的，适用有其任意性。当事人可以通过选择其他法律排除公约的适用。如双方没有排除，公约自动适用，双方选择了贸易术语，可以与公约补充适用。当事人可以在买卖合同中约定部分的适用公约或者对公约内容进行改变，但不能超出国家保留的范围。

【经典真题】

（2015/1/40）中国甲公司与法国乙公司签订了向中国进口服装的合同，价格条件 CIF。货到目的港时，甲公司发现有两箱货物因包装不当途中受损，因此拒收，该货物在目的港码头又被雨淋受损。依 1980 年《联合国国际货物销售合同公约》及相关规则，下列哪一选项是正确的？[1]

A. 因本合同已选择了 CIF 贸易术语，则不再适用《公约》

B. 在 CIF 条件下应由法国乙公司办理投保，故乙公司也应承担运输途中的风险

C. 因甲公司拒收货物，乙公司应承担货物在目的港码头雨淋造成的损失

D. 乙公司应承担因包装不当造成的货物损失

二、国际货物买卖合同的订立

1. 要约（可书面可口头）

构成要件	向一个或者一个以上特定的人提出订立合同的建议；内容十分确定；必须送达受要约人（区分要约邀请和碰头要约）
撤回	撤回通知先于要约到达

---

〔1〕 D【解析】公约和贸易术语可以互相补充，因此两者都对合同适用；CIF 条件下装运港货物置于船上风险转移；买方有提取货物的义务，声称违约的一方，有义务采取合理措施，减轻由于违约造成的损失，如不采取措施，违约方可要求从损害赔偿中扣除原可减轻的损失数额；足以保全货物的包装是公约对卖方义务的要求。

撤销	可撤销的：未订立合同之前，撤销通知先于承诺通知发出之前送达受要约的人
	不可撤销的：附期限的不可撤销或以其他方式表示不可撤销；受要约人有理由相信不可撤销的，而且受要约人已经本着对要约的依赖行事
失效	失效后对于双方均再无约束力。失效的原因：要约期间已过；要约因要约人的撤销而失效；要约因受要约人的拒绝而失效

2. 承诺（可以声明或行为表示，要约一经承诺，合同即成立。缄默或不行为不等于承诺）

有效条件	由受要约人做出；在规定期限内做出（已逾期，但要约人毫不迟延接受，仍为有效承诺）；承诺须与要约的内容一致。有关货物价格、付款、货物质量和数量、交货地点和时间，一方当事人对另一方当事人的赔偿责任或争端解决等的添加或不同条件，均视为在实质上变更要约的条件
生效时间	公约采纳了到达生效主义
撤回	撤回的通知在承诺生效之前或与其同时送达要约人

三、国际货物买卖合同双方的义务

（一）卖方的义务

卖方的义务主要包括交付货物、交货必须与合同相符、移交单据、转移货物的所有权。由于各国有关货物所有权转移的规定分歧较大，因此，公约对此问题采取了回避的态度，未进行具体的规定。因此，这里只涉及交付货物、品质担保、权利担保、移交单据等几项内容。

主要义务	内容
1. 交付货物	实际交货（涉及运输：第一承运人所在地；不涉及运输：合同明确的货物所在地或者卖方营业地）；象征性交货（交付单据）
2. 提前交货	可在交货日期前修正，不影响买方损害赔偿的权利
3. 质量担保	与合同规定的数量、质量、规格和包装相符。在合同没有规定时： A. 适用于通常使用的目的；B. 适用于特定目的；C. 与样品或样式相符； D. 按照通用的方式包装，如没有通用方式，则按照足以保全和保护货物的方式包装
4. 权利担保	所有权担保：卖方保证对其销售的货物有完全所有权 知识产权担保：必须是第三方不能依工业产权或其他知识产权主张任何权利或要求的货物。如果在买方接受货物后，任何第三人通过司法程序指控买方所购的货物侵犯了其知识产权，卖方应代替买方辩驳第三人的指控
5. 知识产权担保的限制	地域限制。第三方只有依据以下法律提出有关知识产权的权利或要求，卖方才承担责任：A. 依据合同预期的货物使用地或转售地法律；B. 依据买方营业地所在国法律 主观限制。卖方的知识产权担保义务免除：A. 买方在订立合同时已经知道或不可能不知道此项权利或要求；B. 此项权利或要求的发生，是由于卖方要遵照买方所提供的技术图样、图案、款式或其他规格

【案例分析】2016 年，我国某机械进出口公司向一法国商人出售一批机床。法国商人又将该机床转售美国及一些欧洲国家。机床进入美国后，美国的进口商被起诉侵犯了美国有效的专

利权。法院判令被告赔偿专利权人损失，随后美国进口商向法方出口商追索，法方商人又向我方追索。什么情况下中方承担责任？为什么？

（二）买方的义务

1. 支付货款：依合同步骤、手续；支付地点；支付时间。
2. 接收货物：采取一些理应采取的行动；提取货物。

> 【特别提示】接收不等于接受：接受表明买方认为货物的质量符合买卖合同的规定；而接收并不表明买方对货物的质量没有异议，如货物在目的港经检验与合同不符，买方也应接收货物，然后再进行索赔。
>
> 声称另一方违约的一方，有义务采取合理措施，减轻由于违约引起的损失，如不采取措施，则违约一方可要求从损害赔偿中扣除原可以减轻的损失数额（保全货物）。

3. 检验货物：检验货物的时间限制：买方必须在按情况实际可行的最短时间内检验货物。如果涉及货物的运输，可推迟到货物到达目的地后进行。如果途中改运或者买方须再发运货物，没有合理机会检验，而卖方在订立合同时已知再发运的安排，检验可以推迟到货物到达新目的地时进行。

四、风险转移

风险转移的时间依公约第 67 条、第 68 条和第 69 条的规定有下列几种情况：

1. 合同中有运输条款的货物买卖的风险转移。对于合同中有运输条款的货物买卖的风险转移，依公约第 67 条的规定应依下列方式转移风险：（1）如该运输条款规定卖方有义务在某一特定地点把货物交给承运人运输，则卖方履行义务以后，货物的风险就随之转移给了买方；（2）如合同中没有指明交货地点，卖方只要按合同规定把货物交给第一承运人，货物的风险就转移给买方了。
2. 对于在运输中销售的货物的风险转移。对于在运输中销售的货物的风险，依公约第 68 条的规定是自买卖合同成立时起转移给买方。
3. 其他情况下货物的风险转移。依公约第 69 条的规定，其他情况下如在卖方营业地交货，或在卖方营业地以外的地点交货，此时的风险从买方接受货物时起或买方已知货物交由他处置时起转移给买方。

> 【特别提示】货物的风险指的是货物因自然原因或意外事故所致的损坏或灭失的危险，如果货物的损坏或灭失是由于卖方违反合同所致，则依公约第 70 条的规定，买方仍然有权向卖方提出索赔，并可采取因此种违反合同而可以采取的各种补救办法。

【经典真题】

（2020 回忆题）中国树林公司从甲国艾尔公司进口一批电子设备，合同中约定了设备规格，选用了 DPU 术语。艾尔公司制作好样品后，将样品邮寄到树林公司，请求确认并按照样品履行。树林公司收到样品后回复：请依合同履行。设备到货后与样品相符，与合同不符。树林公司要求艾尔公司承担违约责任。中国和甲国都是《联合国国际货物销售合同公约》的缔约国，下列哪一选项是正确的？[1]

---

[1] A【解析】树林公司并没有同意依照样品，艾尔公司应当按照合同约定交货，A 项正确。DPU 术语的含义是"目的地卸货后交货（指定目的地）"，因而应于交货时风险转移。艾尔公司须在指定目的地交货而不是装运地，D 项错误。

A. 甲国艾尔公司应承担违约责任

B. 因所提供的设备与样品相符，艾尔公司不承担违约责任

C. 本案货物风险自货交第一承运人时风险转移

D. 甲国艾尔公司须在指定装运地的任何地点交货

五、违反合同的补救办法

情形	违约类型	救济措施
卖方违约时买方的救济措施	不交货、少交货、迟交货	要求实际履行（条件：不得采取与该方法相抵触的救济方法）
	交货不合格	①交付替代物（条件：货物不符合同构成根本违约） ②修理 ③减价（不论货款是否已付）
	①卖方根本违约 ②卖方在宽限期内没有交货或声明不交货	解除合同
买方违约时卖方的救济措施	不付款、不收货	要求实际履行（条件：不得采取与该方法相抵触的救济方法）
	①买方根本违约 ②买方不在宽限期内履行义务，或声明其将不履行	解除合同

六、适用于买卖双方的一般规定

1. 预期违反合同	依公约的规定，如果在履行合同日期之前一方明确拒绝履行合同，或者通过其行为推断其不履行，另一方当事人可以采取中止履行义务的措施。（可以解除合同，但需要合理通知）
2. 中止履行义务的适用条件	A. 必须是当事人在履行合同的能力或信用方面存在严重缺陷； B. 被中止方当事人必须在准备履行或履行合同的行为方面表明他将不能履行合同中的大部分义务； C. 中止履行义务的一方当事人不论是在货物发运前还是发运后，都必须立即通知另一方当事人； D. 中止可因被中止方当事人提供了履行合同义务的充分保证而结束，如充分保证，必须继续履行。
3. 分批交付的货物无效的处理方法	一批根本违约，该批解除合同； 一批影响今后，解除今后合同； 各批互相依存，解除全部合同。
4. 保全货物	寄放于合理仓库，对方付费；将易坏货物出售，可扣除保全和销售合理费用。
5. 买方或卖方所进行的其他补救	并不妨碍其同时提出损害赔偿。赔偿额为：应与另一方当事人因他违反合同遭受的包括利润在内的损失额相等。（以能预见利润为限）

【案例分析】加拿大公司与泰国公司订立了一份出口精密仪器的合同。合同规定，泰国应

在机器制造的过程中按进度预付货款。合同订立后，泰国获悉加拿大公司供应的精密仪器质量不稳定，于是立即通知加拿大公司，因此中止履行合同。加拿大公司收到通知后，立即书面保证：如不能完成合同义务，将由银行偿付泰国公司支付的款项。但泰国公司收到保证后，仍然坚持暂时中止履行。

【经典真题】

（2016/1/40）中国甲公司与德国乙公司签订了进口设备合同，分三批运输。两批顺利履约后乙公司得知甲公司履约能力出现严重问题，便中止了第三批的发运。依《国际货物销售合同公约》，下列哪一选项是正确的？[1]

A. 如已履约的进口设备在使用中引起人身伤亡，则应依公约的规定进行处理

B. 乙公司中止发运第三批设备必须通知甲公司

C. 乙公司在任何情况下均不应中止发运第三批设备

D. 如甲公司向乙公司提供了充分的履约担保，乙公司可依情况决定是否继续发运第三批设备

---

[1] B【解析】1980年《联合国销售合同公约》不涉及的三个问题是：合同或者惯例的效力，所有权转移，货物引起的人身伤亡责任。因而出现以上三类问题时不能适用公约解决。预期违约要求必须是当事人在履行合同的能力或信用方面存在严重缺陷；被中止方当事人必须在准备履行或履行合同的行为方面表明他将不能履行合同中的大部分义务。中止履行义务的一方当事人不论是在货物发运前还是发运后，都必须立即通知另一方当事人在被中止方充分保证后结束。

第二章　国际货物运输与保险

【复习提要】

国际货物运输是国际贸易中的一个重要环节，海上运输是最主要的方式，其中又以班轮运输为常用。班轮运输的当事人是承运人（航运公司）和托运人（与承运人订立海上货物运输合同的当事人）。

海上货物运输保险可以为运输中的货物提供保障，国际货物运输保险合同的当事人为保险人和被保险人，国际货物运输保险合同中的投保人一般也是被保险人。

国际货物运输和国际货物运输保险常常结合在一起考查，在做这类综合案例的时候，对每一组法律关系的当事人的清晰把握尤为重要。

本章考试的重点集中在提单种类、无单放货及最高人民法院的司法解释、承运人的适航与管货责任、承运人的免责、承运人的责任期间、迟延交货、货物运输保险的险种等。

【知识框架】

国际货物运输
国际货物运输保险

第一节　国际货物运输

一、班轮运输

班轮运输是由航运公司以固定的航线、固定的船期、固定的运费率、固定的挂靠港口组织将托运人的件杂货运往目的地的运输。由于班轮运输的书面内容多以提单的形式表现出来，所以此种方式又叫提单运输。国际上调整提单运输的公约主要有 3 个，即 1924 年《统一提单的若干法律规则的国际公约》（以下简称《海牙规则》）、1968 年《修改统一提单若干法律规则的国际公约议定书》（以下简称《维斯比规则》）和 1978 年《联合国海上货物运输公约》（以下简称《汉堡规则》）。我国调整国际海上货物运输的法律主要是《中华人民共和国海商法》（以下简称《海商法》）。

（一）提单

项目	内容
提单的概念	是指用以证明海上运输合同的订立和货物已由承运人接管或装载，以及承运人保证据以交付货物的单证
提单的特征	提单在托运人和承运人之间是运输合同的证明（初步证据）；在承运人和提单受让人之间是运输合同本身（最终证据）
	是承运人接收货物的收据
	是承运人交付货物的物权凭证

项目	内容	
提单的种类	根据签发提单的时候货物是否已装船	已装船提单和收货待运提单
	根据收货人抬头不同	记名提单（不能转让） 不记名提单（交付即转让） 指示提单（背书转让）
	根据提单上有无不良批注	清洁提单、不清洁提单
	根据运输方式	直达提单、转船提单、联运提单
	根据是否付费	运费预付提单、运费到付提单

【案例分析】某轮将 15,000 袋咖啡豆从巴西的某港运到中国上海。船长签发了清洁提单，载明每袋 60 公斤，状况良好。到港卸货后，发现其中 930 袋有重量不足或松袋现象，过磅约短少 25%。收货人提起诉讼，要求承运人赔偿损失。承运人认为，装船时并未对货物——核对，不负赔偿责任。

（二）无正本提单交付货物问题

2009 年最高人民法院《关于审理无正本提单交付货物案件适用法律若干问题的规定》

1. 在明确承运人无正本提单交付货物的情况下，正本提单持有人可以要求无单放货的承运人与无单取货的人承担连带赔偿责任。

2. 承运人责任具体而言：

（1）可以要求承运人承担侵权责任，也可以要求承担违约责任；

（2）承运人因无正本提单交付货物承担民事责任的，不适用《海商法》第 56 条关于限制赔偿责任的规定。

3. 承运人因无正本提单交付货物造成正本提单持有人损失的赔偿额，按照货物装船时价值加运费加保险费计算。

4. 承运人责任的免除：卸货港所在地要求，必须将承运到港的货物交给当地海关或港口当局的，承运人不承担赔偿责任；承运到港的货物超过法律规定期限无人向海关申报，被海关提取或依法变卖处理，或者法院依法裁定拍卖承运人留置的货物，承运人免责；承运人按照记名提单托运人的要求中止运输、返还货物、变更到达地或者将货物交给其他收货人的，承运人免责；承运人签发一式数份正本提单，向最先提交正本提单的人交付货物即可免责。

5. 关于实际托运人的诉权，在 FOB 价格下，通常由买方租船订舱，虽然在正本提单上没有载明其托运人的身份，如承运人将货物交给非正本提单持有人，实际托运人具有凭正本提单向承运人主张货物的权利。

6. 正本提单持有人要求承运人承担无正本提单交付货物民事责任的诉讼时效为 1 年（无论侵权违约）。适用法律为《海商法》，无规定的，适用其他法律规定。

【经典真题】

（2013/1/81）中国甲公司从国外购货，取得了代表货物的单据，其中提单上记载"凭指示"字样，交货地点为某国远东港，承运人为中国乙公司。当甲公司凭正本提单到远东港提货时，被乙公司告知货物已不在其手中。后甲公司在中国法院对乙公司提起索赔诉讼。乙公司在下列哪些情形下可免除交货责任？[1]

    A. 在甲公司提货前，货物已被同样持有正本提单的某公司提走

    B. 乙公司按照提单托运人的要求返还了货物

    C. 根据某国法律要求，货物交给了远东港管理当局

    D. 货物超过法定期限无人向某国海关申报，被海关提取并变卖

（三）其他运输单证

1. 海运单是在航程较短的运输中产生出来的一种运输单证。具有提单所具有的货物的收据和海上货物运输合同的书面证明的作用。但不是货物的物权凭证，收货人提货时无须凭海运单，而只需证明身份。

2. 多式联运单据是多式联运合同的证明，是多式联运经营人收到货物的收据及凭其交货的凭证。

二、调整班轮运输的国际公约

（一）《海牙规则》

《海牙规则》于 1931 年 6 月 2 日生效。中国未加入该公约。《海牙规则》是目前在国际航运业影响最大的一个公约。该公约共有 16 条规定，其主要内容有：

1. 承运人最低限度的义务。《海牙规则》规定了承运人的两项最低限度的义务，这两项义务是强制性的，在提单中解除或降低承运人的这两项义务的条款均属无效。

承运人的第一项义务是承运人应提供适航船舶，第 3 条第 1 款规定，承运人在开航前与开航时必须谨慎处理，以便：① 使船舶具有适航性；② 适当地配备船员、设备和船舶供应品；③ 使货舱、冷藏舱和该船其他运载货物的部位适宜并能安全地收受、运送和保管货物。

承运人的第二项义务是应适当和谨慎地装载、操作、积载、运送、保管、照料和卸载所承运的货物。

2. 承运人的责任期间。承运人的货物运输责任期间为从货物装上船起至卸完船为止的期间。在实践中，多将其理解为"钩至钩"责任。在使用岸吊的情况下，以船舷为责任期间的起止点。

3. 承运人的免责。《海牙规则》规定的承运人的免责共有 17 项，依第 4 条第 2 款的规定，对由于下列原因引起或造成的货物的灭失或损害，承运人不负责任：① 船长、船员、引水员或承运人的雇用人在驾驶或管理船舶中的行为、疏忽或不履行职责。② 火灾，但由于承运人实际过失或私谋所造成者除外。③ 海上或其他可航水域的风险、危险或意外事故。④ 天灾。⑤ 战争行为。⑥ 公敌行为。⑦ 君主、统治者或人民的扣留或拘禁或依法扣押。⑧ 检疫限制。⑨ 货物托运人或货主、其代理人或代表的行为或不行为。⑩ 不论由于何种原因引起的局部或全面的罢工、关厂、停工或劳动力受到限制。⑪暴乱和民变。⑫ 救助或企图救助海上人命或财产。⑬由于货物的固有瑕疵、性质或缺陷所造成的容积或重量的损失，或任何其他灭失或损害。⑭包装不当。⑮标志不清或不当。⑯尽适当的谨慎所不能发现的潜在缺陷。⑰不是由于承运人的实际过失或私谋，或是承运人的代理人或受雇人员的过失、疏忽所引起的任何其他原因。

---

〔1〕 ACD【解析】既然是无正本提单交付货物的责任问题，只要承运人向"正本提单持有人"交付了货物，自然就不存在"无正本提单交货"，所以当有数份正本提单时，承运人交与先提货的正本提单持有人即可；由于卸货地国的国家强制要求和法律强制要求造成的结果承运人免责；需要注意的是只有记名提单托运人才能要求中止运输等，其他形式的提单托运人没有此项权利。

4. 赔偿责任限额。第 4 条第 5 款规定，承运人对货物的灭失或损失的赔偿责任，在任何情况下每件或每单位不得超过 100 英镑，但托运人于装货前已申明该货物的性质和价值，并在提单上注明者不在此限。

5. 托运人的义务和责任。依第 3 条第 5 款的规定，托运人应对其所提供的资料不正确所造成的损失负赔偿责任。对于危品，如托运人隐瞒货物的危险性，承运人只要发现后可立即将货物抛弃而不须负责，且托运人还应赔偿船东及受害的第三方因载此货而引起的损失。如托运人已表明了货物的危险性，则承运人只有在面临危险的情况下，才可抛弃货物而不须负责。此时，托运人也无须对由运此货而引起的损失负责。

6. 索赔通知与诉讼时效。第 3 条第 6 款规定，收货人在提货时应检查货物，如发现灭失或残损，应立即向承运人提出索赔。如残损不明显，则在 3 日内提出索赔通知。如在提货时或提货后 3 日内没有提出索赔通知，就是交货时货物的表面状况良好的初步证据。当然这并不意味着收货人即丧失了索赔权，只是日后再行索赔时，其举证责任将加重。在联合检验的情况下，不需出具索赔通知。关于诉讼时效，第 3 条第 6 款规定，货方对承运人或船舶提起货物灭失或损害索赔的诉讼时效为 1 年，自货物交付之日起算，在货物灭失的情况下，自货物应交付之日起算。

7. 公约的适用范围。第 10 条规定："本公约和各项规定，适用于在任何缔约国所签发的一切提单。"第 5 条规定："本公约的规定，不适用于租船合同，但如果提单是根据租船合同签发的，则上述提单应符合本公约的规定。"

承运人最低限度的义务	1. 适航义务	承运人在开航前和开航时必须谨慎处理，以便： (1) 使船舶具有适航性； (2) 适当地配备船员、设备和船舶供应品； (3) 使货舱、冷藏舱和该船其他运载货物的部位适宜并能安全地收受、运送和保管货物。
	2. 管货义务	承运人应适当和谨慎地装载、搬运、积载、运送、保管、照料和卸下货物；"积载"指承运人应适当地配载货物。对于积载不当造成的损失，承运人应负责。"运送"指承运人应尽速、直接、安全地将货物运至目的地，不得进行不合理的绕航。
承运人的免责	1. 过失免责事项	船长、船员、引水员或承运人的雇用人在驾驶船舶或管理船舶中的行为、疏忽或不履行职责失引起的货物损坏或灭失。
	2. 无过失免责事项	(1) 火灾，但由于承运人实际过失或私谋所引起的除外； (2) 不可抗力、自然灾害：海上灾难，天灾，战争行为，公敌行为，船舶被扣留，检疫限制，罢工、关厂、停工，暴乱和骚动，尽适当的谨慎仍不能发现的潜在缺陷； (3) 救助或企图救助海上人命或财产； (4) 货方原因：由于货物的固有缺陷、性质造成的体积或重量的亏损或任何其他损坏，包装不当，标志不清或不当。
责任期间	承运人的货物运输责任期间为从货物装上船起至卸完船为止的期间。	

【案例分析】某轮在装货期间，船员按照船长命令用吹管烤烘融化水管中的冻冰，结果引起火灾，不得不将船舶凿沉，货物严重受损。法院认为，在该案中，承运人没有"谨慎处理"在开航前和开航时使船舶适航，因此不能依《海牙规则》免责。

(二)《维斯比规则》

该规则主要是对《海牙规则》的补充和修改，该规则的主要内容有：

1. 明确规定提单对于善意受让人是最终证据。

2. 将承运人责任限制计算单位由金法郎改为特别提款权。

3. 对承运人的索赔，无论是以合同为依据还是以侵权为依据，均可以适用责任限制的规定；承运人的雇用人或代理人也可以享受责任限制的保护。

4. 诉讼时效为 1 年，双方协商可以延长；对第三者的追偿诉讼，在 1 年的诉讼期满后，仍有 3 个月的宽限期。

5. 将《海牙规则》的适用范围从仅适用于在缔约国签发的提单，扩大至从一个缔约国港口起运、双方当事人合意选择公约。

(三)《汉堡规则》的主要内容

1. 承运人的责任基础采用了完全的过失责任，取消了对航行过失的免责。

2. 承运人对延迟交货的赔偿责任限额为迟交货物应付运费的 2.5 倍，但不应超过应付运费的总额。

3. 将承运人的责任期间扩至货物在装货港、运送途中和卸货港在承运人掌管下的全部期间。

4. 即使订约承运人将全程运输或者部分运输委托给实际承运人，订约承运人仍需对运输全程负责。如承运人和实际承运人都有责任，则两者承担连带责任。

5. 托运人为了换取清洁提单可向承运人出具保函，但保函只在托运人和承运人之间有效。如保函有欺诈意图，则保函无效，承运人应赔偿第三者损失，且不能享受责任限制。

6. 货物的适用范围扩大至舱面货和活牲畜。

三、其他方式的国际货物运输

(一) 国际航空货物运输

1. 概念

国际航空运输的方式主要有班机运输、包机运输和集中托运。班机运输指飞机按固定的时间、固定的航线、固定的始发站、目的站进行定期航行的货物运输。包机运输又分为整包机和部分包机。集中托运指航空货运代理公司将若干单独发运的货物组成一整批货物，用一份总运单将货物整批发运到目的地的航空运输。国际航空货物运输合同的当事人为承运人和托运人。

> **【特别提示】** 航空运单：须签署后才能生效。不是货物的物权凭证，一般都印有"不可转让"字样。
>
> 当承运人承办保险或托运人要求承运人代办保险时，航空运单可以用来作为保险证书。载有保险条款的航空运单又称红色航空运单。

2. 有关国际航空货物运输的国际公约

目前有关国际航空货物运输的国际公约主要有 1929 年《统一国际航空运输某些规则的公约》（以下简称《华沙公约》），修改《华沙公约》的 1955 年《修改 1929 年 10 月 12 日在华沙签订的统一国际航空运输某些规则的公约的议定书》，（以下简称《海牙议定书》），1961 年《统一非缔约承运人所办国际航空运输某些规则以补充华沙公约的公约》（以下简称《瓜达拉哈拉公约》），以及之后的修订或补充性文件。我国是前两个公约的参加国。《华沙公约》于 1933 年 2 月生效，是目前国际上有关航空运输最主要的也是最基本的公约。以《华沙公约》为主线介绍主要内容：

（1）航空货运单。依《华沙公约》的规定，航空货运单是订立合同、接受货物和运输条件的初步证据。航空运单的缺失、不合规定或灭失，不影响运输合同的存在和有效。货物承运人有权要求托运人填写航空货运单，托运人有权要求承运人接受这项凭证。《海牙议定书》将航空货运单改为空运单，并删减了其记载事项。

（2）承运人的责任。依《华沙公约》的规定，承运人应对货物在航空运输期间发生的因毁灭、遗失或损坏而产生的损失负责。航空运输期间包括货物在承运人保管下的整个期间，不论在航空站内、在航空器上或在航空站外降停的任何地点。承运人还应对在航空运输中因延误而造成的货物的损失负责。

（3）承运人责任的免除与减轻。依《华沙公约》的规定，承运人在下列情况下可以免除或减轻其责任：①如承运人能证明他和他的代理人或雇用人为了避免损失，已经采取了一切必要的措施，或不可能采取这种措施时，承运人对货物的损失可不负责任。②如承运人证明损失的发生是由于驾驶中、航空器的操作中或航行中的过失引起的，并证明他和他的代理人已经在其他一切方面已经采取了必要的措施以避免损失时，承运人对货物的损失可不负责任。③如承运人证明受害人自己的过失是造成损失的原因或原因之一，则法院可依法免除或减轻承运人的责任。

（4）承运人的责任限额。《华沙公约》规定的承运人对货物灭失、损害或延迟交货的责任，以每公斤250金法郎为限，但托运人特别声明货物价值并已缴付必要的附加费的不在此限。

（5）索赔期限和诉讼时效。依《华沙公约》的规定，在货物损坏、灭失的情况下，收货人应在收到货物后7日内提出异议，在延迟交付的情况下，应在货物由收货人支配起14日内提出异议。《海牙议定书》延长了索赔期限，将前者延长为14天，后者延长为21天。《华沙公约》规定的诉讼时效是自航空器到达目的地或应该到达之日起2年。

（二）国际铁路货物运输★★

国际铁路运输是指使用统一的国际铁路联运单据，由铁路部门经过两个或两个以上国家的铁路进行的运输。我国同周边国家的进出口货物多数采用铁路货物运输方式。关于国际铁路货物运输的公约主要有两个，即1970年《铁路货物运输的国际公约》（以下简称《国际货约》）和1951年《国际铁路货物联运协定》（以下简称《国际货协》），中国是《国际货协》的参加国。《国际货协》的主要内容如下：

1. 运输合同的订立。在进行国际铁路货物运输时，发货人应对每批货物按规定的格式填写运单，由发货人签字后向始发站提出，从始发站承运货物时起，运输合同即成立。在发货人提交全部货物和付清费用后，始发站在运单上加盖发站日期戳记，加盖了戳记的运单就成了运输合同的证明。运单不具有物权凭证的作用，不能流通。

2. 承运人的责任及责任期间。承运人应依货物运输合同的规定将货物安全地运至目的地。依公约的规定，按运单承运货物的铁路部门应对货物负连带责任。承运人的责任期间为从签发运单时起至终点交付货物时止。

3. 承运人的留置权。为保证核收运输合同项下一切费用，铁路当局对货物可以行使留置权，留置权的效力以货物交付地国家法律为依据。

4. 承运人的赔偿责任。《国际货协》在货损的赔偿上基本采用了足额赔偿的方法，依公约的规定，铁路对货物损失的赔偿金额在任何情况下，不得超过货物全部灭失时的金额。在货物受损时，铁路的赔偿应与货价减损金额相当。在逾期交付的情况下，铁路应按逾期长短，以运费为基础向收货人支付规定的逾期罚金。在铁路不能预防和不能消除的情况下可以免责，比如标准内的途耗、货物自然性质引起的货损等。

5. 诉讼时效。依《国际货协》的规定，当事人依运输合同向铁路提出的赔偿请求和诉讼，以及铁路对发货人和收货人有关支付运费、罚款和赔偿损失的要求和诉讼应在9个月内提出；有关货物逾期的赔偿请求和诉讼应在2个月内提出。

【经典真题】

1. （2016/1/80）中国甲公司向波兰乙公司出口一批电器，采用 DAP 术语，通过几个区段的国际铁路运输，承运人签发了铁路运单，货到目的地后发现有部分损坏。依相关国际惯例及《国际铁路货物联运协定》，下列哪些选项是正确的？[1]

   A. 乙公司必须确定损失发生的区段，并只能向该区段的承运人索赔

   B. 铁路运单是物权凭证，乙公司可通过转让运单转让货物

   C. 甲公司在指定目的地运输终端将仍处于运输工具上的货物交由乙公司处置时，即完成交货

   D. 各铁路区段的承运人应承担连带责任

2. （2019 回忆题）中国甲公司从意大利乙公司进口一批珠宝，意大利乙公司委托航空货运代理公司在意大利安排了航空运输。因为飞行故障，飞机在航空站点外降落导致货物受损。根据《华沙公约》和相关法律规定，下列哪项判断是正确的？[2]

   A. 航空运单不是物权凭证

   B. 航空货运代理公司安排航空运输产生的纠纷应适用意大利法

   C. 因飞机在航空站点外降落，故航空公司对货损免责

   D. 因飞机在航空站点外降落，故货损应由买方承担

（三）国际货物多式联运

国际多式联运是联运经营人以一张联运单据，通过两种以上的运输方式将货物从一个国家运至另一个国家的运输。为了促进国际多式联运的发展，在联合国贸易和发展会议的主持下，于 1980 年通过了《联合国国际货物多式联运公约》，公约目前尚未生效。公约的主要内容有：

1. 国际多式联运定义。依公约的定义，"国际多式联运"指由多式联运经营人以至少两种以上运输方式，将货物从一国境内接管货物的地点运至另一国指定交付货物的地点的运输。"多式联运经营人"指其本人或通过其代表与发货人订立多式联运合同的人，他是合同的当事人，而不是发货人的代理人或代表或参加多式联运的承运人的代理人或代表，并负有履行合同义务的责任。"多式联运合同"指多式联运经营人凭以收取运费、负责完成或组织完成国际多式联运的合同。

2. 多式联运单据。多式联运单据是多式联运合同的证明，是多式联运经营人收到货物的收据及凭其交货的凭证。多式联运单据应记载多式联运经营人的名称和地址，发货人及收货人的名称，多式联运经营人接管货物的地点和日期，交付货物的时间和地点，单据签发的时间和地点，货物的表面状况等事项。发货人应保证其在多式联运单据中提供的有关货物资料的准确性。

> **【特别提示】** 多式联运单据应是该单据所载货物由多式联运经营人接管的初步证据。但以可转让的方式签发，转给正当地信赖该单据所载明的货物状况的包括收货人在内的第三方时，该单据就成了最终证据。

3. 多式联运经营人的责任期间。公约规定的多式联运经营人的责任期间为从其接管货物之时起至交付货物时止的期间。

4. 多式联运经营人的赔偿责任原则。公约在赔偿责任上采用了完全推定责任原则，即除

---

[1] CD【解析】依公约规定，按运单承运货物的铁路部门应对货物负连带责任。铁路运单不具有物权凭证的功能，不能流通。承运人的责任区间为从签发运单时起至终点交付货物时止。

[2] A【解析】代理的法律适用中，当事人可以协议委托代理适用的法律，因而不是应当适用意大利法。B 项错误。依《华沙公约》的约定，承运人应对货物在航空运输期间发生的因毁灭、遗失或损坏负责。航空运输期间包括在承运人保管下的整个期间，不论在航空站内，在航空器上，或在航空站外降停的任何地点，因而 C、D 错误。

非经营人证明其一方为避免事故的发生已采取了一切合理的措施，否则，即推定损坏是由经营人一方的过错所致，并由其承担赔偿责任。

5. 多式联运经营人的赔偿责任限额。公约规定的两种赔偿限额分别适用于下列两种情况：（1）如在国际多式联运中包括了海运或内河运输，多式联运经营人的赔偿责任限额为每件 920 特别提款权，或货物毛重每公斤 2.75 特别提款权，以较高者为准。（2）如在国际多式联运中未包括海运或内河运输，多式联运经营人的赔偿责任限额为毛重每公斤 8.33 特别提款权。此外，因延迟交付造成损失的赔偿限额为延迟交付货物的应付运费的 2.5 倍，但不得超过多式联运合同规定的应付运费的总额。在确知发生货损的区段时，如该区段适用的公约或国家法律规定的赔偿责任限额高于本公约的规定，则适用该公约或国家法律的规定。

6. 索赔与诉讼时效。对于货物一般性的灭失或损坏通知，收货人应在货物交给他的次一工作日发出，否则此种货物的交付即为多式联运经营人交付多式联运单据所载货物的初步证据。当货物的损坏不明显时，收货人应在货物交付后连续 6 日内提出索赔通知。对于延迟交付的货物，收货人应在货物交付后连续 60 日内提出索赔通知。公约规定的诉讼时效为 2 年，但如果在货物交付之日或应交付之日起 6 个月内，没有提出书面索赔通知，则在此期限届满后即失去诉讼时效。

第二节　国际货物运输保险

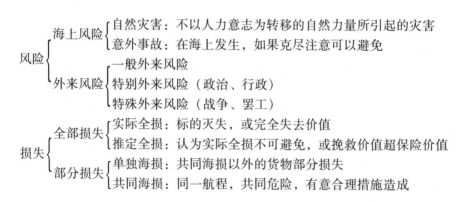

一、我国海洋货物运输保险的主要险别

主要险别指可以独立承保，不必附加在其他险别项下的险别。中国人民保险公司海洋货物运输保险的主要险别有三种：平安险、水渍险和一切险。

险别	承保范围	说明
平安险（单独海损不赔）	1. 被保险货物在运输途中由于恶劣气候、雷电、海啸、地震、洪水等自然灾害造成整批货物的全部损失或推定全损； 2. 由于运输工具遭受搁浅、触礁、沉没、互撞、与流冰或其他物体碰撞以及失火、爆炸等意外事故造成货物的全部或部分损失； 3. 在运输工具已经发生搁浅、触礁、沉没、焚毁等意外事故的情况下，货物在此前后又在海上遭受恶劣气候、雷电、海啸等自然灾害所造成的部分损失； 4. 在装卸或转运时由于一件或数件整件货物落海造成的全部或部分损失； 5. 共同海损的牺牲、分摊和救助费用； 6. 运输工具遭遇海难后，在避难港由于卸货所引起的损失以及在中途港、避难港由于卸货、存仓以及运送货物所产生的特别费用； 7. 对在承保范围内的受损货物进行施救的费用，但以不超过该批被救货物的保险金额为限； 8. 运输合同中订有"船舶互撞责任"条款，根据该条款规定应由货方偿还船方的损失。	"共同海损"：在同一海上航程中，船货和其他财产遭遇共同危险，为了共同安全，有意并合理地采取措施所直接造成的特殊牺牲、支付的特殊费用。 "单独海损"指共同海损以外的货物部分损失。 二者区别： 1. 共同海损的损失是共同的，单独海损危险只涉及船舶或货物中一方的利益； 2. 共同海损有人为因素，有意合理的采取措施，单独海损不是有意采取措施造成的标的的损失； 3. 共同海损损失由收益各方分摊，单独海损的损失由单方承担。
水渍险	除平安险的各项责任外，还包括保险标的物由于恶劣气候、雷电、海啸、地震、洪水等自然灾害所造成的部分损失。	水渍险承保所有海上风险。
一切险	除水渍险的各项责任外，还包括保险标的物在运输途中由于一般外来原因所造成的全部或部分损失。 一般外来原因（一般附加险）：包括偷窃、提货不着、淡水雨淋、短量、混杂、沾污、渗漏、碰撞破碎、串味异味、受潮受热、钩损、包装破裂、锈损等原因。	一切险 = 水渍险 + 一般外来原因造成的全部或部分损失。 即一切险承保所有海上风险加一般外来风险。
附加险	一般附加险、特别附加险（超出一切险范围）、特殊附加险（战争、罢工，超出了水险范围）	附加险别不能单独承保，必须附于主险项下。

【考点归纳】主要险别简表：

险别	海上风险		外来风险		
	自然灾害	意外事故	一般	特别	特殊
平安险	全损共损赔，单损不赔	赔	不	不	不
水渍险	赔	赔	不	不	不
一切险	赔	赔	赔	不	不

【经典真题】

（2011/1/80）中国甲公司与某国乙公司签订茶叶出口合同，并投保水渍险，议定由丙公司

"天然"号货轮承运。下列哪些选项属于保险公司应赔偿范围？[1]

  A. 运输中因茶叶串味等外来原因造成货损

  B. 运输中因"天然"号过失与另一轮船相撞造成货损

  C. 运输延迟造成货损

  D. 运输中因遭遇台风造成部分货损

二、保险期限

  主要是"仓至仓"条款，保险人的责任自被保险货物运离保险单所载明的起运地仓库开始，到货物运达保险单载明的目的地收货人的最后仓库时为止。

  "仓至仓"责任的解释如下：（1）货物在保险单载明起运地发货人仓库尚未开始运输时所受的损失，保险公司不负责任。（2）货物一经运离上述发货仓库，保险责任即告开始，保险公司按照货物所保险别规定的责任范围予以负责。（3）货物运离发货人仓库，不是直接装船，而是先放在承运人机构，例如，外贸运输公司的仓库里等候装船，其间，货物遭受到保险责任范围内的损失，保险公司予以负责。（4）货物在装船前存放在港区码头仓库待运期间，如果发生损失，已出保险单或已办投保手续的，保险公司按保险险别负责。（5）有些外贸公司在港区码头设有专用仓库，货物从该外贸公司市内仓库运入该专用仓库等候装船，虽然同为发货人仓库，但后者并非"仓至仓"条款所指的起运仓库，应视为承运机构仓库性质，如发生保险责任的损失，也应负责。（6）若发货人自己没有固定的仓库，而是临时租用承运机构仓库或是港区码头仓库，直接将货物集中储于上述仓库等候装船，则上述仓库应视为发货人仓库，货物储存期间发生损失，不属于保险责任。

三、我国海洋货物运输保险的除外责任

  1. 被保险人的故意行为或过失所造成的损失；

  2. 属于发货人责任引起的损失；

  3. 在保险责任开始前，被保险货物已存在的品质不良或数量短差所造成的损失；

  4. 被保险货物的自然损耗、本质缺陷、特性以及市价跌落、运输延迟引起的损失和费用；

  5. 海洋货物运输战争险条款和货物运输罢工险条款规定的责任范围和除外责任。

【案例分析】中国某公司依 CIF 条件向欧洲某国出口奶糖 1000 箱，中国公司向中国人民保险公司投保了一切险。由于运输该批货物的货轮航速过慢，且沿线不断收货，货物四个月后才到达目的地。奶糖因受热全部软化粘纸，无法继续销售。对此收货人要求保险公司赔偿。保险公司是否应予以赔偿？

【经典真题】

  1.（2013/1/82）甲公司向乙公司出口一批货物，由丙公司承运，投保了中国人民保险公司的平安险。在装运港装卸时，一包货物落入海中。海运途中，因船长过失触礁造成货物部分损失。货物最后延迟到达目的港。依《海牙规则》及国际海洋运输保险实践，关于相关损失

---

[1] BD【解析】A 错误，水渍险不承保因串味等外来原因造成的货物损失。

  B 正确，D 正确。水渍险的责任范围除了包括上列"平安险"的各项责任外，还负责被保险货物由于恶劣气候、雷电、海啸、地震、洪水等自然灾害所造成的部分损失。故台风造成的部分损失属于水渍险的范围。

  C 错误，保险公司的除外责任。包括：被保险货物的自然损耗、本质缺陷、特性以及市价跌落、运输延迟所造成的损失和费用。

的赔偿，下列哪些选项是正确的？[1]

    A. 对装卸过程中的货物损失，保险人应承担赔偿责任

    B. 对船长驾船过失导致的货物损失，保险人应承担赔偿责任

    C. 对运输延迟造成的损失，保险人应承担赔偿责任

    D. 对船长驾船过失导致的货物损失，承运人可以免责

2. (2014/1/81) 两批化妆品从韩国由大洋公司"清田"号货轮运到中国，适用《海牙规则》，货物投保了平安险。第一批货物因"清田"号过失与他船相碰致部分货物受损，第二批货物收货人在持正本提单提货时，发现已被他人提走。争议诉至中国某法院。根据相关规则及司法解释，下列哪些选项是正确的？[2]

    A. 第一批货物受损虽由"清田"号过失碰撞所致，但承运人仍可免责

    B. 碰撞导致第一批货物的损失属于保险公司赔偿的范围

    C. 大洋公司应承担第二批货物无正本提单放货的责任，但可限制责任

    D. 大洋公司对第二批货物的赔偿范围限于货物的价值加运费

3. (2021 回忆题) 中国三秦公司与西班牙甲公司签订合同进口一批货物，合同选用了《2020 年国际贸易术语解释通则》中的 CIF 术语，同时约定甲公司应为该批货物投保水渍险。甲公司将货物交承运人装船后，承运人签发了清洁提单（选用《海牙规则》）。在海运途中货物因遭遇恶劣天气部分毁损，中国和西班牙均为《联合国国际货物销售合同公约》缔约国。对此，下列哪一判断是正确的？[3]

    A. 甲公司应为该批货物投保一切险

    B. 承运人应赔偿货物损失

    C. 保险公司应赔偿货物损失

    D. 因货物部分毁损，中国三秦公司有权要求减价

---

[1] ABD【解析】前述说到，分析这类综合型题目要分清每一组法律关系的当事人。首先，保险险种是平安险，那就是说海上风险除了单纯自然灾害引起的部分损失都可以获得赔偿。装卸过程中的损失，船长驾船过失属于海上风险中的意外事故造成的损失，这些都在平安险承保范围内。而运输迟延，是除外责任的内容，保险公司不赔。至此，考查的是保险人和被保险人的权利义务关系，主要是保险险种内容。

在考查海上运输的国际公约时，首先要分清问的是哪项公约的规定，注意《海牙规则》《维斯比规则》《汉堡规则》三个的差异。依公约内容判断承运人责任。依照《海牙规则》，航行过失免责，因而承运人免责。那么航行过失带来的货损风险怎么处理，这是根据保险险别处理的保险公司赔偿责任问题，和承运人责任是不同的两组法律关系了。

[2] AB【解析】按照前述的分析思路，第一批货因海上意外事故遭受的损失，从《海牙规则》来看，承运人享有航行过失免责，A 正确。为了减小海上风险损失，投保人会为货物投保，接下来就是投保的险种和承保范围的问题，那么看案例中投保的险种能否包含案例中描述的风险。货物投保的平安险，第一批货物的损失是由意外事故引起，属于保险公司赔偿范围，B 正确。涉及无正本提单交付货物的问题，由于承运人无正本提单交付货物属于故意行为，不存在过失的情形，因此不享受责任限制，C 错误。承运人因无正本提单交付货物造成正本提单持有人损失的赔偿额，按照货物装船时价值加运费和保险费计算，D 错误。

[3] C【解析】CIF，全称 Cost Insurance and Freight，意为"成本，保险费加运费（指定目的港）"。在此术语下，卖方需办理运输中的保险，但仅需投保最低险别，即平安险。在《2020 年通则》下，对此术语的保险险种要求并没有变化。选项 A 错误。

根据《海牙规则》本题中承运人不承担责任，此为无过失免责。选项 B 错误。

本题中遭遇了恶劣天气，属于水渍险保险范围。保险公司应该赔偿。选项 C 正确。

本题中风险发生在运输途中，此时，货物风险已经转移给买方。买方无权要求减价。选项 D 错误。

	国际货物买卖法	国际货物运输	国际货物运输保险	国际贸易支付
依据	《联合国国际货物销售合同公约》《国际贸易术语解释通则2010》等	《海牙规则》《维斯比规则》《汉堡规则》2020最高人民法院《关于审理无正本提单交付货物案件法律若干问题的规定》	我国海洋货物运输保险的主要险别	跟单信用证统一惯例UCP600号 2020最高人民法院《关于审理信用证纠纷案件若干问题的规定》
当事人	买方－卖方	托运人－承运人（班轮运输）	保险人和被保险人	开证行 通知行 受益人 议付行

第三章　国际贸易支付

【复习提要】

注意本章托收与信用证的区别，前者为商业信用，后者为银行信用。信用证部分注意UCP600 号及最高人民法院《关于审理信用证纠纷案件若干问题的规定》。把握信用证有关"单单相符、单证相符"的规则、信用证独立于基础合同的规则、信用证欺诈的例外以及欺诈"例外的例外"，把握发生哪些情况则不能再遵循"信用证欺诈例外"的原则，不能再通过司法手段干预信用证项下的付款行为。

【知识框架】

汇付和托收
信用证

第一节　汇付和托收

一、汇付

是由国际货物买卖合同的买方委托银行主动将货款支付给卖方的结算方式。在此种支付方式下，信用工具的传递与资金的转移方向是相同的，因此也称为顺汇法。汇付是商业信用。

二、托收

是由银行依委托人的指示处理单据，向付款人收取货款或承兑、交付单据或按其他条件交付单据的结算方式。在托收支付方式下，信用工具的传递与资金的转移方向相反，因此是逆汇法。在托收付款下，银行所起的仅是代理收款作用，银行对付款人是否付款不承担风险。托收是商业信用。

（一）托收的流程

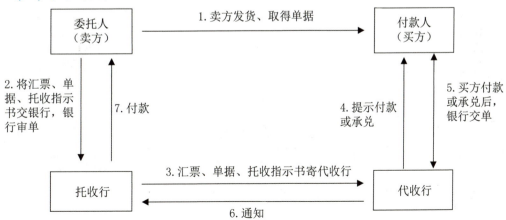

（二）银行的义务及免责

义务	1. 银行应严格按照托收指示履行责任。
	2. 银行的义务不涉及货物、服务或行为。
	3. 及时进行付款提示或承兑提示。
	4. 保证汇票和装运单据与托收指示书在表面上一致。
	5. 无延误地通知托收结果，托收成功后无延误地解交本人。
免责	1. 对收到单据的实质免责。只负责确定收到的单据和托收指示是否表面一致，如单据丢失，应毫不迟延地通知托收指示方。
	2. 对单据有效性免责。只管表面一致。
	3. 不可抗力导致营业中断免责。
	4. 对寄送途中的延误、丢失及翻译的错误不承担责任。
	5. 汇票被拒绝承兑或付款时，若托收指示书上无特别指示，无义务作出拒绝证书。
	6. 对受指示方行为免责。

第二节　信用证

信用证是银行依开证申请人的请求，开给受益人的一种保证银行在满足信用证要求的条件下承担付款责任的书面凭证。在信用证付款方式下，开证行以自身的信誉为卖方提供付款的保证，是一种银行信用，银行承担第一位的付款责任。适用于信用证的国际惯例是国际商会 1930 年制定的《跟单信用证统一惯例》（现行版本是 UCP600 号），新版本更明确了开证行的独立付款义务，当开证行指定的其他银行没有按指定付款、承兑或付款、议付时，开证行要承担最终的付款责任。

（一）信用证的流转程序

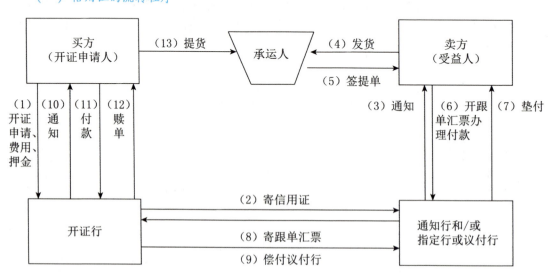

（二）信用证当事人之间的关系

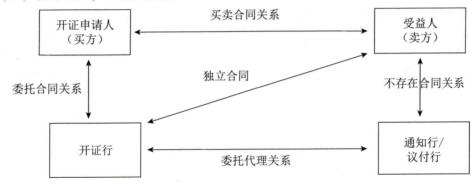

（三）银行的责任和免责

审单标准	1 表面审单	
	2 单证相符	
	3 单单相符	
免责	1 单据真实性、有效性	
	2 信息传递和翻译导致的损失	
	3 不可抗力导致营业中断（恢复营业时，对已逾期的信用证，不再承付或议付）	
	4 不受买卖合同约束（信用证独立）	
	5 对被指示方的行为的免责	

【经典真题】

（2014/1/80）中国甲公司与德国乙公司签订了出口红枣的合同，约定品质为二级，信用证方式支付。后因库存二级红枣缺货，甲公司自行改装一级红枣，昌发票注明品质为一级，货价仍以二级计收。但在银行办理结汇时遭拒付。根据相关公约和惯例，下列哪些选项是正确的？[1]

A. 甲公司应承担交货不符的责任

B. 银行应在审查货物的真实等级后再决定是否收单付款

C. 银行可以发票与信用证不符为由拒绝收单付款

D. 银行应对单据记载的发货人甲公司的诚信负责

（四）信用证欺诈

1. 开立假信用证。有些进口商使用非法手段制造假信用证，或窃取其他银行已印好的空白格式信用证，或无密押电开信用证，使用假印鉴开出信用证，签字和印鉴无从核对，或开证银行名称、地址不详等。

2. "软条款"信用证（规定限制性条款，使受益人处于被动）。

---

[1] AC【解析】买卖合同关系与信用证关系结合考查时，还是首先要区分案例中存在的几组法律关系。合同买卖双方为一组独立的法律关系。信用证关系为另一组独立的法律关系。从买卖合同角度看，卖方的主要义务就是交货，因而交货不符是卖方应承担的事项。从信用关系判断，银行承担的责任很有限，表面审单，单单一致，单证一致，严格审单。而银行免责条款中，银行对单据的有效性免责，这个有效性就包含了对单据中表明的货物存在与否，对于货物的发货人和其他任何人的诚信与否，概不负责。这样规定也是出于考虑到银行的业务能力和所获利益的大小设置的，银行不应在信用证关系中承担过多的义务。

"软条款"指信用证中规定一些限制性条款，或信用证的条款不清，责任不明，使信用证的不可撤销性大大降低，因而对受益人非常不利，例如，信用证中载有暂不生效条款。

【经典真题】

（2019年，多）中国天峰公司和拉美洲图多公司订立了出口一批机电产品的合同。因目的港无直达航线，需要转船运输。合同约定了信用证支付方式。关于图多公司申请开立的信用证，下列哪些情形属于"软条款"信用证？[1]

A. 信用证要求保兑

B. 信用证规定"禁止转船"

C. 信用证规定"开证行须在货物经检验合格后方可支付"

D. 信用证要求提单为已装船提单

3. 伪造单据。指单据（如海运提单）不是由合法的签发人签发，而是由诈骗人或委托他人伪造；或在合法签发人签发单据后进行篡改，改变单据中的有关内容，使之单证相符，骗取货款。

4. 以保函换与信用证相符的提单（倒签提单、预借提单）。

倒签提单是货物装船的日期晚于信用证规定的装船日期，但仍按信用证规定的日期签署装船日期的提单。预借提单和倒签提单的不同之处则在于，被预借的提单是在货物实际装船完毕前签发的，并将当天的日期记载于提单签发日期栏内。凭保函签发清洁提单时，隐瞒了船载货物本不清洁的事实真相，将不清洁的货物伪称清洁货物记载在提单上，剥夺了收货人本应享有的拒收货物、拒绝承兑赎单的合法权利，因此恶意保函无效。

（五）我国有关信用证欺诈例外的司法解释

信用证欺诈例外原则：在存在信用证欺诈的情况下，可例外于信用证独立原则，由买方请求法院向银行颁发禁止令，禁止银行付款。

《最高人民法院关于审理信用证纠纷案件若干问题的规定》

项目	内容
信用证欺诈	第8条 凡有下列情形之一的，应当认定存在信用证欺诈： （1）受益人伪造单据或者提交记载内容虚假的单据； （2）受益人恶意不交付货物或者交付的货物无价值； （3）受益人和开证申请人或者其他第三方串通提交假单据，而没有真实的基础交易； （4）其他进行信用证欺诈的情形。
止付信用证	第9条 开证申请人、开证行或者其他利害关系人发现有本规定第8条的情形，并认为将会给其造成难以弥补的损害时，可以向有管辖权的人民法院申请中止支付信用证项下的款项。 第15条 人民法院通过实体审理，认定构成信用证欺诈并且不存在本规定第10条的情形的，应当判决终止支付信用证项下的款项。

---

〔1〕 BC【解析】信用证中的"软条款"指信用证中规定一些限制性条款，或信用证的条款不清，责任不明，使信用证的不可撤销性大大降低，因而对受益人非常不利。信用证中常见的"软条款"较多，限制性付款条款，比如信用证规定"开证行须在货物经检验合格后方可支付"就属于"软条款"规定；在装运港至目的港无直达船只的情形下，信用证规定禁止转船也属于"软条款"规定。因此，选项BC正确。

保兑信用证指开证行开出的信用证又经另一家银行保证兑付的信用证。保兑行对信用证进行保兑后，其承担的责任就相当于本身开证，不论开证行发生什么变化、是否承担兑付责任，保兑行都不得片面撤销其保兑。已装船提单是在货物已经由承运人接收并装上船后签发的提单。信用证要求保兑、信用证要求提单为已装船提单都属于允许的或合理正常的做法，不属于"软条款"规定。

项目	内容
不应裁定或判决止付信用证的情形	第10条　人民法院认定存在信用证欺诈的，应当裁定中止支付或者判决终止支付信用证项下款项，但有下列情形之一的除外： （1）开证行的指定人、授权人已按照开证行的指令善意地进行了付款； （2）开证行或者其指定人、授权人已对信用证项下票据善意地作出了承兑； （3）保兑行善意地履行了付款义务； （4）议付行善意地进行了议付。
法院受理止付诉讼的条件	第11条　当事人在起诉前申请中止支付信用证项下款项符合下列条件的，人民法院应予受理：（1）受理申请的人民法院对该信用证纠纷案件享有管辖权；（2）申请人提供的证据材料证明存在本规定第8条的情形；（3）如不采取中止支付信用证项下款项的措施，将会使申请人的合法权益受到难以弥补的损害；（4）申请人提供了可靠、充分的担保；（5）不存在本规定第10条的情形。 当事人在诉讼中申请中止支付信用证项下款项的，应当符合前款第（2）、（3）、（4）、（5）项规定的条件。 第12条　人民法院接受中止支付信用证项下款项申请后，必须在48小时内作出裁定；裁定中止支付的，应当立即开始执行。人民法院作出中止支付信用证项下款项的裁定，应当列明申请人、被申请人和第三人。

【经典真题】

（2022 回忆题）中国天津甲公司与某国乙公司签订 CFR 出口合同，货分两批由丙公司承运，海上运输（运输均适用《海牙规则》）均投保平安险，信用证支付。第一批货物遇海上风浪部分毁损，第二批货物在中国天津因疫情防控检疫被扣押，推定全损。以下选项哪些是正确的？[1]

A. 乙公司因第二批全损可以通知银行止付。

B. 乙公司可以将第二批货物交给保险公司，保险公司可以接受也可以不接受。

C. 承运人对第一批货物损失可免责。

D. 保险公司应赔偿第一批货物部分毁损造成的损失。

【考点归纳】信用证使用中买卖双方都有可能有欺诈行为。信用证欺诈例外原则主要是针对信用证受益人方面的欺诈行为，在此情况下，在承认信用证独立于买卖合同原则的同时，也应当承认有例外情况。按照我国相关规定，卖方交货无价值是欺诈行为。但是如果已经有银行付款，我国法院就不能再通过司法手段干预信用证项下的付款行为。这样的规定是为了防止司法的不当干预阻碍信用证制度在我国的发展。

国际货物买卖、国际货物运输与保险、国际贸易支付三个部分构成了完整的国际贸易流程，这个领域是国际经济法"重者恒重"的部分，每年必考。学习这一部分的内容，第一要注意知识点的熟练，第二要时刻注意区分不同的法律关系。

---

〔1〕　BC【解析】A项错误。信用证开证行与受益人之间的权利义务关系，独立于作为其依据的销售合同。只要受益人提供符合信用证要求的单据且不存在信用证欺诈，银行就应承担付款义务。

B项正确。当保险标的出现推定全损时，被保险人可以选择将保险标的的权利转让给保险人，而由保险人赔付全部的保险金额，这种转让保险标的的做法叫做委付。对于保险人来说，可以接受委付，也可以不接受委付。

C项正确。根据《海牙规则》，承运人对海上的风险、危险或意外事故可免责。

D项错误。货物投保平安险，货物遭遇海上自然灾害造成的部分损失不在平安险的责任范围。

第四章　对外贸易管理制度

▶【复习提要】

本章需要注意，反倾销措施，反补贴措施的实施。保障措施针对的是进口产品的数量增加，造成国内产业的损害，且数量增加与损害之间有因果关系时采取的救济措施。反倾销和反补贴措施可以连续使用，而保障措施不能连续采取，再采取时应当有时间的间隔。在救济措施方面，反倾销和反补贴均有临时措施、价格承诺或承诺以及最终措施。反倾销和反补贴的纳税义务人是进口经营者。

第一节　中国的对外贸易法

一、对外贸易经营的资格

外贸经营者指依法办理工商登记或者其他执业手续，依照对外贸易法或其他有关法律、行政法规的规定从事对外贸易经营活动的法人、其他组织或者个人。外贸经营者包括自然人。

外贸经营权的获得实行登记制，法律、行政法规或者国务院对外贸易主管部门规定不需要登记的除外。

二、出口管制法

（一）适用范围

1. 管制物项

国家对两用物项、军品、核以及其他与维护国家安全与利益、履行防扩散等国际义务相关的货物、技术、服务等物项（以下统称管制物项）的出口管制，适用本法。

上述管制物项，包括物项相关的技术资料等数据。

2. 适用主体

出口管制，是指国家对从中华人民共和国境内向境外转移管制物项，以及中华人民共和国公民、法人和非法人组织向外国组织和个人提供管制物项，采取禁止或者限制性措施。

中华人民共和国境外的组织和个人，违反本法有关出口管制管理规定，危害中华人民共和国国家安全和利益，妨碍履行防扩散等国际义务的，依法处理并追究其法律责任。

3. 管制环节

适用于管制物项的过境、转运、通运、再出口或者从保税区、出口加工区等海关特殊监管区域和出口监管仓库、保税物流中心等保税监管场所向境外出口。

（二）主要制度

1. 管制清单

国家出口管制管理部门依据本法和有关法律、行政法规的规定，根据出口管制政策，按照规定程序会同有关部门制定、调整管制物项出口管制清单，并及时公布。

2. 临时管制

根据维护国家安全和利益、履行防扩散等国际义务的需要，经国务院批准，或者经国务院、中央军事委员会批准，国家出口管制管理部门可以对出口管制清单以外的货物、技术和服务实施临时管制，并予以公告。临时管制的实施期限不超过二年。

3. 禁止出口

除管制清单、临时管制的管控方式，《出口管制法》还规定了出口禁令制度。禁令包括相关管制物项的出口禁令以及出口对象的禁令。

根据维护国家安全和利益、履行防扩散等国际义务的需要，经国务院批准，或者经国务院、中央军事委员会批准，国家出口管制管理部门会同有关部门可以禁止相关管制物项的出口，或者禁止相关管制物项向特定目的国家和地区、特定组织和个人出口。

4. 出口许可

国家对管制物项的出口实行许可制度。出口管制清单所列管制物项或者临时管制物项，出口经营者应当向国家出口管制管理部门申请许可。

出口管制清单所列管制物项以及临时管制物项之外的货物、技术和服务，出口经营者知道或者应当知道，或者得到国家出口管制管理部门通知，相关货物、技术和服务可能存在以下风险的，应当向国家出口管制管理部门申请许可：

（1）危害国家安全和利益；

（2）被用于设计、开发、生产或者使用大规模杀伤性武器及其运载工具；

（3）被用于恐怖主义目的。

管制物项的最终用户应当承诺，未经国家出口管制管理部门允许，不得擅自改变相关管制物项的最终用途或者向任何第三方转让。

5. 管控名单

管控名单是《出口管制法》新增的一项重要管制措施。国家出口管制管理部门对有下列情形之一的进口商和最终用户，建立管控名单：

（1）违反最终用户或者最终用途管理要求的；

（2）可能危害国家安全和利益的；

（3）将管制物项用于恐怖主义目的的。

出口经营者不得违反规定与列入管制名单的进口商、最终用户进行交易。

6. 对等反制措施

任何国家或者地区滥用出口管制措施危害中华人民共和国国家安全和利益的，中华人民共和国可以根据实际情况对该国家或者地区对等采取措施。

三、法律责任

1. 行政处罚

非法出口管制物项的出口经营者及为从事非法出口管制物项的出口经营者提供代理、货运、寄递、报关、第三方电子商务交易平台和金融服务的相关组织和个人，视具体行为表现及情节，可能受到包括警告，没收违法所得，罚款，责令停业整顿，吊销出口经营资格等不同种类的行政处罚。

出口管制违法行为，由国家出口管制管理部门进行处罚；法律、行政法规规定由海关处罚的，由其依照出口管制法进行处罚。

有关组织或者个人对国家出口管制管理部门的不予许可决定不服的，可以依法申请行政复议。行政复议决定为最终裁决。

2. 从业禁止规定

受到处罚的出口经营者，自处罚决定生效之日起，国家出口管制管理部门可以在五年内不受理其提出的出口许可申请；对其直接负责的主管人员和其他直接责任人员，可以禁止其在五年内从事有关出口经营活动，因出口管制违法行为受到刑事处罚的，终身不得从事有关出口经营活动。

3. 刑事追究

出口国家禁止出口的管制物项或者未经许可出口管制物项的，依法追究刑事责任。

4. 信用惩戒

国家出口管制管理部门依法将出口经营者违反本法的情况纳入信用记录。

5. 域外追责

中华人民共和国境外的组织和个人，违反本法有关出口管制管理规定，危害中华人民共和国国家安全和利益，妨碍履行防扩散等国际义务的，依法处理并追究其法律责任。

【经典真题】

（2021 回忆题） 中国人杨某和甲公司都从事某种商品的出口，该种商品在国外颇受欢迎，销量可观。后该商品被列入我国出口管制清单。根据我国《对外贸易法》和《出口管制法》相关规定，下列哪些表述是正确的?[1]

A. 杨某作为个人不能从事对外贸易活动

B. 甲公司只有经有关部门审批方能从事对外贸易活动

C. 该种商品出口应申领出口许可证

D. 外国进口商不能擅自改变该种进口商品的最终用途

第二节　贸易救济措施

中国的贸易救济措施主要包括反倾销、反补贴、保障措施。中国的"两反一保"制度是按照世界贸易组织的"两反一保"协定制定的。反补贴调查的程序与反倾销的调查程序基本相同，两者措施也类似。保障措施可以提高关税、数量限制；并且应针对正在进口的产品实施，不区分产品来源国。

---

〔1〕　CD【解析】外贸经营者指依法办理工商登记或者其他执业手续，依照对外贸易法或其他有关法律、行政法规的规定从事对外贸易经营活动的法人、其他组织或者个人。外贸经营者包括自然人。选项 A 错误。

外贸经营权的获得实行登记制，法律、行政法规或者国务院对外贸易主管部门规定不需要登记的除外。选项 B 表述为审批制，错误。

根据《出口管制法》第 12 条，国家对管制物项的出口实行许可制度。出口管制清单所列管制物项或者临时管制物项，出口经营者应当向国家出口管制管理部门申请许可。选项 C 表述正确。

根据《出口管制法》第 16 条，管制物项的最终用户应当承诺，未经国家出口管制管理部门允许，不得擅自改变相关管制物项的最终用途或者向任何第三方转让。选项 D 正确。

项目	反倾销	反补贴	保障措施
实施条件	1. 倾销（出口价格＜正常价值） 正常价值：①国内价格；②第三国价格；③结构价格。 出口价格：①实际支付或应当支付价格；②首次转售给独立购买人的价格；③推定价格。 2. 损害{实质性损害或实质性损害威胁 对建立国内产业造成实质阻碍 3. 因果关系：①倾销是造成损害的原因之一；②不得将其他因素造成的损害归因于倾销。	1. 出口国专向性补贴：①由出口国政府确定；②由出口国法律确定；③特定区域内；④以出口实绩为条件；⑤以使用本国产品替代进口产品为条件。 2. 损害（同反倾销） 3. 因果关系	1. 进口产品数量增加：①绝对增加；②相对增加。 2. 严重损害或严重损害威胁 3. 因果关系
调查	1. 调查机关：商务部；涉及农产品时会同农业部。 2. 发起方式：①国内产业申请发起；②商务部自主发起。 3. 调查内容：①是否存在倾销、损害、因果关系；②是否有足够的国内支持者（在支持申请和反对申请的生产者中，支持者产量占二者总产量的50%以上，同时不得低于国内同类产品总产量的25%）。 4. 资料的提供：商务部调查时，利害关系方应如实反映情况，提供有关资料。利害关系方如不能如实提供资料的，商务部可以根据已经获得的事实和可获得的最佳信息作出裁定。 5. 调查终止：①申请人撤销；②无足够证据；③倾销幅度＜2%；④进口量或损害可忽略不计；⑤商务部认为不宜。	与反倾销调查类似	与反倾销调查类似
措施	1. 临时措施（调查起60天后才可采取，期限不超过4个月，特殊情况可延长至9个月）：①临时反倾销税；②提供担保。 2. 价格承诺：①出口经营者在反倾销调查期间可向商务部作出价格承诺；②商务部可建议但不能强迫出口者进行价格承诺；③商务部作出初裁前不得接受价格承诺；④商务部可自主决定是否接受价格承诺；⑤出口经营者违反价格承诺，商务部可立即恢复反倾销调查。	1. 临时措施：与反倾销类似，期限不超过4个月。 2. 承诺：①出口国政府承诺取消或限制补贴；②出口经营者承诺修改价格。 3. 最终反补贴税。	1. 临时措施：提高关税。 2. 最终保障措施：提高关税、数量限制。 3. 非歧视实施。 4. 实施期限：保障措施的实施期限不超过4年，符合一定条件可延长，但最长不超过10年。 5. 终裁决定确定不采取保障措施的，已征收的临时关税应当予以退还。

项目	反倾销	反补贴	保障措施
	3. 最终反倾销税：①纳税人：进口经营者；②税额：不超过倾销幅度；③对象：原则上是终裁决定公布后的进口产品；特殊情况下可对采取临时反倾销措施期间进口的产品或实施临时反倾销措施之日前 90 天内进口的产品追溯征收。 4. 实施期限：反倾销税的征收期限和价格承诺的履行期限不超过 5 年，经复审可适当延长反倾销税的征收期限。 5. 终裁决定确定的反倾销税，高于已付或者应付的临时反倾销税或者为担保目的而估计的金额的，差额部分不予收取；低于已付或者应付的临时反倾销税或者为担保目的而估计的金额的，差额部分应当根据具体情况予以退还或者重新计算税额。		

【特别提示】财政资助表现形式包括：出口国政府以拨款、贷款、资本注入等形式直接提供资金，或以贷款担保等形式潜在地直接转让资金或者债务；出口国政府放弃应收收入；出口国政府提供除一般基础设施以外的货物、服务，或者由出口国政府购买货物；出口国政府向筹资机构付款等。

专向性补贴包括：由出口国政府明确确定的某些企业、产业获得的补贴；由出口国法律、法规明确规定的某些企业、产业获得的补贴；以出口实绩为条件获得的补贴等。在确定补贴专向性时，还应考虑受补贴企业的数量和企业受补贴的数额、比例、时间以及综合开发补贴的方式等因素。

【特别提示】倾销只有在造成国内产业损害，且损害和倾销之间有因果关系才可以使用反倾销措施。补贴也是只有造成损害，且补贴与损害之间有因果关系才可以使用反补贴措施。保障措施针对的是进口产品的数量增加，造成国内产业的损害，且数量增加与损害之间有因果关系时采取的救济措施。反倾销和反补贴措施可以连续使用，而保障措施不能连续采取，再采取时应当有时间的间隔。在救济措施方面，反倾销和反补贴均有临时措施、价格承诺或承诺以及最终措施，初裁后采取的是临时措施，终裁后采取的是最终措施，价格承诺或承诺应在初裁后采取，调查机构只能建议不能强迫出口商接受。反倾销和反补贴的纳税义务人是进口经营者。

【法条链接】
《中华人民共和国反补贴条例》

第53条　对依照本条例第二十五条作出的终裁决定不服的，对依照本条例第四章作出的是否征收反补贴税的决定以及追溯征收、退税、对新出口经营者征税的决定不服的，或者对依照本条例第五章作出的复审决定不服的，可以依法申请行政复议，也可以依法向人民法院提起诉讼。

1.（2016/1/42）应国内化工产业的申请，中国商务部对来自甲国的某化工产品进行了反倾销调查。依《中华人民共和国反倾销条例》，下列哪一选项是正确的？[1]

A. 商务部的调查只能限于中国境内

B. 反倾销税税额不应超过终裁确定的倾销幅度

C. 甲国某化工产品的出口经营者必须接受商务部有关价格承诺的建议

D. 针对甲国某化工产品的反倾销税征收期限为5年，不得延长

2.（2022 回忆题）甲乙两国企业均向中国出口某化工产品，中国生产同类化工产品的企业认为进口的这一化工产品价格过低，向商务部提出了反倾销调查申请。商务部终局裁定确定倾销成立，决定征收反倾销税。中国和甲乙两国均为WTO成员国，根据相关国际法规则，下列哪些选项是正确的？[2]

A. 商务部可以就甲乙两国倾销进口产品对国内产业造成的影响分别调查评估

B. 中国进口经营者对商务部终局裁定不服的，可以提起行政诉讼

C. 甲乙两国出口经营者对反倾销裁定不服可诉诸WTO争端解决机制解决

D. 对甲乙两国不同出口经营者应该征收同一标准的反倾销税税额

【特别提示】也因为是贸易"救济"措施，反倾销税的征收不是惩罚的手段，因而对临时反倾销和反倾销税之间的差额实行"多退，少不补"。"两反"类似，"一保"不同，考生需关注差别。

贸易救济措施争议的国内司法审查和多边救济程序的主要区别

项目	国内司法审查	多边救济程序
当事人	原调查的利害关系方诉主管机关	进出口国政府
申诉对象	主管机关的决定或措施	主管机关的决定或措施、复审法院的裁决、进口国有关立法本身
审查标准	进口国国内法，行政诉讼程序	WTO的相关规则
审判机构	有管辖权的法院	专家组和上诉机构
救济结果	直接撤销或修改相关措施	只能建议进口成员国政府使其措施与世界贸易组织规则相一致

---

[1] B【解析】商务部调查不限于中国境内。商务部可以建议但是不能强迫出口经营者做出价格承诺。反倾销税的征收期限和价格承诺的履行期限不超过5年，有可能导致再度发生的，可适当延长反倾销税的征收期限。

[2] AB【解析】商务部可以就甲乙两国倾销进口产品对国内产业造成的影响分别调查评估，满足一定条件下可累计评估。A选项正确。

《反倾销条例》第53条，对依照本条例第25条作出的终裁决定不服的，对依照本条例第四章作出的是否征收反倾销税的决定以及追溯征收、退税、对新出口经营者征税的决定不服，或者对依照本条例第五章作出的复审决定不服的，可以依法申请行政复议，也可以依法向人民法院提起诉讼。B选项正确。

WTO争端解决机制是处理WTO成员之间的贸易争端的。国内企业并非WTO成员，无权启动WTO争端解决程序。C选项错误。

《反倾销条例》第40条的规定，反倾销税的纳税人为倾销进口产品的进口经营者。

第五章　世界贸易组织

▶【复习提要】

在 WTO 法律制度中，货物贸易领域最主要的内容是国民待遇原则、最惠国待遇原则、约束关税、取消数量限制和透明度原则。服务贸易领域是一般义务和具体承诺相结合。还要注意其争端解决机制。

▶【知识框架】

《关税与贸易总协定》

《服务贸易总协定》

争端解决机制

WTO 文件
　附件 1
　　《建立世界贸易组织协定》
　　附件 1A：货物贸易多边协定（《关贸总协定 1994》和 12 个配套协议）
　　附件 1B：《服务贸易总协定》
　　附件 1C：《与贸易有关的知识产权协定》
　附件 2　《关于争端解决规则与程序的谅解》
　附件 3　《贸易政策审议机制》
　附件 4　诸边贸易协定（航空器、政府采购、信息）

一、《关税与贸易总协定》

（一）最惠国待遇制度

最惠国待遇制度是基本原则和义务，是多边贸易制度的基石，对最惠国原则的修改，必须经全体成员同意才有效。其特点是普遍、相互、自动、同一，但享有最惠国待遇，仅限于相同情形、相同事项。

1. 关税与贸易总协定中的最惠国待遇。最惠国待遇适用于五个方面：（1）与进出口有关（包括进出口产品的国际支付转移）的任何关税和费用；（2）进出口关税和费用的征收方法；（3）与进出口有关的规则、手续；（4）国内税或其他国内费用；（5）影响产品的国内销售、许诺销售、购买、运输、经销和使用的法律规章和要求方面的待遇。只有原产于其他成员的同类产品，才能享有最惠国待遇。同类产品并没有确切的定义和标准，应在具体情况下作具体分析。最惠国待遇义务适用于进口产品和出口产品。

2. 关税与贸易总协定中最惠国待遇义务的例外。这些例外情形主要包括：边境贸易；普遍优惠制度（对发展中国家的优惠待遇）；关税同盟和自由贸易区（区域经济安排）。其他还包括：允许以收支平衡理由偏离最惠国待遇义务；允许对造成国内产业损害的倾销进口或补贴进口征收反倾销税或反补贴税；允许因一般例外或国家安全例外偏离最惠国待遇义务；可对某一成员或某些成员豁免最惠国待遇义务。

（二）国民待遇制度

1. 世界贸易组织的三个主要协定《关税与贸易总协定》《服务贸易总协定》《与贸易有关

的知识产权协议》，都有国民待遇的规定，但每一协定中国民待遇义务的具体适用条件并不相同。

2. 国民待遇的例外：政府采购例外；仅对某种产品的国内生产商提供的补贴例外。

3. 与贸易有关的投资措施。

《与贸易有关的投资措施协议》规定，在不损害 1994 年《关税与贸易总协定》的权利与义务的情况下，各成员国不得实施任何与 1994 年《关税与贸易总协定》相关规定不一致的与贸易有关的投资措施，包括：

不得实施的措施
- （1）与国民待遇义务不符
  - ①要求企业购买或使用本国产品（当地成分要求）；
  - ②要求企业购买或使用的进口产品限制在与其出口的当地产品的数量或价值相关的水平（贸易平衡要求）。
- （2）与普遍取消数量限制义务不符
  - ①限制企业用于当地生产所需或与当地生相关的产品的进口（限制进口）；
  - ②限制企业进口需要使用的外汇（限制使用外汇）；
  - ③限制企业出口或供出口产品的销售（限制出口）。

【经典真题】

（2015/1/44）为了促进本国汽车产业，甲国出台规定，如生产的汽车使用了 30% 国产零部件，即可享受税收减免的优惠。依世界贸易组织的相关规则，关于该规定，下列哪一选项是正确的？[1]

A. 违反了国民待遇原则，属于禁止使用的与贸易有关的投资措施

B. 因含有国内销售的要求，是扭曲贸易的措施

C. 有贸易平衡的要求，属于禁止的数量限制措施

D. 有外汇平衡的要求，属于禁止的投资措施

二、《服务贸易总协定》

是框架性协定，在服务贸易市场开放方面的义务没有统一规定。是否给予市场准入、是否给予国民待遇，依每一成员国具体列出的承诺表来决定。《服务贸易总协定》通过四种服务贸易方式来调整服务贸易。

---

[1]　A【解析】《与贸易有关的投资措施协议》（以下简称 TRIMs 协议）所附的解释性清单列举了五种 TRIMs 协议禁止的与货物贸易有关的投资措施：违反 1994 年 GATT 第 3 条第 4 款的两种措施：a）要求企业购买或使用当地生产的或来自于当地的产品；b）限制企业购买或使用进口产品的数量，并把这一数量与该企业出口当地产品的数量或价值相联系。

违反 1994 年 GATT 第 11 条第 1 款的三种措施为违反数量限制规则的与贸易有关的投资措施：a）对企业进口用于当地生产或与当地生产相关的产品，普遍地根据该企业出口它在当地生产的产品的数量或价值加以限制；b）对企业进口用于当地生产或与当地生产相关的产品，通过将其可获得的外汇数量限于可归属于它的外汇收入而加以限制；c）限制企业出口产品或为出口而销售产品。

项目	内容
跨境服务	从一国境内向另一国境内提供服务，如通过电信、网络等跨境提供咨询服务
境外消费	在一国境内向来自另一国的服务消费者提供服务，如一国居民到另一国境内旅游、求学等
商业存在	一国的服务提供者通过在另一国境内设立的机构提供服务，如一国的机构到另一国开设银行、保险公司、律师事务所等
自然人流动	一国的服务提供者以自然人的身份进入另一国境内提供服务，如一国的医生、律师到另一国境内直接提供医疗或法律咨询服务

三、世界贸易组织争端解决制度

（一）争端解决程序

1. 磋商：争议发生后，争议方必须首先自行磋商解决；磋商是申请设立专家小组的前提条件，但磋商事项以及磋商的充分性，与专家小组的申请及专家小组将作出的裁定没有关系；

2. 专家小组的设立及对争议事项的审查：专家小组由 3 人组成，特殊情况下 5 人；专家小组成立后 6 个月内提交报告，紧急情况下是 3 个月，复杂争议可书面请求争端解决机构（DSB）延期，但无论如何不能超过 9 个月；但专家组对争端方没有提出的主张，不能作出裁定，即使相关专家提出了这样的主张；

3. 上诉评审程序：只有争议当事方才可提出；上诉案件由上诉机构 7 名成员中的 3 人组成上诉庭审理；上诉仅限于专家小组报告中涉及的法律问题，及由该专家小组所作的法律解释；上诉机构可以推翻、修改或撤销专家小组的调查结果和结论，但没有将案件发回专家小组重新审理的权利；对上诉事项的决定应自上诉之日起 60 天内作出，最多也不得超过 90 天；上诉机构的报告应该在提交缔约方后 30 日内由 DSB 通过，并由争议各方无条件接受，除非 DSB 一致决议不通过该报告；

4. 执行程序：专家小组或者上诉机构的报告通过 30 天内，有关缔约方必须向 DSB 通报其打算采取的措施，否则可能引起撤销减让或交叉报复。

磋商（必经程序、60 天、保密）

↓

专家组审理（非常设）——上诉机构审理（常设；只能审理法律问题；无权发回重审）

↓   ↙

报告的通过（适用一票通过制原则）

↓

裁定的执行和监督

↓

不执行，争端方将获权交叉报复（逐步升级的报复）

【经典真题】

（2021 回忆题）甲、乙两国均为 WTO 成员国，甲国针对乙国的某种商品采取了反倾销措施，乙国以甲国反倾销措施违反 WTO 协议为由诉至 WTO 争端解决机构。根据国际经济法的相关规则，以下哪些判断是正确的？[1]

---

[1] BC【解析】进口数量增加是采取保障措施的条件，A 项错误。D 项错误，如乙国获得了支持，而甲国没有在合理期限内履行裁决，乙国可申请授权报复，可对甲国中止减让或中止其他义务。

A. 反倾销措施是针对进口产品数量增加采取的贸易救济措施

B. 对争端方没有提出的主张，WTO 专家组无权审理

C. 争端解决机构审理争端时应适用 WTO 相关规则

D. 若争端解决机构裁决支持了乙国，有权直接撤销甲国的反倾销措施

（二）争端解决机构解决的争端类型

1. 违反性申诉：是主要类型；申诉方须证明被诉方违反了有关条款；申诉成功，被诉方需要废除或修改有关措施。

2. 非违反性申诉：申诉方只需证明其利益受损或丧失；申诉成功，被诉方需要作出补偿。

第六章　国际经济法领域的其他法律制度

▶【复习提要】

本章包含了国际经济法的其他内容，重点内容集中在知识产权保护的国民待遇、作者国籍与作品国籍，国际投资中的投资保险、投资争端解决，国际金融法中我国关于独立保函的规定，国际税法中的国际税收管辖权等内容。

▶【知识框架】

国际知识产权法
国际投资法
国际金融法
国际税法

一、知识产权的国际保护

（一）《保护工业产权巴黎公约》（以下简称《巴黎公约》）

《巴黎公约》于 1883 年 3 月 20 日缔结，1884 年 7 月 7 日起生效。生效后曾进行了六次修改。中国于 1985 年 3 月 19 日正式成为《巴黎公约》的成员国。《巴黎公约》是知识产权领域第一个世界性多边公约，也是在知识产权领域影响最大的公约。《巴黎公约》共 30 条，其基本原则如下：

1. 国民待遇原则。公约要求缔约国在知识产权的保护方面给予缔约国的国民和在一个缔约国领域内设有住所或真实有效的工商营业所的非缔约国国民以国民待遇。在试题中，该条常表现三类选项，即缔约国的国籍、在缔约国的住所、在缔约国的营业所。国民待遇的例外是各成员国在关于司法和行政程序、管辖以及选定送达地址或指定代理人的法律规定等方面，如为了方便程序的进行，有些国家要求外国专利申请人必须委派当地国家的代理人代理申请。

2. 优先权原则。《巴黎公约》的优先权原则只适用于发明专利、实用新型、外观设计和商品商标。发明专利和实用新型专利申请优先权的期限为 12 个月，外观设计和商标为 6 个月，在优先权期限内缔约国内每一个在后申请的申请日均为第一次申请的申请日。在优先权期限届满之前，后来在其他缔约国提出的申请，均不因在此期间内他人所作的任何行为而失效。

3. 临时性保护原则。临时性保护原则要求缔约国应对在任何成员国内举办的或经官方承认的国际展览会上展出的商品中可取得专利的发明、实用新型、外观设计和可注册的商标给予临时保护。如展品所有人在临时保护期内申请了专利或商标注册，则申请案的优先权日是从展品公开展出之日起算，而非从第一次提交申请案时起算。

4. 独立性原则。依该原则，外国人的专利申请或商标注册，应由各成员国根据本国法律作出决定，不应受原属国或其他任何国家就该申请作出的决定的影响。

（二）《保护文学艺术作品伯尔尼公约》（以下简称《伯尔尼公约》）

《伯尔尼公约》缔结于 1886 年，1887 年开始生效，是版权领域第一个世界性多边公约。我国于 1992 年加入该公约。国民待遇原则、版权自动保护原则和版权独立性原则是《伯尔尼公约》的基本原则。

1. 国民待遇原则。《伯尔尼公约》的国民待遇原则中有权享有国民待遇的国民包括"作者国籍"和"作品国籍"两类情况。"作者国籍"指公约成员国国民和在成员国有惯常居所的非成员国国民，其作品无论是否出版，均应在一切成员国中享有国民待遇；"作品国籍"针对非公约成员国国民，其作品只要是在任何一个成员国出版，或者在一个成员国和非成员国同时出版，也应在一切成员国中享有国民待遇。

2. 自动保护原则。该原则要求享有及行使依国民待遇所提供的有关权利时，不需要履行任何手续，即应自动予以保护。

3. 版权独立性原则。该原则是指享有国民待遇的人在公约任何成员国所得到的著作权保护，不依赖于其作品在来源国受到的保护。

1.《巴黎公约》	①国民待遇对象：缔约国国民，或在缔约国有住所或营业所的非缔约国国民	
	②优先权对象：发明专利、实用新型、外观设计、商品商标 申请期限：发明专利、实用新型：12个月；外观设计、商标：6个月	
	③临时性保护：成员国应对在任何一个成员国内举办的或经官方承认的展览会上展出的商品中可以取得专利的发明、实用新型、外观设计和可以注册的商标，给予临时保护	
	④专利商标保护的独立性：外国人专利申请或商标注册，由各成员国根据本国法律作出决定，不受他国决定的影响	
2.《伯尔尼公约》	①国民待遇原则	a 作者国籍标准：公约成员国国民和在成员国有惯常居所的非成员国国民 b 作品国籍标准：非公约成员国国民，其作品在任何一个成员国出版，或者在一个成员国和非成员国同时出版
	②自动保护原则	享有和行使成员国法律和公约规定的权利，不需要履行任何手续
	③独立保护原则	享有和行使文学艺术作品的权利，不依赖于在来源国是否受到保护

【经典真题】

（2017/1/44）甲国人迈克在甲国出版著作《希望之路》后25天内，又在乙国出版了该作品，乙国是《保护文学和艺术作品伯尔尼公约》缔约国，甲国不是。依该公约，下列哪一选项是正确的？[1]

A. 因《希望之路》首先在非缔约国出版，不能在缔约国享受国民待遇

B. 迈克在甲国出版《希望之路》后25天内在乙国出版，仍然具有缔约国的作品国籍

C. 乙国依国民待遇为该作品提供的保护需要迈克履行相应的手续

D. 乙国对该作品的保护有赖于其在甲国是否受保护

（三）《与贸易有关的知识产权协议》（TRIPs）

《与贸易有关的知识产权协议》（TRIPs）是在世贸组织范围内缔结的知识产权公约。该协

---

〔1〕 B【解析】依《保护文学和艺术作品伯尔尼公约》规定，非公约成员国国民，其作品只要是在任何一个成员国出版，或者在一个成员国和非成员国同时出版（30天内），可以享有缔约国国民待遇。公约要求自动保护原则，享有及行使依国民待遇所提供的有关权利时，不需要履行任何手续，也不论作品在来源国是否受到保护，即自动予以保护。

议订立于 1994 年，1995 年开始生效，我国 2001 年加入世界贸易组织以后受该协议约束。和以前的知识产权国际公约相比，TRIPs 是一个更高标准的公约。TRIPS 首先将《巴黎公约》、《伯尔尼公约》、《罗马公约》以及《关于集成电路的知识产权条约》的实体性规定全部纳入，成为世贸成员必须给予知识产权保护的最低标准。公约首次将最惠国待遇原则引入知识产权的国际保护领域；要求成员对知识产权提供更高水平的立法保护；要求成员采取更为严格的知识产权执法措施；并将成员之间知识产权争端纳入 WTO 争端解决机制。

项目	内容
基本原则	国民待遇、最惠国待遇
权利内容	1. 版权：（1）对计算机程序和有独创性的数据汇编进行版权保护；（2）增设电脑程序和电影作品的出租权。
	2. 商标：扩大了对驰名商标的保护（将相对保护改为绝对保护；对驰名商标的保护扩大适用于服务标记）。
	3. 地理标志：要求各成员国有义务对地理标志提供法律保护。禁止将地理标志作任何足以使公众对该产品来源误认的使用，即禁止利用地理标志的不正当竞争行为。禁止利用商标做虚假的地理标志暗示行为。字面真实但有误导的地理标志也应禁止。
	4. 专利：可以拒绝：（1）疾病的诊断、治疗方法、外科手术方法；（2）动植物新品种提供专利的保护。

【经典真题】

（2021 回忆题）中国甲公司是一家生产牙膏的公司，为其"芳芳"牌牙膏向英国和俄罗斯分别申请"FANGFANG"商标，因英语"FANG"含有毒牙的意思，故英国不予注册。俄罗斯给予了注册。根据《与贸易有关的知识产权协定》（TRIPs），下列哪些选项是错误的？[1]

A. 英国和俄罗斯的不同做法违反了平等原则

B. 英国和俄罗斯的不同做法违反了国民待遇原则

C. 英国和俄罗斯的不同做法违反了最惠国待遇原则

D. 知识产权独立性原则影响了甲公司在不同国家的注册

二、国际投资法

（一）《多边投资担保机构公约》（MIGA）

又称《汉城公约》，依公约建立了多边投资担保机构。该机构是世界银行集团的第五个新成员，直接承保成员国私人投资者在向发展中国家成员投资时可能遭遇的政治风险。我国是多边投资担保机构的创始会员国。

---

[1] ABC【解析】TRIPs 首先将《巴黎公约》、《伯尔尼公约》、《罗马公约》以及《关于集成电路的知识产权条约》的实体性规定全部纳入，成为世贸成员必须给予知识产权保护的最低标准。根据《巴黎公约》，关于外国人的专利申请或商标注册，应由各成员国依法决定，而不受原属国或其他任何国家就该申请做出的任何决定的影响。

项目	内容
承保险别	(1) 货币汇兑险；(2) 征收和类似措施险；(3) 政府违约险；(4) 战争与内乱险。
合格投资者	对于前来投保的跨国投资者，必须具备以下条件：(1) 具备东道国以外的会员国国籍的自然人；(2) 在东道国以外某一会员国注册并设有主要营业点的法人；(3) 其多数股本为东道国以外一个或几个会员国所有或其国民所有的法人；(4) 根据投资者和东道国的联合申请，经 MIGA 董事会特别多数票通过，合格投资者也可以是东道国的自然人、在东道国注册的法人以及多数资本为东道国国民所有的法人。
合格投资	合格投资须满足以下条件：(1) 在投资性质上，必须能对东道国经济发展作出贡献，必须与东道国的发展目标和重点相一致；(2) 在投资类型上，原则上限于股权投资；(3) 在投资时间上，必须是新的投资，即投保人提出保险申请注册之后才开始执行的投资。
合格东道国	(1) 必须是发展中国家；(2) 同意 MIGA 承保特定风险；(3) 投资可以得到公平平等待遇和法律保护。
代位求偿	MIGA 在支付或同意支付保险金后，有权代位向东道国或其他债务人索赔。

【经典真题】

1. （2016/1/44）甲国 T 公司与乙国政府签约在乙国建设自来水厂，并向多边投资担保机构投保。依相关规则，下列哪一选项是正确的？[1]

A. 乙国货币大幅贬值造成 T 公司损失，属货币汇兑险的范畴

B. 工人罢工影响了自来水厂的正常营运，属战争内乱险的范畴

C. 乙国新所得税法致 T 公司所得税增加，属征收和类似措施险的范畴

D. 乙国政府不履行与 T 公司签订的合同，乙国法院又拒绝受理相关诉讼，属政府违约险的范畴

2. （2014/1/99）甲国公司在乙国投资建成地热公司，并向多边投资担保机构投了保。1993 年，乙国因外汇大量外流采取了一系列的措施，使地热公司虽取得了收入汇出批准书，但仍无法进行货币汇兑并汇出，甲公司认为已发生了禁兑风险，并向投资担保机构要求赔偿。根据相关规则，下列选项正确的是：[2]

A. 乙国中央银行已批准了货币汇兑，不能认为发生了禁兑风险

B. 消极限制货币汇兑也属于货币汇兑险的范畴

C. 乙国应为发展中国家

D. 担保机构一经向甲公司赔付，即代位取得向东道国的索赔权

(二)《关于解决国家和他国国民之间投资争端公约》（ICSID）

《关于解决国家和他国国民之间投资争端公约》（简称 ICSID）缔结于 1965 年，1966 年起生效，我国于 1993 年加入。依该公约设立了"解决国际投资争端中心"，作为世界银行下属的一个独立机构，为解决缔约国和其他缔约国国民之间的投资争端提供调解或仲裁的便利。

---

〔1〕 D【解析】导致货币汇兑险的行为可能是东道国采取的积极行为或消极行为，不包括币值的变化。内乱通常指直接针对政府的、为推翻该政府或将其逐出特定地区的有组织的暴力活动，包括革命、暴乱、政变等，但为促进工人、学生或其他特别群体的利益采取的行为以及针对投保人的恐怖主义行为，绑架或类似行为，不能视为内乱。东道国为了管辖境内的经济活动而采取的普遍性的措施，不视为征收。

〔2〕 BCD【解析】投资担保机构直接承保成员国私人投资者在向发展中国家成员投资时可能遭遇的政治风险。其中货币汇兑险承保由于东道国的责任而采取的任何措施，使投资人无法自由将其投资所得、相关投资企业破产的清算收入及其他收益转化为可自由使用的货币，或依东道国法律，无法将货币汇出东道国的风险。

中心的管辖权	1. 主体条件	①原则：一缔约国政府（东道国）——另一缔约国的国民（外国投资者）；②例外：东道国政府——受外国投资者控制的东道国法人（条件：双方均同意）。
	2. 主观条件	双方书面同意 ICSID 管辖。
	3. 争端性质	由于直接投资而引起的法律争端。
管辖权的排他性		（1）一旦当事方同意中心仲裁，有关争端不再属于争端一方缔约国国内管辖，而属于中心管辖（即，双方可以不用尽当地救济即将争端提交中心仲裁，除非缔约国在提交仲裁前，要求将用尽当地救济作为交付中心仲裁的一个条件）；（2）中心的管辖排斥投资者本国的外交保护；（3）任何一方不得单方撤销对提交中心仲裁的同意；（4）对中心作出的裁决，只能向中心秘书长提出撤销请求。

（三）中国有关外商投资的立法

1. 外商投资的界定

包括四类具体情形：外国投资者单独或者与其他投资者共同在中国境内设立外商投资企业；外国投资者取得中国境内企业的股份、股权、财产份额或其他类似权益；外国投资者单独或者与其他投资者共同在中国境内投资新建项目；法律法规规定的其他方式。

2. 关于外商投资管理的规定

（1）明确对外商投资者实行准入前国民待遇加负面清单管理制度。"负面清单管理模式"是指政府规定哪些经济领域不开放，除了清单上的禁区，其他行业、领域和经济活动都许可。准入前国民待遇要求在外资进入阶段给予国民待遇，即引资国应给予外资不低于内资的待遇。（2）对外商投资实施监督管理。（3）国家建立外商投资信息报告制度，外国投资者或者外商投资企业应当通过企业登记系统和企业信用信息公示系统向商务主管部门报送投资信息。（4）外商投资安全审查制度。并明确安全审查决定为最终决定。审查期间，当事人不得实施投资。

三、国际融资法

（一）国际融资担保

国际融资担保主要分为信用担保和物权担保两大类。信用担保指借款人或第三人以自己的资信向贷款人作出的还款保证，主要包括见索即付的保证、备用信用证和意愿书三种方式。物权担保指借款人或第三人以自己的资产向贷款人作出的偿还贷款的保证，包括一般抵押权、质权、浮动抵押等。

国际融资担保的特有方式	内容
信用担保	1. 见索即付担保（《最高人民法院关于审理独立保函纠纷案件若干问题的规定》） 2. 备用信用证指：担保人（开证银行）应借款人的要求，向贷款人开具备用信用证，当贷款人向担保人出示备用信用证及借款人违约证明时，担保人须按信用证的规定支付款项的保证。 3. 意愿书：没有法律执行力
物权担保	1. 动产担保 2. 不动产担保 3. 浮动担保又称浮动抵押。担保物价值处于不确定状态。

【经典真题】

（2016/1/81）在一国际贷款中，甲银行向贷款银行乙出具了备用信用证，后借款人丙公司称贷款协议无效，拒绝履约。乙银行向甲银行出示了丙公司的违约证明，要求甲银行付款。依相关规则，下列哪些选项是正确的？[1]

    A. 甲银行必须对违约的事实进行审查后才能向乙银行付款

    B. 备用信用证与商业跟单信用证适用相同的国际惯例

    C. 备用信用证独立于乙银行与丙公司的国际贷款协议

    D. 即使该国际贷款协议无效，甲银行仍须承担保证责任

（二）2020《最高人民法院关于审理独立保函纠纷案件若干问题的规定》

见索即付担保：又称独立保函。指一旦主债务人违约，贷款人无须先向主债务人追索，即可无条件要求保证人承担第一偿付责任的保证。是担保人与受益人以保函为根据而形成的独立的债权债务关系。其特点是无条件性、单一性和独立性。

1. 独立保函特征

本规定所称的独立保函，是指银行或非银行金融机构作为开立人，以书面形式向受益人出具的，同意在受益人请求付款并提交符合保函要求的单据时，向其支付特定款项或在保函最高金额内付款的承诺。独立保函可以依保函申请人的申请而开立，也可以依另一金融机构的指示而开立。开立人依指示开立独立保函的，可以要求指示人向其开立用以保障追偿权的独立保函。本规定所称的独立保函纠纷，是指在独立保函的开立、撤销、修改、转让、付款、追偿等环节产生的纠纷。

2. 独立保函性质的界定

保函具有下列情形之一，当事人主张保函性质为独立保函的，人民法院应予支持，但保函未载明据以付款的单据和最高金额的除外：

（1）保函载明见索即付；

（2）保函载明适用国际商会《见索即付保函统一规则》等独立保函交易示范规则；

（3）根据保函文本内容，开立人的付款义务独立于基础交易关系及保函申请法律关系，其仅承担相符交单的付款责任。

当事人以独立保函记载了对应的基础交易为由，主张该保函性质为一般保证或连带保证的，人民法院不予支持。当事人主张独立保函适用《民法典》关于一般保证或连带保证规定的，人民法院不予支持。

3. 开立时间和生效

独立保函的开立时间为开立人发出独立保函的时间。

独立保函一经开立即生效，但独立保函载明生效日期或事件的除外。

独立保函未载明可撤销，当事人主张独立保函开立后不可撤销的，人民法院应予支持。

---

   〔1〕CD【解析】银行在向贷款人付款时，只需贷款人出具信用证要求的违约证明，而无须对违约的事实进行审查。备用信用证适用《国际备用证惯例》，与跟单信用证不同，后者适用《跟单信用证统一惯例》（UCP600号）。CD选项正确。

4. 独立保函的规则适用

独立保函载明适用《见索即付保函统一规则》等独立保函交易示范规则，或开立人和受益人在一审法庭辩论终结前一致援引的，人民法院应当认定交易示范规则的内容构成独立保函条款的组成部分。否则，当事人主张独立保函适用相关交易示范规则的，人民法院不予支持。

5. 付款责任

受益人提交的单据与独立保函条款之间、单据与单据之间表面相符，受益人请求开立人依据独立保函承担付款责任的，人民法院应予支持。

开立人以基础交易关系或独立保函申请关系对付款义务提出抗辩的，人民法院不予支持，但有本规定第12条情形（保函欺诈）的除外。

6. 表面相符的判定

人民法院在认定是否构成表面相符时，应当根据独立保函载明的审单标准进行审查；独立保函未载明的，可以参照适用国际商会确定的相关审单标准。单据与独立保函条款之间、单据与单据之间表面上不完全一致，但并不导致相互之间产生歧义的，人民法院应当认定构成表面相符。

7. 关于不符点

开立人有独立审查单据的权利与义务，有权自行决定单据与独立保函条款之间、单据与单据之间是否表面相符，并自行决定接受或拒绝接受不符点。

开立人已向受益人明确表示接受不符点，受益人请求开立人承担付款责任的，人民法院应予支持。

开立人拒绝接受不符点，受益人以保函申请人已接受不符点为由请求开立人承担付款责任的，人民法院不予支持。

开立人依据独立保函付款后向保函申请人追偿的，人民法院应予支持，但受益人提交的单据存在不符点的除外。

8. 独立保函权利义务终止

独立保函具有下列情形之一，当事人主张独立保函权利义务终止的，人民法院应予支持：

（1）独立保函载明的到期日或到期事件届至，受益人未提交符合独立保函要求的单据；

（2）独立保函项下的应付款项已经全部支付；

（3）独立保函的金额已减额至零；

（4）开立人收到受益人出具的免除独立保函项下付款义务的文件；

（5）法律规定或者当事人约定终止的其他情形。

独立保函具有前款权利义务终止的情形，受益人以其持有独立保函文本为由主张享有付款请求权的，人民法院不予支持。

9. 欺诈认定

具有下列情形之一的，人民法院应当认定构成独立保函欺诈：（1）受益人与保函申请人或其他人串通，虚构基础交易的；（2）受益人提交的第三方单据系伪造或内容虚假的；（3）法院判决或仲裁裁决认定基础交易债务人没有付款或赔偿责任的；（4）受益人确认基础交易债务已得到完全履行或者确认独立保函载明的付款到期事件并未发生的；（5）受益人明知其没有付款请求权仍滥用该权利的其他情形。

10. 管辖权

受益人和开立人之间因独立保函而产生的纠纷案件，由开立人住所地或被告住所地人民法院管辖，独立保函载明由其他法院管辖或提交仲裁的除外。当事人主张根据基础交易合同争议解决条款确定管辖法院或提交仲裁的，人民法院不予支持。

独立保函欺诈纠纷案件由被请求止付的独立保函的开立人住所地或被告住所地人民法院管辖，当事人书面协议由其他法院管辖或提交仲裁的除外。当事人主张根据基础交易合同或独立保函的争议解决条款确定管辖法院或提交仲裁的，人民法院不予支持。

11. 法律适用

涉外独立保函未载明适用法律，开立人和受益人在一审法庭辩论终结前亦未就适用法律达成一致的，开立人和受益人之间因涉外独立保函而产生的纠纷适用开立人经常居所地法律；独立保函由金融机构依法登记设立的分支机构开立的，适用分支机构登记地法律。

涉外独立保函欺诈纠纷，当事人就适用法律不能达成一致的，适用被请求止付的独立保函的开立人经常居所地法律；独立保函由金融机构依法登记设立的分支机构开立的，适用分支机构登记地法律；当事人有共同经常居所地的，适用共同经常居所地法律。

涉外独立保函止付保全程序，适用中华人民共和国法律。

当事人约定在国内交易中适用独立保函，一方当事人以独立保函不具有涉外因素为由，主张保函独立性的约定是无效的，人民法院不予支持。

【经典真题】

（2017/1/82）中国甲公司在承担中东某建筑工程时涉及一系列分包合同和买卖合同，并使用了载明适用《见索即付保函统一规则》的保函。后涉及保函的争议诉至中国某法院。依相关司法解释，下列哪些选项是正确的？[1]

A. 保函内容中与《见索即付保函统一规则》不符的部分无效

B. 因该保函记载了某些对应的基础交易，故该保函争议应适用我国《担保法》有关保证的规定

C. 只要受益人提交的单据与独立保函条款、单据与单据之间表面相符，开立人就须独立承担付款义务

D. 单据与独立保函条款之间表面上不完全一致，但并不导致相互之间产生歧义的，仍应认定构成表面相符

四、国际税法

（一）两种税收管辖权

1. 居民税收管辖权（无限纳税义务）
2. 来源地税收管辖权（营业所得、劳务所得、投资所得、财产所得等）

居民税收管辖权指一国政府对于本国税法上的居民纳税人来自境内及境外的全部财产和收入实行征税的权力。居民税收管辖权的行使，是以纳税人与征税国之间存在税收居所的法律事实为前提的，纳税人承担的是无限纳税义务。"居民"的认定包括自然人和法人居民的认定，对此各国有不同的规定。

来源国税收管辖权指一国政府针对非居民纳税人就其来源于该国境内的所得征税的权力。依来源国税收管辖权，纳税人承担的是有限的纳税义务。征税国对纳税人主张来源地税收管辖权的基础是认定纳税人有来源于该征税国境内的所得，各项所得或收益一般可划分为四类：营业所得、投资所得、劳务所得和财产所得。

1. 自然人居民身份的认定标准：主要有住所标准、居所标准、居住时间标准和国籍标准等；

---

[1] CD【解析】独立保函适用《最高人民法院关于审理独立保函纠纷案件若干问题的规定》，不适用当时的《担保法》，根据司法解释相关规定，CD正确。

【法条链接】

《中华人民共和国个人所得税法》第1条　在中国境内有住所，或者无住所而在境内居住累计满183天的个人，为居民个人。居民个人从中国境内和境外取得的所得，依照本法规定缴纳个人所得税。

2. 法人居民身份的认定标准：主要有法人注册成立地标准、实际控制与管理中心所在地标准和总机构所在地标准等。

（二）国际双重征税

项目	国际重复征税	国际重叠征税
概念	两个或两个以上国家各自依据自己的税收管辖权，按同一税种对同一纳税人的同一征税对象在同一征税期限内同时征税。解决方法有协议、免税法、抵免法、扣除法。	两个或两个以上国家对同一笔所得在不同纳税人手中各征一次税的现象。一般通过股息收入国和股息付出国两个方面采取措施解决。
原因	各国税收管辖权之间的冲突。	

（三）国际逃税与避税

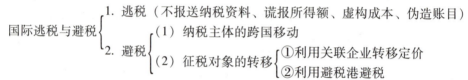

【经典真题】

（2014/1/44）甲国人李某长期居住在乙国，并在乙国经营一家公司，在甲国则只有房屋出租。在确定纳税居民的身份上，甲国以国籍为标准，乙国以住所和居留时间为标准。根据相关规则，下列哪一选项是正确的？[1]

A. 甲国只能对李某在甲国的房租收入行使征税权，而不能对其在乙国的收入行使征税权

B. 甲乙两国可通过双边税收协定协调居民税收管辖权的冲突

C. 如甲国和乙国对李某在乙国的收入同时征税，属于国际重叠征税

D. 甲国对李某在乙国经营公司的收入行使的是所得来源地税收管辖权

【考点归纳】居民税收管辖权是指一国政府对于本国税法上的居民纳税人来源于境内及境外的全部财产和收入实行征税的权力。纳税人在此种情况下承担的是无限纳税义务。由于各国在确定居民身份上采取了不同标准，因此当纳税人跨国活动时就可能出现两个以上的国家同时认定其为本国纳税居民的情况，该问题的解决主要通过双边协定。

来源国税收管辖权是指一国政府针对非居民纳税人就其来源于该国境内的所得征税的权力。依来源国纳税管辖权，纳税人承担的是有限的纳税义务。国际重复征税是指两个或两个以上国家各依自己的税收管辖权按同一税种对同一纳税人的同一征税对象在同一征税期限内同时征税。国际重叠征税是指两个或两个以上国家对同一笔所得在具有某种经济联系的不同纳税人手中各征一次税的现象。

这一章的内容基本处于轮番考查的地位，分值不多，知识点又较多。因而这部分的考查方式综合案例较少，除国际知识产权保护部分案例型考查较多以外，其他国际投资、国际税法等部门法还是需要掌握基本概念，以回答较细致的提问。

---

[1]　B

（四）国际逃税避税的防止

1. 国内立法
2. 国际合作

CRS "共同申报准则"：在不同国家之间进行自动报告财务信息，是自动、无需提供理由的交换。

例如，中国和新加坡在采纳 CRS 之后，某中国税收居民在新加坡某金融机构拥有账户，则该居民个人信息及账户收入会由机构报给新加坡政府，再和中国政府部门进行交换，每年一次。

CRS 是根据账户持有人税收居住地而不仅仅依账户持有人的国籍来作为识别依据。CRS 针对的是，你应该在哪个国家纳税，你的金融信息就会被发送到你应该纳税的国家。不受 CRS 影响或影响较小的几种情形有：境外税务居民所控制的公司拥有的金融账户在 25 万美元以下的；投资海外房产、珠宝、艺术品、贵金属等不属于金融资产的品类，不需要申报。在 CRS 体系下，只有产生现金流的资产、有现金价值的金融资产，才需要申报；不产生现金流的资产，如不动产、艺术品、贵金属等，均不需要申报。

【经典真题】

（2019 回忆版）中国和新加坡都接受了《金融账户信息自动交换标准》中的"共同申报准则"（CRS）。定居在中国的王某在新加坡银行和保险机构均有账户，同时还在新加坡拥有房产和收藏品等。对此，下列哪些说法是正确的？[1]

A. 王某可因自己为越南国籍，要求新加坡不向中国报送其在新加坡的金融账户信息

B. 如中国未提供正当理由，新加坡无须向中国报送王某的金融账户信息

C. 新加坡可不向中国报送王某在特定保险机构的账户信息

D. 新加坡可不向中国报送王某在新加坡的房产和收藏品信息

---

[1]　CD【解析】CRS 识别依据根据账户持有人税收居住地，而不仅仅依账户持有人的国籍作为识别依据。因此，尽管王某为越南国籍，但由于其定居在中国，系中国纳税居民，新加坡不会不向中国报送其在新加坡的金融账户信息。因此，选项 A 说法错误。

避免双重征税的协定绝大多数都包含情报交换条款。但是，这些情报交换是根据申请进行，并非自动完成，申请时需要提供涉税的证明材料，所以实践中作用非常有限。"共同申报准则"（CRS）是为了全球性抵制偷税漏税而在不同国家之间进行自动报告财务信息，是在遏制跨境逃税上更有效的国际合作。CRS 是自动的、无需提供理由的信息交换。因此，选项 B 说法错误。

选项 C 是重点干扰项。对于保险信息，CRS 要求的是具有现金价值的保险合同信息。因此，新加坡可不向中国报送王某其他的保险合同信息。因此，选项 C 说法正确。

CRS 机制下无需申报情形包括境外税务居民投资海外房产、珠宝、艺术品、贵金属等不属于金融资产的品类，也就是说，新加坡可不向中国报送王某在新加坡的房产和收藏品信息。因此，选项 D 说法正确。

学院简介
COLLEGE INTRODUCTION

　　中国政法大学（简称法大）是一所以法学为特色和优势，兼有文学、历史学、哲学、经济学、管理学、教育学、理学、工学等学科的"211工程"重点建设大学。

　　法大的法律资格考试培训历史悠久，全国律师资格考试始于1986年，而1988年法大就开展了法律培训。2005年3月成立了中国政法大学司法考试学院，这是一所集法考研究、教学研究、辅导培训为一体的司法考试学院，2018年正式更名为中国政法大学法律职业资格考试学院。经过多年的积淀，法大法律职业资格考试学院被广大考生称为国家法律职业资格考试考前培训及法考研究、教学研究的大本营。

>>> 2023年法大法考课程体系 — 面授班型 <<<

	班型	上课时间	配套教材	标准学费（元）
主客一体面授班	尊享密训班	3月中旬-10月中旬	通用教材8本 + 金题8本 客观必考点 + 各科主观一本通	99800
	面授精英A班	3月中旬-10月中旬	通用教材8本 + 金题8本 + 客观必考点 主观一本通对应阶段的讲义	59800
	面授精英B班	4月下旬-10月中旬	金题8本 + 客观必考点 主观一本通对应阶段的讲义	49800
	面授集训A班	5月中旬-10月中旬	金题8本 + 客观必考点 主观一本通对应阶段的讲义	39800
	面授集训B班	6月中旬-10月中旬	金题8本 + 客观必考点 主观一本通对应阶段的讲义	32800
	面授暑假班	7月中旬-10月中旬	金题8本 + 客观必考点 主观一本通对应阶段的讲义	29800
客观面授班	客观面授全程班	3月中旬-9月初	通用教材8本+金题8本+客观必考点	39800
	客观面授冲刺班	8月底-9月初	客观必考点	9800
主观面授班	主观面授集训班	9月中旬-10月中旬	各科主观题一本通+对应阶段的讲义	22800
	主观面授冲刺班	10月上旬-中旬	各科主观题一本通+对应阶段的讲义	11800

更多课程详情联系招生老师 ➡

法大法考姚老师

法大法考白老师

📞 010-5890-8131　　🌐 http://cuploeru.com

📍 北京市海淀区西土城路25号中国政法大学研究生院东门

班型		上课时间	配套教材	标准学费（元）
主客一体网络班	网络协议班	3月中旬-10月中旬	通用教材8本+金题8本+客观必考点 各科主观一本通	42800
	网络高端班	3月中旬-10月中旬	通用教材8本+金题8本+客观必考点 各科主观一本通	32800
	网络全程班	3月中旬-10月中旬	通用教材8本+金题8本+客观必考点 主观一本通对应阶段的讲义	11800
	网络VIP班	3月中旬-10月中旬	通用教材8本+金题8本+客观必考点 主观一本通对应阶段的讲义	19800
	网络预热班	3月中旬-10月中旬	通用教材8本+金题8本+客观必考点 主观一本通对应阶段的讲义	12800
	网络精品班	3月中旬-10月中旬	通用教材8本+客观必考点 主观一本通对应阶段的讲义	9800
	22网络精品回放	随到随学	22年通用教材8本+22客观必考点 22主观一本通	6980
客观网络班	客观网络基础班	3月中旬-9月初	通用教材8本+金题8本+客观必考点	8980
	客观网络强化班	4月下旬-9月初	金题8本+客观必考点	7980
	客观网络提高班	5月中旬-9月初	客观必考点	5980
	客观网络冲刺班	8月底-9月初	客观必考点	4980
主观网络班	主观网络特训班	9月中旬-10月中旬 录播课程随到随学	各科主观题一本通	14800
	主观网络全程班	9月中旬-10月中旬 录播课程随到随学	各科主观题一本通	11800
	主观网络冲刺班	10月上旬-中旬	各科主观题一本通	5580

温馨提示：1、缴纳学费后，因个人原因不能坚持学习的，视为自动退学，学费不予退还。　2、课程有效期内，不限次回放

投诉及建议电话：吴老师17718315650

—— **优质服务 全程陪伴** ——

★历年真题　★在线模考题库　★打卡学习　★错题本　★课件下载　★思维导图　★1V1在线答疑随时咨询

★有效期内不限次数回放　★上课考试通知　★报考指导　★成绩查询　★认定指导　★就业服务

★配备专属教辅　★客观/主观不过退费协议（部分班型）　★免费延期或重修1次（部分班型）

★专属自习室（部分班型）　★小组辅导　★个人定制化学习通关和职业发展规划　★颁发法大法考结业证

★共享法大法考校友圈　★加入法律职业资格考试学院校友群　★特殊服务 随时跟读